JN274684

保育の今を問う
# 相談援助

和田光一
[監修]

横倉 聡/田中利則
[編著]

ミネルヴァ書房

## 刊行にあたって

　周知の通り2008（平成20）年に，保育所保育指針の改定（局長通知を改め，最低基準としての告示化とした）および幼稚園教育要領の改訂（2007〔平成19〕年の学校教育法の改正等を踏まえて）が行われ，それにともない，2010（平成22）年には指定保育士養成施設の教科目等の変更（厚生労働省雇用均等・児童家庭局長通知）が実施され，その結果，従来の「社会福祉援助技術」の科目が無くなり，代わりに「相談援助」と「保育相談支援」が新設された。

　新たな保育所保育指針とともに公表された「保育所保育指針解説書」の第6章の中では，「保育所においては，子育て等に関する相談や助言など，子育て支援のため，保育士や他の専門性を有する職員が相談にソーシャルワーク機能を果たすことも必要となります。その機能は，現状では主として保育士が担うこととなります。ただし，保育所や保育士はソーシャルワークを中心に担う専門機関や専門職ではないことに留意し，ソーシャルワークの原理（態度），知識，技術等への理解を深めた上で，援助を展開することが必要です」と述べられており，保育士が，子どもの最善の利益を考慮し，日常保育のさまざまな機会を捉えて相談・助言を行う上では，ソーシャルワークの原理（態度）等への理解を深める必要性が強く求められている。

　そこで，本書では，相談援助をソーシャルワークと同意語と捉え，また，指定保育士養成施設の教科目等の中の「相談援助」（演習・1単位）の目標（相談援助の概要について理解する。相談援助の方法と技術について理解する。相談援助の具体的展開について理解する。保育におけるソーシャルワークの応用と事例分析を通して対象への理解を深める），および内容（相談援助の概要，相談援助の方法と技術，相談援助の具体的展開，事例分析）に沿って章立てを構成した。また，「相談援助」が演習科目であることを考慮して，各章ごとに演習課題を設けたので，大いに活用し，自己学習を進めたり，あるいは，学生自身が演習課題を通して学んだこと等を用いて，活発な学生相互の議論の展開を試みたりすることを願っている。

さらに，より発展的に学習が進められるように各章ごとに推薦図書も設けたので，そちらも大いに活用してもらい，ソーシャルワーク実践を支える諸理論や技術等について，より一層理解を深めることを期待している。

　さて，近年の急激な少子高齢社会の伸展により，家族や家庭，地域社会を取り巻く社会状況は大きく変貌を遂げ（核家族化，高齢者世帯や単身世帯の増加，子育て不安の増加，家族機能の弱体化，地域社会関係の希薄化等），その結果，子育て・子育ちに関するさまざまな問題が顕在化している。それらを解決するためには，保護者個人や地域社会の育児力が高められるような創意工夫を，社会的に講じていく必要性に迫られている。

　そこで，新たな保育所保育指針においては，保育所に通う子どもの保護者に限らず，地域で子育てをしている保護者への育児支援を行うことも保育所の重要な役割であることが明確化され，保育士による子育てを中心とした相談・助言を行うことが求められている。つまり，さまざまな生活問題や生活課題を抱える保護者一人ひとりの個別事情を念頭に置き，保育所で，あるいは，子育て広場等の地域の子育て支援拠点で支援することが期待されている。とりわけ，保育所における相談援助に関しては，地域の関係機関との連携強化を図り，相談援助の質を高めていくチームアプローチの姿勢が求められている。現在，子育て・子育ちに関して，地方自治体や民間団体等の独自な子育て支援機関や施設が創設されているので，常日頃から，関係機関の役割や機能を熟知し，それら関係機関の専門職との有機的な相互連携（ネットワーク）を構築していくことは緊急な課題となっている。

　ところで，本書は，保育者（保育士・幼稚園教諭）を目指す学生を第一の読み手として想定した関係で，図表，用語解説，コラム，事例等を多数挿入し，読みやすく理解が深められるようにした。また，保育所や幼稚園をはじめとする子育て支援関係の現場で働く専門職の方々にも，関心のある章から読み進み，日頃の相談援助活動の仕事を振り返っていただきたい。そして，その結果，相談援助活動の質が高まれば幸いである。

　最後に，ミネルヴァ書房より本書の姉妹テキストとして『保育の今を問う児

刊行にあたって

童家庭福祉』と『保育の今を問う保育相談支援』の2冊が出版されているので，保育学生も，それぞれの現場の専門家も，それらのテキストと本書を合わせて読んでもらい，今こそ児童家庭福祉領域における相談援助活動の必要性を改めて認識していただくことを期待している。

2014年3月

編　者

保育の今を問う
# 相談援助

目　次

刊行にあたって

## 第1章　相談援助の概要　………………………………………………… *1*

### 第1節　相談援助の理論 ……………………………………………… *1*
（1）相談援助の意義　*2*
（2）社会福祉専門職の相談援助　*2*
（3）ソーシャルワーク（相談援助）の歴史　*3*
（4）ソーシャルワークの定義　*4*
（5）エンパワメントの定義　*5*
（6）ソーシャルワークの構成概念　*5*
（7）新しいソーシャルワークの流れ　*7*

### 第2節　相談援助の意義 ……………………………………………… *8*
（1）国家資格「保育士」に求められる相談援助　*8*
（2）「保育所保育指針解説書」におけるソーシャルワーク　*9*
（3）保育所保育指針が示すソーシャルワーク機能　*9*
（4）保育実践の根拠となる「倫理綱領」　*10*

### 第3節　相談援助の機能 ……………………………………………… *11*
（1）ソーシャルワークの原理（態度）　*12*
（2）人と環境に働きかける相談援助　*12*
（3）援助者の機能　*13*
　利用者の問題解決能力や環境への対応能力を強化すること／利用者と必要な社会資源との関係を構築あるいは調整すること／機関や施設の効果的な運営や相互の連携を促進すること／制度や政策の改善・発展または社会全体の変革を促すこと

### 第4節　相談援助とソーシャルワークの種類 ……………………… *17*
（1）ソーシャルワークの体系　*17*
　直接援助技術／間接援助技術／関連援助技術
（2）相談援助とケアワーク　*19*
（3）相談援助とカウンセリング　*21*
（4）相談援助の流れ　*22*
　インテーク／アセスメント／計　画／介　入／モニタリング／評

　　　　　　　価

　第5節　保育とソーシャルワーク…………………………………………………23
　　　（1）保育ソーシャルワーク　*23*
　　　（2）保育士の相談援助　*24*
　　　　　個別相談援助（ミクロレベル）における視点／個別相談援助（メゾレベル）における視点／個別相談援助（マクロレベル）における視点
　　　（3）相談・助言における基本姿勢　*27*

# 第2章　相談援助の方法と技術……………………………………………………31
　第1節　相談援助の対象………………………………………………………………31
　　　（1）保育士と相談援助　*31*
　　　（2）ソーシャルワークの相談援助　*32*
　　　（3）相談援助の対象　*32*
　　　（4）相談支援体制の変遷　*34*
　　　（5）相談援助の実際（児童相談所における相談内容）　*36*
　　　（6）保育における相談　*37*

　第2節　相談援助の過程………………………………………………………………39
　　　（1）相談援助の流れ　*39*
　　　（2）インテーク（初回面接，契約）　*39*
　　　（3）アセスメント（事前評価）　*42*
　　　（4）プランニング（支援計画を企画・立案）　*44*
　　　（5）インターベンション（介入・治療支援）・モニタリング（監視・点検）　*45*
　　　（6）エバリュエーション（評価・確認）　*45*
　　　（7）ターミネーション，エンディング（終結）　*45*

　第3節　相談援助の技術・アプローチ……………………………………………46
　　　（1）個別的援助技術の構成要素と原則　*46*
　　　（2）相談援助者の背景と共感的理解　*47*
　　　（3）面接の技術　*48*

　　　　　　　面接の基本的技術／面接での留意事項／面接の流れ
　　　　（4）ジェノグラムとエコマップ　54
　　　　（5）アプローチ　57

# 第3章　相談援助の具体的展開 …………………………………………… 60
## 第1節　相談援助活動を理解するために ……………………………… 60
## 第2節　計画・記録・評価 ……………………………………………… 62
　　　　（1）相談援助活動における計画　62
　　　　　　　計画の意義／計画（プランニング）の作成
　　　　（2）相談援助における記録の意義と方法　67
　　　　　　　記録の意義／記録の方法／記録の様式（内容）
　　　　（3）記録の記載方法　74
　　　　　　　記録の種類と作成時の注意／記録作成のための方法／記録の作成者
　　　　　　　／記録を作成するためのトレーニング
　　　　（4）相談活動における評価　79
　　　　　　　評価の必要性／評価の方法
## 第3節　関係機関との協働 ……………………………………………… 82
## 第4節　多様な専門職との連携 ………………………………………… 82
## 第5節　社会資源の活用・調整・開発 ………………………………… 84
　　　　（1）社会資源とは　84
　　　　（2）身近にある環境の理解　85
　　　　（3）関係機関と相談窓口　85

# 第4章　相談援助における技術の質の向上 ……………………………… 88
## 第1節　ソーシャルネットワークの構築 ……………………………… 88
　　　　（1）ソーシャルネットワークと法的根拠　88
　　　　（2）ソーシャルネットワークの必要性　89
　　　　（3）ソーシャルネットワークの種別　90
　　　　（4）ネットワークが必要となった背景　91
　　　　（5）フォーマルなネットワークとインフォーマルなネットワーク　95

第2節　チームアプローチ……………………………………………97
　　（1）なぜチームアプローチが必要なのか　97
　　（2）チームアプローチとは何か　99
　　（3）チームアプローチの実践　100
　　（4）チームアプローチの課題　102
第3節　ケースカンファレンス………………………………………103
　　（1）ケースカンファレンスとは何か　103
　　（2）社会福祉におけるケースカンファレンスの活用状況　104
　　（3）ケースカンファレンスの意義と目的　104
　　（4）ケースカンファレンスの実際　106
　　（5）ケースカンファレンスを有効なものにするための必須事項　107
第4節　スーパービジョン……………………………………………108
　　（1）支援者に期待されること　108
　　（2）スーパービジョンの必要性とその現状　110
　　（3）スーパービジョンの機能　111
　　（4）スーパーバイザーおよびスーパーバイジー　112
　　　　スーパーバイザー／スーパーバイジー／スーパーバイザーおよび
　　　　スーパーバイジーの関係
　　（5）スーパービジョンの目的や種類　113
第5節　コンサルテーション…………………………………………113
　　（1）コンサルテーションとは何か　113
　　（2）コンサルテーションを遂行する条件　115
　　（3）コンサルテーションの基本的特徴　116
　　（4）ソーシャルワーカーとコンサルテーションの関係　118
　　（5）コンサルテーションの形態と中立性　119

第5章　相談援助と相談機関……………………………………………122
　第1節　児童家庭福祉行政の相談支援機関………………………………122
　　（1）児童相談所による児童家庭相談援助　122
　　　　児童相談所の設置／児童相談所の組織／相談内容と相談援助活動の

　　　　　　　流れ／援助内容／一時保護／児童虐待への対応
　　　（2）福祉事務所による児童家庭相談援助　*129*
　　　　　　　福祉事務所の設置／福祉事務所の組織／児童家庭相談援助の業務内容／家庭児童相談室の設置
　　　（3）市町村による児童家庭相談援助　*131*
　　　　　　　市町村の業務としての児童家庭相談援助／市町村の相談援助活動の基本／市町村が行う児童家庭相談援助の業務／児童家庭相談援助の流れ／児童家庭相談援助の職員体制／関係機関の連携
　　　（4）要保護児童対策地域協議会による児童家庭相談援助　*133*
　　　　　　　要保護児童対策地域協議会の設置／要保護児童対策地域協議会の業務／要保護児童対策地域協議会の構成員／児童家庭相談援助の流れ

第2節　児童家庭福祉の専門相談支援機関……………………………*135*
　　　（1）児童家庭支援センターによる児童家庭相談援助　*135*
　　　　　　　児童家庭支援センターの設置／児童家庭支援センターの業務／子ども家庭支援センターの設置（東京都）
　　　（2）児童発達支援センターによる児童家庭相談援助　*136*
　　　（3）配偶者暴力相談支援センターによる児童家庭相談援助　*137*
　　　（4）障害児相談支援事業者による児童家庭相談援助　*138*
　　　（5）発達障害者支援センターによる児童家庭相談援助　*139*
　　　（6）母子福祉センターによる児童家庭相談援助　*140*

第3節　児童福祉施設の専門職による相談援助……………………*142*
　　　（1）児童指導員による相談援助　*142*
　　　（2）母子支援員による相談援助　*143*
　　　（3）家庭支援専門相談員による相談援助　*143*
　　　（4）心理療法担当職員および心理療法指導担当職員
　　　　　　による相談援助　*143*
　　　（5）児童自立支援専門員による相談援助　*144*
　　　（6）児童生活支援員による相談援助　*144*
　　　（7）児童の遊びを指導する者による相談援助　*144*

第4節　その他の児童福祉領域の専門職による相談援助……………*145*
　　　（1）児童委員，主任児童委員による相談援助　*145*

　　　　　　　　　　　　　　　　　　　　　　　　　　　　　　目　次

　　　（2）地域子育て支援を含む児童家庭福祉領域の民間団体等の支援者
　　　　　による相談援助　*146*
　　　（3）社会福祉協議会の専門職による相談援助　*147*
　第5節　保健所・市町村保健センターによる相談援助……………………*148*
　　　（1）保健所および市町村保健センターの設置　*148*
　　　（2）保健所の業務　*148*
　　　（3）保健所および市町村保健センターの児童家庭福祉に関する
　　　　　主な業務　*149*
　第6節　教育相談専門機関による相談援助……………………………………*150*
　第7節　人権に関する相談援助………………………………………………*151*
　　　（1）人権擁護委員による相談援助　*151*
　　　（2）保護司による相談援助　*152*
　　　（3）家庭裁判所調査官による相談援助　*153*


第6章　相談援助と専門職……………………………………………………*157*
　第1節　専門職の成立と資格……………………………………………………*157*
　　　（1）国家資格　*158*
　　　　　業務独占資格／名称独占資格
　　　（2）任用資格　*159*
　　　（3）民間資格　*159*
　　　（4）子どもの福祉に携わるその他の人びと　*159*
　第2節　子どもの福祉に関する相談援助の専門職…………………………*160*
　　　（1）行政機関の専門職　*160*
　　　　　児童福祉司／児童心理司／社会福祉主事／家庭児童福祉主事／家庭
　　　　　相談員
　　　（2）児童福祉施設・母子福祉施設の専門職　*166*
　　　　　保育士／児童生活支援員／児童自立支援専門員／ベビーシッター／
　　　　　児童指導員／児童の遊びを指導する者（児童厚生員）／母子指導員
　　　　　／少年指導員／母子自立支援員／婦人相談員
　　　（3）関連領域の専門職　*173*
　　　　　スクールソーシャルワーカー／スクールカウンセラー／家庭裁判所
　　　　　調査官／法務教官／保護観察官／保護司

第 3 節　相談援助に携わるその他の人びと ……………………………………………… 181
　　（1）民生委員・児童委員・主任児童委員　　182
　　（2）子どもの人権専門委員（子どもの人権オンブズパーソン）　　183
　　（3）里　親　　184
　　（4）その他の人びと　　185

# 第 7 章　相談援助と連携（ネットワーク） ……………………………………………… 188
第 1 節　保育・教育相談とさまざまな連携 ……………………………………………… 188
第 2 節　保育現場の最新の状況 …………………………………………………………… 189
　　（1）保育者の役割　　188
　　（2）現代の子どもたちの現状　　189
　　（3）気になる子どもたち　　190
　　　　発達障害：自閉症スペクトラム障害（Autism Spectrum Disorder：ASD）／発達障害：注意欠陥多動性障害（Attention Deficit Hyperactivity Disorder：ADHD）／生活習慣の問題／虐　待／過保護
第 3 節　小学校との連携 …………………………………………………………………… 195
　　（1）幼児教育と小学校教育の連携について　　195
　　（2）小学校との段差　　197
　　（3）連携のための情報伝達方法　　197
　　　　要　録／要録の記述内容のポイント
　　（4）スタートカリキュラム　　204
　　（5）エピソード　　205
　　　　幼稚園と小学校「お弁当交流」／保育所と小学校「広報誌交流」／幼稚園と保育所と小学校「カリキュラムに関する交流」／幼稚園と小学校「研修会」
第 4 節　大学との連携 ……………………………………………………………………… 206
　　（1）巡回相談　　207
　　（2）子育て広場（こぐまクラブ）　　208
第 5 節　保健所・医療との連携 …………………………………………………………… 213
　　（1）保健所と保健センター　　213
　　（2）医療機関　　215

（3）発達障害児の治療教育（療育）　215
　　　（4）保健センターおよび医療機関とのかかわり　217
　第6節　地域との連携………………………………………………………217
　　　（1）市区町村の役割　218
　　　（2）地域協議会　219
　　　（3）子育て支援センター　221
　　　（4）児童家庭支援センター　221
　　　（5）児童発達支援センター　222
　　　（6）地域連携で必要なこと　222
　　　（7）事　例　223
　第7節　児童相談所との連携………………………………………………224
　　　（1）児童相談所　224
　　　（2）児童相談所が取り扱う相談内容　226
　　　（3）児童相談所とのかかわり　227
　　　（4）児童虐待において児童相談所の連携で必要なこと　228
　　　（5）事　例　229

おわりに──監修のことばにかえて　233
索　　引　237

# 第1章
# 相談援助の概要

　子どもを取り巻く環境は，社会問題（貧困，リストラ，介護，家庭内暴力等）と無関係ではない。保育士になぜ「相談援助」が必要なのか，その歴史と体系の概要について学ぶ。

　保育士の視点が，子どもから環境にまで広がるのが実感できるように事例を使用した。自分がこの事例の保育士だったらどうしたか，どうすべきかと，考えてほしい。この「保育士としての立ち振る舞い」は専門職としての「倫理綱領」が基盤となっている。

　また，本章では，なぜ保育士に相談援助が必要なのか，その定義，構成要素を学ぶ。保育士は相談援助が主たる業務でなくても，必然的に保護者や地域の子育て支援の担い手としての対応が求められる。その際に必要な相談援助の視点について学ぶ。そして，まとめとして事例をもってミクロからマクロへつながる相談援助の領域について言及する。相談援助を行う者を「援助者」，生活に困難を抱え福祉の相談に来る人，社会的抑圧の中にいて助けを求めることさえできない人は総じて，福祉サービスの対象，利用者となることから，「利用者」と呼ぶ。本章で述べる「相談援助」はソーシャルワークとほぼ同意語としたい。欧米での理論や実践を述べる際はそのまま「ソーシャルワーク」とする。

## 第1節　相談援助の理論

　本節では社会福祉専門職の行う相談援助とはどのようなものか，欧米から導入されたソーシャルワークの歴史とその国際定義について学び，その構成概念を明確にする。

（1）相談援助の意義

　保育士として働いている場面を想像してほしい，子どもと遊ぶ場面など想像できるのではないだろうか，子どもの笑顔，満ち足りたしあわせそうな笑顔。そのような笑顔は子どものしあわせな生活状態を象徴している。一番ケ瀬康子は，生活とは生命活動の略であり，日常的な継続性を持っていると捉えた。子どもの生活の支援は，子どもと保育士のかかわりだけでは完結しない。もし子どもの生活にさまざまな問題があれば，子どもと直接かかわるだけでは解決できない。社会福祉の援助についても「対人援助」と呼ばれていたものが最近は，ある人の抱える福祉問題の援助には，個人のレベルから諸制度の改善までを指す事から，より広義の「相談援助」を使う動きがある。ある問題を抱えた個人の支援には，その人だけでなく，家族や，その人の所属する集団，共通課題を抱えている人たち，地域や，その問題が生じる原因や制度に向かって対応しなくては本当の問題解決にはならない。そこで，「相談援助」という言葉が使用されるようになった。それは，児童福祉を担う保育士の援助も同様である。子どものしあわせを考える時，その実現に向かってのかかわりは，保護者や地域までも対象となる。相談内容も複雑で多様化している。「気になる子ども」を持つ親からの相談，「気になる保護者」からの相談，虐待やクレームへの対応などが挙げられ，それらへの助言や指導も保育士に求められる。このような相談援助が保育現場では増加している。これらに対応するためには，相談援助に関する専門的知識・技術・態度が求められる。これらを身につけることで，問題を緩和させたり，あるいは問題を未然に防ぐことにつながる。保育士には，子どもの育ちを支えるために，子どもを支えている人とその環境までも射程にした援助の視点が求められてきたのである。

（2）社会福祉専門職の相談援助

　本章で述べる「相談援助」は社会福祉専門職の行う福祉相談とその問題の緩和，解決に向かって行う援助を指す。「相談」を『広辞苑』で引くと「互いに意見を出して話し合うこと。談合。他人に意見を求めること」とある。相談に

もいろいろなレベルがある。「恋の相談」,「引越しの相談」,「法律の相談」など友だちとの日常会話によくある出来事の対処法を互いに出しあうものから,問題を伝え専門的知識を提供してもらうものまで幅は広い。では,社会福祉の「相談援助」とは何か。再び『広辞苑』によると「援助」は「助けること。助勢」とあり,「意見・助言をただするだけでなく,力になるため援助者自らも行動を起こす」ことである。そして,「援助」という言葉も,その対象となる人を,暮らしの中に福祉的な問題を抱える「社会的弱者」と見なすから,その人を「援助」するという考え方や,当事者の本来持っている力を外に引き出す,あるいは「支える」という意味で「支援」が適切ではないかというような考え方の流れもある。これは,専門性とパターナリズム（相手の利益のためには当事者の暮らし・意思決定などにも制限を加えるべきだという考え）の課題でもあるが,『広辞苑』では「助ける」という言葉の意味は,①倒れるのをささえる,手を添える,②力を添える,助力する,③危険を救う,災害をのがれさせる,救助する,④導いてあやまちがないようにする,⑤傷や病の手当てをする,いたわる,といういずれの意味からも驕ったり見下したりする意味を発見することはできない。むしろ外来語の「サポート」に近い意味を見出す。そこで,社会福祉専門職の相談援助とは,問題を抱える個人とともに,パートナーシップを形成し,その問題の緩和・解決に向けて対応していく実践活動と言える。その際の支援者と問題を抱える人との関係は対等なものである。

(3) ソーシャルワーク（相談援助）の歴史

　ソーシャルワークの萌芽は,19世紀のイギリスにある。産業革命を経て社会主義体制となったイギリスでは大量の生活困窮者が溢れた。世界で初めての救貧法により公的な救済が行われたが,「劣等処遇の原則」に代表されるように,救済は不十分で,それを補っていたのが裕福な個人や教会,民間の慈善事業団体であった。しかしそれらには,個別に活動をしていたために漏れや重複があり,効率のよい救済ではなかった。そこで1869年ロンドンで慈善組織協会（Charity Organization Society）により効率のよい組織的な救済を目指した。まず,

何よりも貧しい人たちへ「施しよりも友愛を」という友愛訪問を行い，今で言うニーズ調査や各種団体の組織化などの先駆けとなった。その後，慈善組織協会は1877年アメリカでも設立。1917年にはリッチモンド（Richmond, M.）による「社会診断」（social diagnosis）が発表され，ソーシャルワークは，より体系化されていった。

　わが国において，社会福祉の相談援助の専門職が国家資格となったのは，少子高齢社会における福祉ニーズが高まった1987（昭和62）年に「社会福祉士及び介護福祉士法」が成立した時である。「社会福祉士」は，「社会福祉士及び介護福祉士法」の第2条で「専門的知識及び技術をもつて，身体上若しくは精神上の障害があること又は環境上の理由により日常生活を営むのに支障がある者の福祉に関する相談に応じ，助言，指導，福祉サービスを提供する者又は医師その他の保健医療サービスを提供する者その他の関係者との連絡及び調整その他の援助をを行う」ことをもって「相談援助」を実践している。

(4) ソーシャルワークの定義

　ソーシャルワークの定義について述べたい。2000（平成12）年，国際ソーシャルワーカー連盟（International Federation of Social Workers. 以下，IFSW）はソーシャルワークを以下のように定義した。

> 　ソーシャルワーク専門職は，人間の福利（ウェルビーイング）の増進を目指して，社会の変革を進め，人間関係における問題解決を図り，人びとのエンパワメントと解放を促していく。ソーシャルワークは，人間の行動と社会システムに関する理論を利用して，人びとがその環境と相互に影響し合う接点に介入する。人権と社会正義の原理は，ソーシャルワークの拠り所とする基盤である。

　歴史的には福祉は弱者救済，救貧を対象としてきたウェルフェア（welfare）からさらに人権を尊重し，人間の福利（ウェルビーイング）を追求する。福利とは(well-being)の訳語で「安寧」などの訳もあるが，人間の暮らしの中では，子育て・病気・疾病・老いなどライフイベントがある中で，より良く暮らすことを指す。

## （5）エンパワメントの定義

　エンパワメント（empowerment）は，ソーシャルワークの重要な概念の一つである。この用語は，幅広い分野で用いられている。もとの意味は「権限を与える」という法律用語であったが，ソーシャルワークにおいては1970年代アメリカの黒人に対する人種差別やその状態から改善していくための実践理念として生まれたものである。ソロモン（Solomon, B. B.）はエンパワメントとは，「スティグマ化されている集団の構成メンバーであることにもとづいて加えられた否定的な評価によって引き起こされたパワーの欠如状態を減らすことを目指して，クライエントもしくはクライエント・システムに対する一連の諸活動にソーシャルワーカーがかかわっていく過程である」と定義している。エンパワメントには「力の付与」という訳もあるが，外部から何かを与えるより，むしろより良い生活を営むための社会的・経済的・政治的・文化的自己決定権を獲得するプロセスと言える。

## （6）ソーシャルワークの構成概念

　IFSWは先に挙げたソーシャルワークの定義に続き，「価値」，「理論」，「実践」を挙げてソーシャルワークを明文化した。すべての実践にはその根拠となる「価値」が基盤となっている。以下は2000（平成12）年7月27日モントリオールにおける総会において採択，日本語訳は日本ソーシャルワーカー協会，日本社会福祉士会，日本医療社会事業協会で構成するIFSW日本国調整団体が2001（平成13）年1月26日決定した定訳である。「**価値**」，「**理論**」，「**実践**」それぞれをIFSWの定義を述べた後，説明していく。

---
**用語解説**

**価　値**

　ソーシャルワークは，人道主義と民主主義の理想から生まれ育ってきたのであって，その職業上の価値は，すべての人間が平等であること，価値ある存在であること，そして，尊厳を有していることを認めて，これを尊重することに基盤を置いている。ソーシャルワーク実践は，一世紀あまり前のその起源以来，人間のニーズを充足し，

人間の潜在能力を開発することに焦点を置いてきた。人権と社会正義は，ソーシャルワークの活動に対し，これを動機づけ，正当化する根拠を与える。ソーシャルワーク専門職は，不利益を被っている人びとと連帯して，貧困を軽減することに努め，また，傷つきやすく抑圧されている人びとを解放して社会的包含（ソーシャル・インクルージョン）を促進するよう努力する。ソーシャルワークの諸価値は，この専門職の，各国別ならびに国際的な倫理綱領として具体的に表現されている。

　理論については定義の中で以下のように述べる。

――用語解説――

理　論

　ソーシャルワークは，特にソーシャルワークの文脈で捉えて意味のある，地方の土着の知識を含む，調査研究と実践評価から導かれた実証にもとづく知識体系に，その方法論の基礎を置く。ソーシャルワークは，人間と環境の間の相互作用の複雑さを認識している。そして，人びとの能力が，その相互作用に対して働くさまざまな力――それには，生体・心理社会的要因が含まれる――によって影響を受けながらも，同時にその力を変えることができることをも認識している。ソーシャルワーク専門職は，複雑な状況を分析し，かつ，個人，組織，社会，さらに文化の変革を促すために，人間の発達と行動，および社会システムに関する理論を活用する。

　ソーシャルワークはその定義でも明確にしたように近隣領域の理論を内包しつつ人と環境へ働きかける。近年の動向は1980（昭和55）年にジャーメイン（Germain, C. B.）の提唱する「エコロジカル・ソーシャルワーク」理論を基盤とした「生活モデル」により，生態学的に生活の困難を抱える人とその環境を捉える方法が主流となっている。「エコロジカル・ソーシャルワーク」は利用者を個として捉えず，環境（人的・自然・社会システムなど）の中でそれらが，交互・相互作用をしあい，生活の困難が生じるというエコシステムにもとづいたソーシャルワークの理論である。さらに，ソーシャルワークの実践についてはそこで用いられる技法についてふれている。

――用語解説――

実　践

　ソーシャルワークは，社会に存在する障壁，不平等および不公正に働きかけて取り

> 組む。そして，日常の個人的問題や社会的問題だけでなく，危機と緊急事態にも対応する。ソーシャルワークは，人と環境についての全体論的な捉え方に焦点をあわせたさまざまな技能，技術，および活動を利用する。ソーシャルワークによる介入の範囲は，主として個人に焦点を置いた心理社会的プロセスから社会政策，社会計画および社会開発への参画にまで及ぶ。この中には，人びとがコミュニティの中でサービスや社会資源を利用できるように援助する努力だけでなく，カウンセリング，臨床ソーシャルワーク，グループワーク，社会教育ワークおよび家族への援助や家族療法までも含まれる。ソーシャルワークの介入には，さらに，施設機関の運営，コミュニティ・オーガニゼーション，社会政策および経済開発に影響を及ぼす社会的・政治的活動に携わることも含まれる。ソーシャルワークのこの全体論的な視点は，普遍的なものであるが，ソーシャルワーク実践での優先順位は，文化的，歴史的，および社会経済的条件の違いにより，国や時代によって異なってくるであろう。

　1923（大正12）年「ミルフォード会議」では医療・家庭福祉・精神医療等さまざまな分野の団体が集まり，今日上記で挙げられたような技法を統合し，その共通基盤を明らかにしたものが総合的なジェネラリスト・ソーシャルワークである。

### （7）新しいソーシャルワークの流れ
　ソーシャル・ケースワーク，ソーシャル・グループワーク，コミュニティ・ソーシャルワークの共通基盤を統合化させていく動きの中で，1990年代以降はジェネラリスト・ソーシャルワークが新しいソーシャルワーク理論の流れとなっている。ジェネラリスト・ソーシャルワークはシステム理論と生態学から「人と環境の相互作用」に焦点をあてたエコロジカル・ソーシャルワークから発展したものである。援助では，まず「人と環境は相互に影響をしあっている」という基本視点から，①エコロジカル・システム，②問題の焦点化，③問題解決，④多角的アプローチ，⑤理論と介入の自由選択ということを重視する。
　ソーシャルワークの理論も時代や社会とともに隣接科学の影響を受けながら変容していく。

## 第2節　相談援助の意義

　本節では保育士が行う相談援助の意義について「保育所保育指針」とその解説書から「ソーシャルワーク機能」について考察する。また，保育士が国家資格となり求められる専門性とその基盤となる「倫理綱領」についても学ぶ。

(1) 国家資格「保育士」に求められる相談援助
　2000（平成12）年に改正された児童福祉法で保育士は国家資格化され，専門的知識と技術を用いて児童の保育および保護者に対して保育に関する指導を行う専門職と見なされた。また，「保育所は，当該保育所が主として利用される地域の住民に対してその行う保育に関し情報の提供を行い，並びにその行う保育に支障がない限りにおいて，乳児，幼児等の保育に関する相談に応じ，及び助言を行うよう努めなければならない」（児童福祉法第48条の3）とされている。そこで，保育所で行われる相談を受けるのは保育の専門家である保育士（保育者）となる。保育士も子どもの福祉に貢献する社会福祉従事者である。保育士はその活動領域を子どもに限定した形ではあるが，子どもの福祉のために，その保護者や地域も視野に入れた援助を行う。サービスの利用者は時には直接利用する当事者だけではなく，その家族も利用者となる。たとえば，保育所の利用者は一見子どもに見えるが，保育を必要とするのはその保護者である。保護者を支えずには，子どもの家庭生活における健全育成にはつながらない。保育士の業務が日中の子どもとのかかわりだけにとどまらないことは，保育の専門家を目指す者ならば容易に想像できよう。子どもが健康で安心して育つ環境が整えられてこそ，子どもは心身ともに健康に育つことができる。そのため，保育士が所属する施設・機関を利用する子どもだけではなく，その保護者やその施設・機関がある地域の子育て中の親子も潜在的利用者となるため対象は拡大し，その相談内容も多岐にわたる。

## （2）「保育所保育指針解説書」におけるソーシャルワーク

　保育所保育指針とは，保育内容や保育所の活動に関するガイドラインであり，実践の方向性を示したものである。2008（平成20）年に新しく出された保育所保育指針と「保育士指針解説書」において，保育所における保護者の支援の基本の一つとして「相談・助言におけるソーシャルワーク機能」という項目が設けられた。「保育士指針解説書」の中の，コラムにおいて，「ソーシャルワークとは生活課題を抱える対象者と，対象者が必要とする社会資源との関係を調整しながら，対象者の課題解決や自立的な生活，自己実現，よりよく生きることの達成を支える一連の活動をいいます。対象者が必要とする社会資源がない場合は，必要な資源の開発や対象者のニーズを行政や他の専門機関に伝えるなどの活動も行います。さらに，同じような問題が起きないように，対象者が他の人々と共に主体的に活動することを側面的に支援することもあります」(厚生労働省編，2008：181）と，説明している。

　ソーシャルワークは「社会資源の調整」，「必要な資源の開発」，「ニーズの伝達」などまでをその範囲として，対象者だけではなく，同様の問題の再発，発生を予防，防止することも活動としている。

## （3）保育所保育指針が示すソーシャルワーク機能

　これまで保育所保育指針は「通知」として保育所保育の充実を目指したガイドラインであったが，最新の改訂（2008〔平成20〕年）では，厚生労働大臣による「告知」となり，規範性を有する基準として位置づけられた。保育所保育指針解説書によれば，今回の改訂で，保育士の相談援助に重要な点は，第6章に「保護者に対する支援」を設け，保育所入所の子どもの保護者への支援と地域の子育て支援を定めていることである。保育所の特性を生かした支援，保護者の養育力向上に結びつく支援，地域の社会資源の活用などが示されている。この第6章において，保育所がソーシャルワーク機能を果たすことが明記されている。「保育所においては，子育て等に関する相談や助言など，子育て支援のため，保育士や他の専門性を有する職員が相応にソーシャルワーク機能を果た

すことも必要となります。その機能は，現状では主として保育士が担うこととなります。ただし，保育所や保育士はソーシャルワークを中心的に担う専門機関や専門職ではないことに留意し，ソーシャルワークの原理（態度），知識，技術等への理解を深めた上で，援助を展開することが必要」であると記載されている。

### （4）保育実践の根拠となる「倫理綱領」

　保育所保育指針において，「ソーシャルワークの原理（態度），知識，技術等への理解を深めた上で，援助を展開することが必要」であると記載されているこの「ソーシャルワークの原理（態度）」とは何を指すのか。態度とは，その時々の状況に対応して自分の感情や意思を表出したものである。保育士は福祉従事者であり，国家資格となった専門職である。専門職は，その団体の倫理綱領を持つ。「倫理綱領」とは，その専門職団体の立場，目的，計画，方針などの順序や規律などを要約して団体の内外に知らしめるものである。保育士も「全国保育士会倫理綱領」を掲げ，専門職者や外部に向けて自分たちの行動の指針を示し，保育実践の根拠や態度を謳(うた)っている。

---

コラム

#### 「全国保育士会倫理綱領」

　すべての子どもは，豊かな愛情のなかで心身ともに健やかに育てられ，自ら伸びていく無限の可能性を持っています。私たちは，子どもが現在（いま）を幸せに生活し，未来（あす）を生きる力を育てる保育の仕事に誇りと責任をもって，自らの人間性と専門性の向上に努め，一人ひとりの子どもを心から尊重し，次のことを行います。
　　私たちは，子どもの育ちを支えます。
　　私たちは，保護者の子育てを支えます。
　　私たちは，子どもと子育てにやさしい社会をつくります。
（子どもの最善の利益の尊重）
1．私たちは，一人ひとりの子どもの最善の利益を第一に考え，保育を通してその福祉を積極的に増進するよう努めます。
（子どもの発達保障）
2．私たちは，養護と教育が一体となった保育を通して，一人ひとりの子どもが心身

ともに健康，安全で情緒の安定した生活ができる環境を用意し，生きる喜びと力を育むことを基本として，その健やかな育ちを支えます。
（保護者との協力）
3. 私たちは，子どもと保護者のおかれた状況や意向を受けとめ，保護者とより良い協力関係を築きながら，子どもの育ちや子育てを支えます。
（プライバシーの保護）
4. 私たちは，一人ひとりのプライバシーを保護するため，保育を通して知り得た個人の情報や秘密を守ります。
（チームワークと自己評価）
5. 私たちは，職場におけるチームワークや，関係する他の専門機関との連携を大切にします。また，自らの行う保育について，常に子どもの視点に立って自己評価を行い，保育の質の向上を図ります。
（利用者の代弁）
6. 私たちは，日々の保育や子育て支援の活動を通して子どものニーズを受けとめ，子どもの立場に立ってそれを代弁します。
　　また，子育てをしているすべての保護者のニーズを受けとめ，それを代弁していくことも重要な役割と考え，行動します。
（地域の子育て支援）
7. 私たちは，地域の人々や関係機関とともに子育てを支援し，そのネットワークにより，地域で子どもを育てる環境づくりに努めます。
（専門職としての責務）
8. 私たちは，研修や自己研鑽を通して，常に自らの人間性と専門性の向上に努め，専門職としての責務を果たします。

社会福祉法人　全国社会福祉協議会<br>全国保育協議会<br>全国保育士会

## 第3節　相談援助の機能

　本節では相談援助を行う際に活用する「ソーシャルワーク機能」と援助者に求められる機能を学ぶ。人は，人から影響を受けていることをふまえた上で保育士が行う相談援助はどのように活用され，どのような働きをするのか学ぶ。

（1）ソーシャルワークの原理（態度）

「保育所保育指針解説書」で「保育所においては，子育て等に関する助言など，子育て支援のため，保育士や他の専門性を有する職員が相応にソーシャルワーク機能を果たすことが必要となります。その機能は，現状では主として保育士が担うこととなります。ただし，保育所や保育士はソーシャルワークを中心的に担う専門機関や専門職ではないことに留意し，ソーシャルワークの原理（態度），知識，技術等への理解を深めた上で，援助を展開することが必要です」と述べている原理（態度）とは何か。ソーシャルワークの実践者には，人権と社会正義が拠り所とされる。そして，その信念が態度となり，行動となっていくのである。では，「態度」とはどのようなものか。「態度」とは「その人の考えや感情が隠そうとしても自然に表れ出る，その時の言動や表情」と『新明解国語辞典』には掲載されている。保育士が人権と社会正義の意識を持っていることは，子どもの暮らしと幸福への支援すること，つまり保育は児童福祉の活動であることを意味する。ソーシャルワークの原理（態度）とは，ソーシャルワークが大切にしている価値であり，その価値を保育実践の根底に据えて，行動をするようにということである。保育所利用者に向かう態度として，保護者の受容，自己決定の尊重，守秘義務，人権の尊重といったものはソーシャルワークにおいても重要な価値とされる。

（2）人と環境に働きかける相談援助

「相談」は，生活の困難を抱える人に対して行われるが，その「援助」は直接その人に働きかけるだけでは問題解決には至らない。その人が置かれた環境にも働きかけなくてはならない。あるいは，生活の困難を抱えている人のその原因は環境にあり，結果としてそのために困難を抱えているのかもしれない。まず，以下の詩を読んでほしい。

> いのちの世界
>
> 宮澤章二
>
> かおりをこめてやっても　造花はやっぱり造花　みつばちが　みつを吸うことはない
> 自然にひらく花たちは　よろこびや悲しみを語らぬけれど　みつばちも蝶も訪れて来て
> そこに一つのふくよかな世界が出来る
>
> いのちがいのちを　呼ぶのであろう　いのちがいのちを　求めるのであろう
> 造られた花たちは永久に孤独だが　いのちを持つ花に　孤独はない
>
> ひとつの花がひらくと　必ず　ひとつの世界が生まれる
> ─── ひとりの人間についても　同じだ
>
> 出所：宮澤章二『行為の意味──青春前期のきみたちに』ごま書房新書，2010年。

　この詩は2011（平成23）年，東日本大震災の際「『こころ』は見えないけれど『こころづかいは見える』」というACジャパンの広告で有名になった宮澤章二の詩である。「ふくよか」とは柔らかで豊かなさまを表す。生花を人にたとえているこの詩では，人間の「生」は決して一人で完成していない，人は人とかかわり豊かな人間関係を形成し，それぞれがひとつの世界を持っていると述べる。人は，人との経験の中からその人のいるコミュニティでの生き方，習慣等を学びとる。人にはそれぞれの生い立ちがあり，歴史があり，体験や他の人とのかかわりからそれぞれの価値観を抱く，まさにそれぞれがひとつの世界を持っている。相談援助は，一人ひとりに，個別性を重んじ対応し，時には，それらの人が置かれている家族・集団・地域・社会といった環境へ働きかける。

## （3）援助者の機能

　空閑浩人は，相談援助を援助者が行う際，援助者が取り組む目標を，1）利用者の問題解決能力や環境への対応能力を強化すること，2）利用者と必要な社会資源との関係を構築あるいは調整すること，3）機関や施設の効果的な運

営や相互の連携を促進すること、4）制度や政策の改善・発展または社会全体の変革を促すこと、の4つに分け、それぞれの目標ごとに援助者に求められる機能を分類し、保育の事例などを用いて説明する。

### 1）利用者の問題解決能力や環境への対応能力を強化すること

①側面的援助機能

問題を抱えている利用者が自らの「強さ」(strength) を見出し、利用者自身が主体的な取り組みができるように援助者が正面だって問題解決に取り組むのではなく、側面から支える。

②代弁機能

利用者である子どもはまだ幼く、自分の感情や権利を主張することができない場合がある。また保護者であっても専門的な知識や情報不足であった時には、抑圧されすぎて本当に必要なことを主張できない場合がある。このような時、利用者の立場に立って彼らの訴えや、本来持っている権利を主張する「代弁機能」が今後さらに強く求められる。ベイトマン（1998〔平成10〕年）は代弁（advocacy）の原則として、(i)クライエントの最善の利益に向かって行動すること、(ii)クライエントの意向と支持にしたがって行動すること、(iii)クライエントに逐一情報を的確に知らせること、(iv)普段の努力と有能さをもって、指示を実行すること、(v)偏りのない行動とともに、率直で主体的な助言をすること、(vi)アドボケイト（権利擁護のため活動をする者）は守秘義務の規定を守らなければならない、という6つの原則を挙げている。

③直接支援機能

入所・通所施設などにおける援助は保育を中心とした直接支援業務になる。そこでの相談援助の比重は決して大きくはないだろう。しかし日々ここで築いた利用者との信頼関係により、利用者の生活のニーズをすばやく聞き出したり、理解したりすることにつながる。

④教育機能

保護者の保育情報の偏り、不足を補う知識や技術の提供、あるいは家庭においては学ぶことのできない生活のルールなどを援助者が教育する。言葉では表

現できず身体で表現する子どもには，対話などをもって人間関係を構築する機会を与える。

⑤保護機能

生活上深刻な問題を抱え，時には命の危険などが迫っている場合，安全な環境が緊急に必要となる。家庭内で虐待を受ける児童や保護者を児童相談所や婦人相談所，民間のシェルターなどで保護を行っている。そこで働く保育士は子どもの保護や，生活の安全を守る機関において間接的であっても子どもの心身を保護する。

2) 利用者と必要な社会資源との関係を構築あるいは調整すること

①仲介機能

援助者は利用者の生活を守るために，利用者に適切なサービスを仲介し結びつける。たとえば保育所で行っていないサービスを必要とする利用者がいれば，民間サービス，ボランティア，病院，市役所などを紹介することも仲介機能の例だと言える。

②調停機能

親子間，夫婦間，親と祖父母，利用者と利用者または地域住民など，時には当事者間では問題解決が不可能になっている場合，援助者がそれぞれの合意形成を図るためにその関係の中に介入し，専門家としての知識や相談援助に用いる技術を活用し間を取りもつ。

③ケア（ケース）マネジメント機能

利用者のサービスにおける利用に関する計画の立案・実施・評価だけではなく，サービス以外においても暮らしの課題のアセスメントや社会資源の活用・利用サービス調整，評価等包括的な調整。

3) 機関や施設の効果的な運営や相互の連携を促進すること

①管理・運営機能

中堅の援助者となれば所属機関や施設の管理・運営にも責任を持たなくてはならない。援助者は所属機関のサービスの質の維持向上を図るための施設づくりも視野に入れて活動する。

②スーパービジョン機能

　援助者の活動が独善的になっていないか，その方針でよいのかといった相談を専門家として力量のある援助者に相談することをスーパービジョン（supervision）と言う。スーパービジョンには管理的・支持的・教育的機能があり，これを行う者をスーパーバイザー（supervisor），受けるものをスーパーバイジー（supervisee）と言う。利用者へのサービスの質の担保としてスーパービジョンを受けることは必要不可欠である。

③ネットワーキング（連携）機能

　利用者とその家族の生活の問題を解決するためには，さまざまな専門家の支援が必要となる。保育所に通う子どもの家庭に問題があった場合，小学生のその兄弟姉妹にも同じ問題が生じているかもしれない，その場合保育所の担当者だけではなく，小学校，地域の福祉サービスの専門家とも連携をとってチームで働かなくてはならない。

4）制度や政策の改善・発展または社会全体の変革を促すこと

①代弁・社会変革機能

　ここで言う代弁とは，地域における社会資源の開発や制度・施策の変革を求めた時には，多胎児（双子や三つ子など）を持つ親といった様にターゲットを絞って特定の集団の訴えを代弁することである。東日本大震災を受けて，保育所での緊急時ネットワークや帰宅難民化が予測される保護者のための緊急代替保育サービスについて市に提案するといったことがこれに該当する。

②組織化機能

　援助者は同じような生活課題を持つ利用者を組織化し，情報の交換や不安の軽減を図ることがある。保育園をまだ利用していない家庭でも育児の不安はある。近隣地域の乳幼児は潜在的な保育ニーズを抱えている場合がある。援助者は保育に関する問題を抱えている親子同士を結びつけたり，一人の力ではできない「グループづくり」を支援する。

③調査・計画機能

　社会福祉のニーズがあると予想された時，それは援助者の直感のみで問題で

あるとは断定できない。また単に「かわいそうだから」というのも他者を説得する根拠にはなり得ない。たとえば「年少組では連日7名が欠席」,「市の子どもの出生率が4％減少」というデータにもとづいた根拠が必要となる。

## 第4節　相談援助とソーシャルワークの種類

　前述してきたソーシャルワークの体系とその方法を概説する。さらに相談援助の理解を深めるために，ケアワークやカウンセリングとの相違点も明確にする。

### (1) ソーシャルワークの体系
　ソーシャルワークは体系だったものである。必要に応じて個人から制度・政策まで働きかける。たとえば，子どもとのかかわりで悩みを持つ母親がいる。その母親自身や家族に直接働きかけて面接をする方法もある，しかし，個別の面接だけあるいは，個人への働きだけでは問題を解決できない場合もある。むしろ，同じような悩みを持つ母親同士のかかわりの中で，母親が成長することもある。また，直接個人に働きかけなくても，地域に同じような悩みを持つ母親がどのくらいいるか調べ，同様の悩みを抱えた母親の問題解決のため働くことは，ひいては一人の母親の支援にもつながる。またそのような母親のために新しい居場所をつくる運動をするという方法もある。このように，ソーシャルワークの援助方法は机の上（面接）だけではとどまらず，悩みを抱えた人や，まだ自分で問題だと思っていない，いわば潜在的な悩みを抱える人のために働く方法でもある。
　ソーシャルワークは，直接援助技術，間接援助技術，関連援助技術の3つに分けることができる（表1-1）。これらは相互に関連しあっていて，どれか1つだけで援助が完結するわけではない。

### 1）直接援助技術
　直接援助技術には主としてミクロ領域，個人や家族に対する個別援助技術

表1-1 相談援助で活用する技術の体系

| 直接援助技術 | 個別援助技術（ソーシャル・ケースワーク） |
| --- | --- |
| | 集団援助技術（ソーシャル・グループワーク） |
| 間接援助技術 | 地域福祉援助技術（コミュニティワーク） |
| | 社会福祉調査法（ソーシャルワーク・リサーチ） |
| | 社会福祉計画（ソーシャルウェルフェア・プランニング） |
| | 社会福祉運営管理（ソーシャルウェルフェア・アドミニストレーション） |
| | 社会活動法（ソーシャル・アクション） |
| 関連援助技術 | カンファレンス |
| | スーパービジョン |
| | カウンセリング |
| | コンサルテーション |
| | ケアマネジメント |
| | チームアプローチ |
| | ネットワーク |

出所：坂本道子「社会福祉援助技術の体系」一番ケ瀬康子監修／坂本道子・円野眞紀子編著『社会福祉援助技術論』建帛社，2007年，10頁。

（ソーシャル・ケースワーク）と小集団に対する集団の持つ力を活用しながら個人の課題解決・成長・発達を促進する集団援助技術（ソーシャル・グループワーク）がある。

**2）間接援助技術**

問題解決に対して対象者である個人や集団に直接働きかける方法以外にも，主にメゾ・マクロ領域で用いられる援助法として，地域・組織の福祉に貢献する方法がある。地域福祉援助技術（コミュニティワーク）は，地域の組織化や地域の問題解決に臨む方法である。社会福祉調査法（ソーシャルワーク・リサーチ）は社会福祉のサービスのニーズ把握や，効率，評価などを測る。社会福祉計画（ソーシャルウェルフェア・プランニング）は地域住民の要望や将来を見据えた地域福祉計画・高齢者保健福祉計画といったような社会福祉のための計画を立案する。社会福祉運営管理（ソーシャルウェルフェア・アドミニストレーション）とは広義の社会福祉行政による福祉サービスの運営管理ではなく，狭義の社会福

祉施設での福祉サービスの運営管理の方法を指す。ほかにも，日常生活における困難（福祉ニーズ）に応じ制度，サービスを形成・変化させていく機能が社会活動法（ソーシャル・アクション）である。最近では，社会福祉サービスの対象者は社会的弱者という視点よりむしろ，福祉サービスの利用者であり，サービスの選択・実施への自己決定権を持つ当事者として見なし，援助者は側面的援助を行うため，広義の相談支援に間接援助技術は欠かせない。

### 3）関連援助技術

関連援助技術は，直接援助技術や間接援助技術を活用する際に，それらを効果的に行うために，関連づけ活用するものであり，すでに保育現場でも実践されている。カンファレンスは，福祉実践の向上を目指して行われるスーパービジョン，面接をより効率よく効果的に行うカウンセリング，別領域の専門職者から助言を受けるコンサルテーション，多様な社会資源やサービスを活用する際に適切なサービスの供給や調整を図るケアマネジメント，適切なサービスが漏れたり，重なったりせず利用者に提供されるようにするためには同職種・他職種・非専門家ともチームとなって情報・問題の把握に努め，その緩和・解決に臨むチームアプローチが求められる。援助者は問題解決にあたり，人と人（専門家やボランティア），人と物（必要な資源），人とサービスをつなぐネットワークを形成する必要がある。そのためには自らが同業者・他専門家につながり，より多くの地域の情報などを把握していなくてはならない。「持ち手が多いほど適切なサービスにつなげられる」わけである。

### （2）相談援助とケアワーク

「福祉の仕事をしています」と言うと，介護の仕事をイメージされやすい。高齢者や乳幼児のケアワークは一般的に身近で想像しやすいからである。保育士の実践場面は，ケアワークが中心となる。ケア（Care）の定義は，単なる世話を指すものだけではなくなった。『生命倫理辞典』ではケア（Care）は「気にかかること，心配，不安という意味。気にかけること，注意，配慮，世話，保護」という2つの意味があるとして，ケアを「人間存在への気遣い」と規定

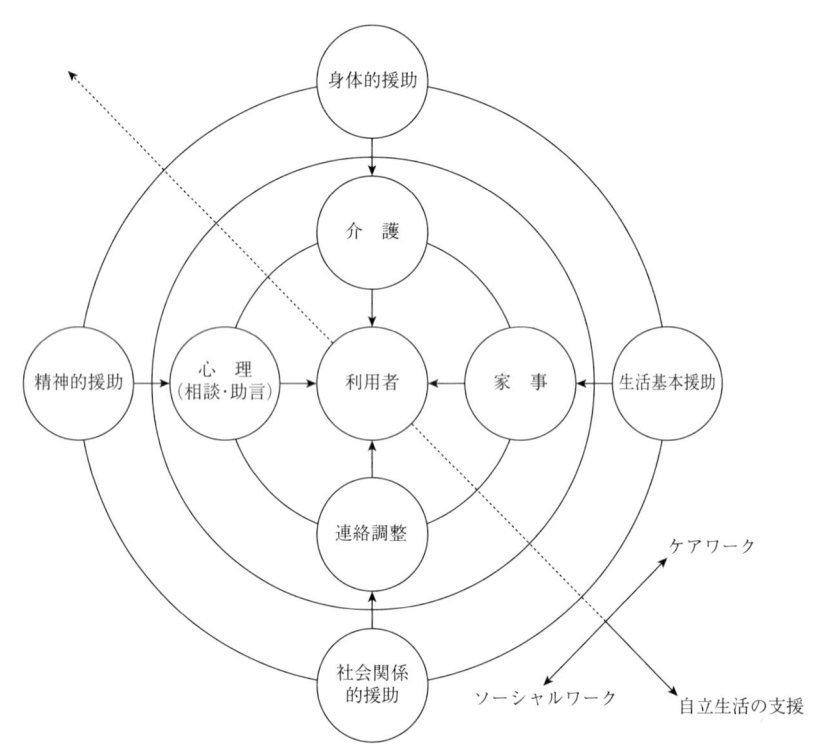

**図 1-1 ソーシャルワークとケアワークの関係概念**
出所：大和田猛編著『ソーシャルワークとケアワーク』中央法規出版，2004年，267頁。

している。ケアワークという言葉が使われ始めたのは1980年代，社会福祉士及び介護福祉士法が制定され，有資格者が福祉現場で活躍を始めた頃からである。ケアワークは「『介護』を意味する。ケアの具体的内容としては，①『身辺の世話』乳幼児期からと，②『支援』物的支援と精神的支援とに分かれる。そして，③『関心』保護を必要とする人びとに対する心配，憂慮，祈り等がある」。このケアワークの概念の中に保育は該当する。では，相談援助とケアワークはどのように異なるのか。あるいは，どのような点が重なりあうのか。相談援助とケアワークの関係を大和田は「ソーシャルワークとケアワーク」として図1－1のように示した。ソーシャルワークは精神的援助・社会関係的援助を中心

第1章 相談援助の概要

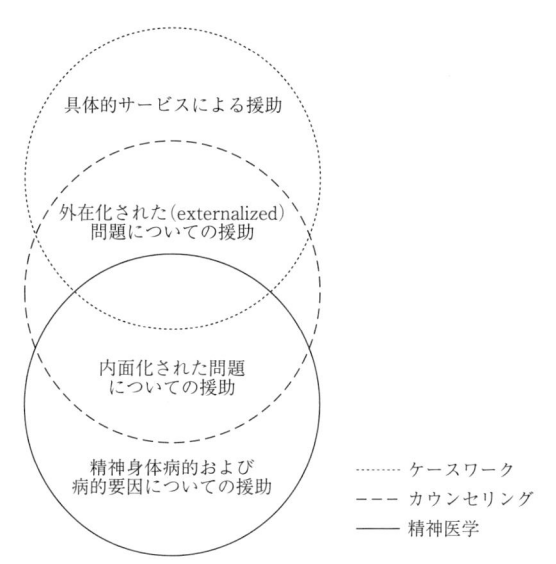

図1-2 ケースワーク，カウンセリングおよび心理療法の重なり

出所：アプティカー，H. H.／坪上宏訳『ケースワークとカウンセリング』誠信書房，1964年，122頁。

とし，ケアワークは身体的援助・生活基本援助を中心として行う。

**（3）相談援助とカウンセリング**

　保育所保育指針において「保育所や保育士はソーシャルワークを中心的に担う専門機関や専門職でないことに留意し」とある。では，専門家としてではなく相談援助を担うとはどのような範囲で活動をすることを意味するのか，専門家であるカウンセラーによるカウンセリングとはどのように違うのだろうか。最近は「カラーカウンセリング」，「毛皮カウンセラー」など一般的に使用される言葉となったが，本来は，精神医学や臨床心理学等を修めた専門家などが，社会生活について個人の持つ悩みや問題解決をするために助言を与えるものである。「社会生活の悩みの相談援助を行う」というところは共通であるが，社会福祉専門職の基盤は「社会福祉」であり，その手法は社会資源（人・サービ

スなど)の活用をもって援助にあたる。アプティカー（Aptekar, H. H）は，ケースワーク，カウンセリング，心理療法の違いを図1-2のように示した。このようにソーシャルワーク（相談援助）の働きかけでは社会的な働きかけ（具体的なサービスの紹介，提供，調整）が比重を増している。

　相談援助を行う際，関連領域の専門家として保育士はカウンセラーではなくても精神的に保護者を支えたり，ソーシャルワーカーのように社会関係の連絡調整に介入することもある（図1-2）。

(4) 相談援助の流れ

　相談援助は過程が重要である。援助者が先に，結論だと思うことを推し進めてしまっては利用者の自主性や主体性を妨げてしまい，利用者の納得のいく援助が行えない。相談援助には，1）インテーク，2）アセスメント，3）計画，4）介入，5）モニタリング，6）評価，7）終結という展開過程がある。この展開で説明したい。

1) インテーク

　インテークとは導入・受付にあたる。まず来談者が受付機関のサービスの利用者となり得るか，来談者のニーズは受付機関で充足できるのか，来談者は受付機関についてその業務内容を理解しているか，インテーク面接における情報の提供，確認は重要である。それらの確認ができて初めて「利用者」への相談援助が始まる。

2) アセスメント

　利用者の情報収集を行う。利用者が日常生活の中で抱える問題，身体的・精神的，環境や家族の状況，地域や福祉サービスなどの利用状況などから援助者は取り組むべき問題を明確にする。

3) 計　画

　アセスメントの結果から，援助の目標，社会資源の調整等援助の内容や方法を利用者とともに福祉サービスの計画をしていく。

### 4) 介　入
立案した計画を実施する。1人の利用者にいくつかの機関や専門家が介入する場合もある。

### 5) モニタリング
モニタリングは計画が予定通り実施されているか，また新たな問題が発生していないか点検をする。新たな問題があれば，再度，2) アセスメント，3) 計画，4) 介入というプロセスを繰り返す。

### 6) 評　価
終結の際，これまでの援助活動を振り返り評価を行う。事後評価（evaluation）とも言う。

### 7) 終　結
相談援助の終結を意味する。エンディングとも言う。

## 第5節　保育とソーシャルワーク

本節では前述の相談援助の理論を保育実践に照らしあわせ，保育ソーシャルワークとその主体である保育士の実践について，ミクロからマクロまでの視点で述べていく。

### (1) 保育ソーシャルワーク
保育所保育指針および解説書を手がかりに保育ソーシャルワークについてまとめると以下の4点となる。

①保育ソーシャルワークに関する定義はないが，保育ソーシャルワークの機能については，解説書を読み解くと，生活の福祉問題を抱える人に対して，社会資源の調整機能，他機関への連携機能まで求めた側面的支援を期待していると言える。

②保育ソーシャルワークの主体は，保育士であると明記されている。しかし，保育所は主にソーシャルワークを担う施設ではないが，ソーシャルワークを一

部担うとされている。

　③保育ソーシャルワークは，保護者支援と地域子育て支援において活用され，その対象は直接的には子育てに関する相談を必要とする保護者である。特に，障害のある子どもや虐待が疑われる子どもなどの特別なケアを必要とする子どもとその保護者，育児に不安を抱える保護者とされるが，子どもの最善の利益が最優先される。

　④保育ソーシャルワークの機能は，まず子育てなどに関する相談援助において発揮される。そこで，相談援助にあたって保護者の側面的支援機能，子どもと保護者の関係性を支援するための調停機能，子どもや保護者のための代弁機能，関係者や関係機関へとつなぐ連携機能，育児の情報や知識の提供といった教育機能なども期待されている。

(2) 保育士の相談援助

　利用者からの福祉に関する相談援助について，最後にその実際を事例から学びたい。

　1996（平成8）年11月23日付『朝日新聞』の投稿欄「ひととき」に掲載されたこの記事を読んでもらいたい。掲載タイトルは「園児のいじめも陰湿」であるが，タイトルに囚われず読んでほしい。記述は原文そのままで氏名は匿名とした。

　　息子は5歳。保育園の年中組。毎日，元気に喜んで通園している。こんな当たり前の日常が幸せに思える。笑顔そして言葉が戻ったから。前の保育園にいた1年前のこと，突然，言葉が出なくなった。「今日は行きたくない，昼寝が嫌だ」と訴える。担任の先生に尋ねると「園では，みんなと仲良く遊んでますよ」と答える。それ以上は聞けなかった。ちょうど第2子を出産し，息子をとり巻く環境がぐんと変わったが，保育園に有無を言わさず行かせてしまった。余程のストレスだったのだろう。首をたてに振り，こぶしをにぎりしめ，話そうにも言葉が「あっああう」しか出てこなくなってしまった。しばらくして，保育園の女の子が「○○君ね，年長の子にトイレで背中をどんとおされ，ころんでいたヨ」と言った。「本当，年長さんが年少の子をいじめるの　お昼寝の時はどう」と聞くと，「足とかをね，おなかの上に乗せるの」と教えてくれた。これだ。だから昼寝が怖くて嫌だったんだ。いじめるつもりはなくても，

> たび重なると陰湿だ。年少の子にとっては恐怖以外の何物でもない。ごめんね。母さん，いつも一緒に居ても何も見てなかった。抱きしめて泣いた。それからは，目いっぱいスキンシップを大切にした。言葉を片言ずつ取り戻した頃，転勤で引越しとなった。今は園であったことやビデオの感想などを楽しそうに話してくれる。そしてもう一つは絵。口をあけて笑っている自分の顔を描くようになった。
>
> 静岡県沼津市　主婦　32歳

　この記事を読んで，多くの学生が憤（いきどお）りを感じ，非難を「母親」に向ける。「どうして早く気がつかなかったの」，「自分の子どものことなのに」といった感想を口にする。しかし，専門家として保育士がもし，最初によい言葉がけができていたら，母親は心を開き，子どもの，あるいは自分の悩みを打ち明けられたのではないかと思わせる事例である。しかも，保育士と母親の関係以外にも注意を払うと保育園のさまざまな課題が浮き彫りになる。この記事を例としてさらに深めてみたい。

### 1）個別相談援助（ミクロレベル）における視点

　お昼寝が嫌だと言ったことを保育士に伝えた際，保育士は「園では，みんなと仲良く遊んでますよ」と答え，母親は「それ以上は聞けなかった」と記述している。「聞かなかった」ではなく何らかの事情で「聞けなかった」としている。この行間からは保育士の態度が母親の相談を受け付けるような態度ではなかったと考えられる。結果，以後引越しまで保育園への相談は何ひとつ記述されていない。第２子を出産する母親は保育園にはたくさんいるであろう。しかし，その際の不安や「子どもがいて出産を控えている」という初めての経験に対して，子育ての専門家としての支援があってもよいはずである。また，たとえ専門家であっても知らないことはある。母親のファーストコンタクトがあった際（実際は最初で最後となったかもしれない），援助を求めている信号を受け止めていたらその後の展開は違っていたはずである。このような際に相談援助の基本的技法が信頼関係を醸成させるはずである。「何も気づきませんでしたが，今日はしっかりお昼寝を見てみますね」，「お家ではどのような様子ですか」などの日々の一言が，保護者との信頼関係を形成していくのである。

### 2）個別相談援助（メゾレベル）における視点

保育所で起こった出来事は，専門職ではなく何と同園の女児から母親へ報告される。「トイレで転んでいた」，「お昼寝の時，年長さんが足をおなかに乗せる」。これらをどのように読み取っただろうか。リスク管理から見ても万が一の恐ろしい事故につながるような事件である。保育所のトイレの安全，保育士によるお昼寝時の監督体制に問題はないのだろうか。あるいは，年長の子どもたち（小学生なみの身体やパワーなどを持っている元気な子どもなど）とのかかわり場面にはどのような配慮がされているのだろうか。このようなかかわりをエコロジカル・システムで考えると，「人びとは環境の中で相互作用をする」ので，年長の子どもが〇〇ちゃんをいじめるのはいじめられやすい環境を保育所が提供している可能性もある。また，年長の子どもが年少の子どもをいじめるのは保育所のそのクラスにも問題があるかもしれないし，またその子どもの家庭にも何らかの問題が生じた結果かもしれない。そうなるとこれは〇〇の担当保育士だけで対応できる問題ではなく，各クラス担当や保育園内の全スタッフによる保育体制の見直しや，施設内安全の確認といったメゾレベルの検討課題となっていく。その際は，直接疑問を投げかけた母親との話しあいだけではなく保育園内のカンファレンスが必要となる。このような母親との会話から保育士には施設内の子どもの問題さらに管理・運営に至る課題へも視点を広げてもらいたい。

### 3）個別相談援助（マクロレベル）における視点

母親の訴えから施設内の危機管理まで，まるで氷山の一角のように「ささいな相談」が施設の管理体制の確認にまで至りそうな事例である。これを1人の第2子の出産を控えた母親の悩みだけにとどめてはいけない。保育所という福祉サービスを活用しながら育児をしてきた保護者でさえ，第2子の出産に向けての暮らしの不自由が生じている。保育所を利用していない保護者はどうであろうか。何も問題がなく，家族内で保育が充足していれば良いが，専業主婦で自宅で1人育児をしている場合や，祖父母の手を借りて1人目の子どもはよかったが2人目の子どもの出産に際し，上の子どもの育児が十分行き届かなくなるという場合もある。これらは，いわば潜在的保育士の相談援助を求めている

対象者と言える。このような人たちへの育児情報の提供・相談援助も必要である。地域の社会資源として，地域に住むすべての乳幼児を対象と捉えればまだ潜在的なニーズがあるはずである。この小さな声から「第2子の出産にこそ専門家と保護者の連携による第1子の重点的な保育の必要性」があるかもしれない。そこで保育所や保育士が，市役所と連携し地域のニーズ調査や新たなサービスの提言につなげることも考えられる。

## （3）相談・助言における基本姿勢

　保育所において，子育て支援のためのソーシャルワーク機能について述べてきた。現在多様な状況下で保育所を利用する保護者だけでなく，潜在的なニーズを持つ地域の子育て中の家庭支援の担い手として保育士への期待は大きい。ただし，保育所や保育士はソーシャルワークを中心的に担う専門機関や専門職ではないことに留意し，ソーシャルワークの原理（態度），知識，技術等への理解を深めた上で，援助を展開することとなる。

　ソーシャルワークの原理（態度）には，保護者の受容，自己決定の尊重，個人情報の取扱がある。そこで，保育所における相談援助では，一人ひとりの保護者を尊重しつつ，ありのままを理解し受け止める「受容」が基本的姿勢として求められる。受容とは，不適切と思われる行動などを無条件に肯定することではない。そのような行動の中にも保護者なりの理由があるはずである。それを見きわめるためにも，まず保護者を批判せず，子育てのパートナーとして理解しようとする姿勢が必要である。

> **事例**
> 「……行雄の父親は，酒を飲んでは学校や担任への不満を電話でどなり散らし，文句を言う保護者でした。……家庭訪問をして話をしていると父親は憤慨したような口ぶりで，病気をしたこと，今は昼も夜も働いていること……その口ぶりから，自分は人にバカにされたくない，軽んじられたくないという思い，懸命に生きているのにうまくいかない苛立ち，世間に対しての恨みや僻み，そんな思いが伝わってきたのです。行雄の父親は，自分の抱えている『生きづらさ』や自分を評価してくれない世間に対する疎外感と怒りを，最もぶつけやすい学校や教師に対して表出するしかなかったの

でしょう。」

　出所：楠凡之『「気になる保護者」とつながる援助──「対立」から「共同」へ』かもがわ出版，2008年，23頁。

　前頁の事例のように，援助者に対して激しい姿勢で向かう保護者には社会のシステムの中で背負う「生きづらさ」を担っている場合があることも覚えておく必要がある。そして，援助関係は，安心して話のできる状態が保証されていること，つまり守秘義務が守られていること，批判をしないことといった援助者の基本姿勢を持って相談援助が展開される必要がある。

―― コラム ――

**大人気少女マンガ「君に届け」はエンパワメント物語!!**

　『別冊マーガレット』（集英社）に掲載されている椎名軽穂の「君に届け」は2013（平成25）年6月現在で単行本が19巻まで刊行されている超人気少女漫画。第32回講談社漫画賞少女部門受賞作品で，テレビアニメや実写映画にもなっている。物語を説明しなくても多くの女子中高校生は手にしたことがあるはずである。ちなみに大学の授業であらすじを説明した時は，最後に「先生，みんな知っています」と言われたほどである。主人公の爽子は，純粋で前向きな性格で何より「人の役に立つことが好き」で「一日一善」をモットーとするすばらしい「強み」を持っている。しかし，陰気な性格と真っ黒の長髪と青白い肌から，ついたあだ名がホラー映画の主人公「貞子」。それゆえ，恐れられ誤解され友だちもいない。そんな爽子は「友だちがほしい」，「みんなと一緒にいたい」，「自分は他人を呪ったりできないと知ってほしい」といった，ごくごく普通の意思表明さえできない。あまりにも悲しい体験に慣れすぎていて，自分の感情を押し殺していたので，パワーレスネス（無力感）で覆われ，何かをする際にも「思い上がってしまった」，「おこがましいこと」と思ってしまう。何より，クラスの人気者の「風早」君の爽子への好意も素直に感じることができない。では，この状態はどうやって打開されたのか。あるきっかけでできた友人（やのちん，ちづ）に自分の気持ちをいう，信頼関係の形成，友だちを介してさらに大きなグループでの活動参加，クラスメイトや両親，何より気になる「風早」君へ自分の意思を伝えていく，そんなプロセスを一つひとつ経て爽子は自然と自分が普通に意思表明をしていい，クラスにいていい存在なのだといった基本的な人権を復権していくのである。「君に届け」は，まさにエンパワメントの物語である。

〈演習課題〉
1. 保育士の倫理綱領を学ぼう。
2. 全国保育士会ホームページ http://www.z-hoikushikai.com/index.htm 内の倫理綱領学習シートをプリントアウトして学んでみよう。
   http://www.z-hoikushikai.com/kouryou/sheet/sheet.doc（2013/6.22現在）.
3. （2）保育士の相談援助で学んだ新聞記事「園児のいじめも陰湿」の中での保育士と保護者の会話を再現し，保育士はどんな言葉かけができたかいくつか考えてみよう。
4. 子どもに関する社会問題を一つ選び，それを子どもの問題・家庭の抱えている問題・地域が抱えている問題・制度の問題等ミクロからマクロにまで広げて考えてみよう。

〈引用・参考文献〉
安梅勅江『エンパワメントのケア科学――当事者主体チームワーク・ケアの技法』医歯薬出版, 2004年。
川村隆彦『ソーシャルワーカーの力量を高める理論・アプローチ』中央法規出版, 2011年。
空閑浩人編著『ソーシャルワーク入門――相談援助の基盤と専門職』ミネルヴァ書房, 2009年。
楠凡之『「気になる保護者」とつながる援助――「対立」から「共同」へ』かもがわ出版, 2008年, 23頁。
黒川昭登『現代介護福祉論――ケアワークの専門性』誠信書房, 1989年, 12頁。
厚生労働省編『保育所保育指針解説書』フレーベル館, 2008年。
鶴宏「保育所におけるソーシャルワーク実践研究」（大阪府立大学博士論文）2009年。
鶴宏「保育ソーシャルワークの実践モデルに関する考察（その1）――保育ソーシャルワーク試論」『神戸親和女子大学福祉臨床学科紀要』3, 2006年, 65〜78頁。
成清美治・加納光子編著『相談援助の基盤と専門職』学文社, 2010年。
西村昇・日開野博・山下正國『四訂版 社会福祉概論――その基礎学習のために』中央法規出版, 2011年。
日本社会福祉士会編『新社会福祉援助の共通基盤 上』中央法規出版, 2009年。
野澤正子「保育内容と技術」待井和江・川原佐和編『保育内容論』東京書籍, 1995年。
保正友子編著／竹沢昌子・長渕晃二・西川ハンナ『保育士のための福祉講座――ソーシャルワーク』相川書房, 2006年。
牧野桂一「保育現場における子育て相談と保育者支援のあり方」『筑紫女学園大学・筑紫女学園大学短期大学部紀要』7, 2012年, 179〜191頁。
ルイーズ・C・ジョンソン, ステファン・J・ヤンカ／山辺朗子・岩間伸之訳『ジェネラリスト・ソーシャルワーク』ミネルヴァ書房, 2004年。

〈推薦図書〉

重松清『小学五年生』文藝春秋,2007年。
　　——全編小学五年生を主人公にした短編集。現在の子どもたちが置かれている環境を理解するにはとても良い小説である。子どもの気持ち,そして子どもを持つ親の置かれている状況も多様だというところも学べる。

全国社会福祉協議会編『新保育所保育指針を読む——解説・資料・実践』全国社会福祉協議会,2008年。
　　——本章で触れた「新保育所保育指針」を実際に読んでみよう。今後の保育実践に求められる保育所と保育士の役割と機能,保護者支援,保育の計画・評価など,解説と資料とともに学習を深めよう。

全国保育団体連絡会保育研究所『保育白書（2013年版）』ちいさいなかま社。
　　——保育に関する最新データから保育を取り巻く現状を報告している。年度ごとの保育の最新情報,課題を学びながら,保育の課題に対応する事例や関連資料を通して,保育に関する広い視点を養ってもらいたい。

（西川ハンナ）

# 第2章
# 相談援助の方法と技術

　保育士は子どもの専門家としての役割が期待されている。子育てに関する知識，支援方法など日頃から蓄え・技術を研鑽していくことが大切である。また，その技術の中には，保護者や地域の方々からの子育て支援についての相談援助の技術もある。保育士の専門性を向上させるためにも相談支援は大切な役割である。本章では，社会福祉の援助技術の中から相談支援についての要点を解説し，保育現場の事例を通して相談援助について知識を深めていくものである。

## 第1節　相談援助の対象

### (1) 保育士と相談援助

　保育士とは「この法律で，保育士とは，第18条の18第1項の登録を受け，保育士の名称を用いて，専門的知識及び技術をもつて，児童の保育及び児童の保護者に対する保育に関する指導を行うことを業とする者をいう」(児童福祉法第18条の4) となっている。さらに，同法第48条の3では「保育所は，当該保育所が主として利用される地域の住民に対してその行う保育に関し情報の提供を行い，並びにその行う保育に支障がない限りにおいて，乳児，幼児等の保育に関する相談に応じ，及び助言を行うよう努めなければならない」とされている。つまり，保育士は子どもに関する専門家であり，地域の子育て支援の役割を持っているということになる。

　相談援助の専門家としてはソーシャルケースワーカーがその役割を担っている。日本では社会福祉士の資格制度がその役割を行っていると言われている。保育士の行う相談援助についてもソーシャルワークの支援関係を学ぶことが大

切である。ここでは、ソーシャルワークの基本的支援について紹介する。

（2）ソーシャルワークの相談援助

相談援助はソーシャルワークにおける直接援助技術の中の個別援助技術の一つであり、個別援助技術はケースワーク（casework）、ソーシャルケースワーク（social casework）の中で行われている。ここで使われている、ケースとは事例、症例、事件事情、状態、問題等の意味であり、ソーシャルケースとは、「一般的に援助を必要とする者が担っている社会的な問題ないし状況」を意味するものとして用いられている。また、そこで働く、援助者（ソーシャルワーカー）がその状態や問題を解決するために必要とする手法・技法が直接援助技術と呼ばれるものである。

社会福祉の援助関係には援助を利用する者と援助を行う者の関係が成立して、初めて援助技術にもとづく援助行為が行われる。社会福祉の援助を利用する者は「クライエント」（client）と呼ばれる。クライエントとはケースワークなどの援助を求めてやってくる来談者の一般呼称であり、もともと「顧客」という意味から、やがて弁護士やワーカーなどの専門家の援助を求めて「相談を依頼する人」の意で用いられてきている。

（3）相談援助の対象

社会福祉相談援助の対象にはどのような人たちがいるのだろうか。ここでは、社会の仕組みから社会福祉の対象について考えてみる。

私たちの住んでいる日本の社会は資本主義社会と呼ばれている自由な競争原理にもとづいた社会である。競争社会のため、障害がある人、何らかの理由で働けない人、経済活動に参加できない子どもやお年寄りなど、その生活維持ができなくなる人が出てきてしまう。そこで、憲法第25条において「すべて国民は、健康で文化的な最低限度の生活を営む権利を有する。国は、すべての生活部面について、社会福祉、社会保障及び公衆衛生の向上及び増進に努めなければならない」と約束している。

第2章　相談援助の方法と技術

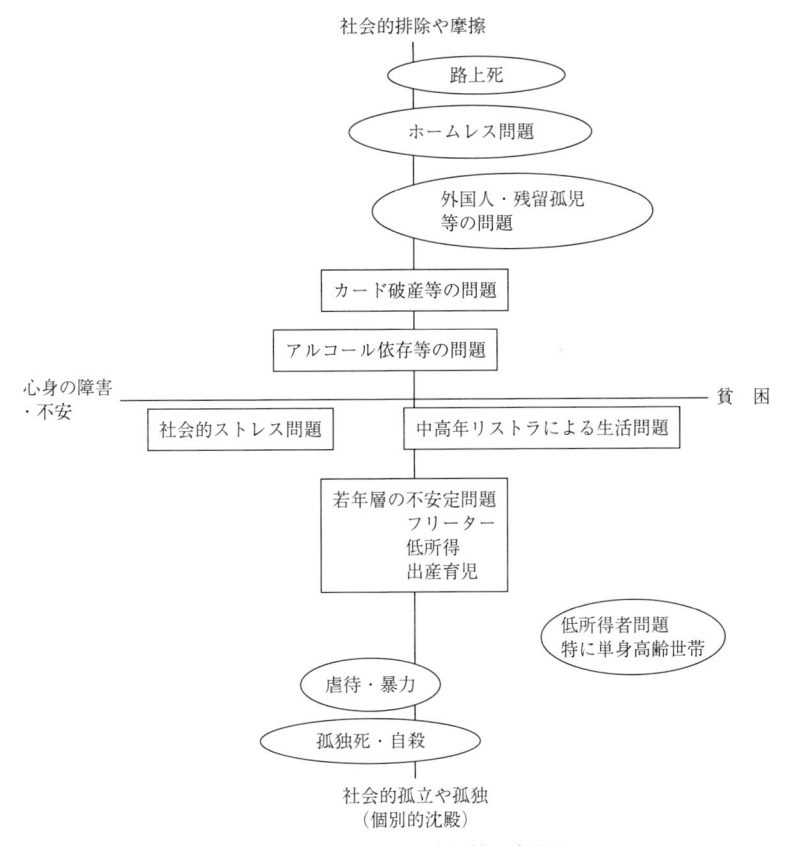

```
                    社会的排除や摩擦
                         │
                      ( 路上死 )
                         │
                   ( ホームレス問題 )
                         │
                   ( 外国人・残留孤児
                        等の問題 )
                         │
                  [ カード破産等の問題 ]
                         │
                 [ アルコール依存等の問題 ]
                         │
心身の障害 ───────────────┼─────────────── 貧　困
・不安        [社会的ストレス問題] [中高年リストラによる生活問題]
                         │
                  [ 若年層の不安定問題
                       フリーター
                        低所得
                       出産育児 ]
                                    ( 低所得者問題
                                     特に単身高齢世帯 )
                    ( 虐待・暴力 )
                         │
                   ( 孤独死・自殺 )
                         │
                    社会的孤立や孤独
                      （個別的沈殿）
```

**図2-1　現代社会の社会福祉の諸問題**

注：横軸は貧困と，心身の障害・不安にもとづく問題を示すが，縦軸はこれを現代社会との関連で見た問題性を示したもの。各問題は，相互に関連しあっている。社会的排除や孤立の強いものほど制度からも漏れやすく，福祉的支援が緊急に必要。

出所：厚生労働省審議会議事録「社会的な援護を要する人々に対する社会福祉のあり方に関する検討会」報告書，2000（平成12）年12月8日付（http://www1.mhlw.go.jp/shingi/s0012/s1208-2_16.html）確認。

　ノーマライゼーションの考え方の浸透や，社会福祉基礎構造改革などにより社会福祉を受給する人をスティグマ（stigma：烙印）と捉える見方は減ってきているように思われる。しかし，経済的困窮などから社会的な発言や人生を生き抜く力が弱くなりボイスレス，パワーレスの状態になっている人は多くなっ

ている。図2-1は「現代社会の社会福祉の諸問題」である。縦軸に「社会的排除や摩擦」,「社会的孤立や孤独」,横軸に「心身の障害・不安」,「貧困」を置き,その中での社会福祉の諸問題を表している。これらの問題が深刻化することにより地域の中で生活することがむずかしい立場の人が出てくる。これらの人びとが,社会福祉相談援助の対象となっている。

(4) 相談支援体制の変遷

　社会福祉基礎構造改革は1997(平成9)年から厚生省(現:厚生労働省)が提起してきた方針で,2000(平成12)年に社会福祉事業法が社会福祉法に改正されたことにより,その内容が具現化された。社会福祉施設にとって児童福祉法制定から続けられてきた措置制度が契約制度に転換するなど大きな変革をもたらした。また,社会福祉基礎構造改革の具体的な改革の方向としては,①個人の自立を基本とし,その選択を尊重した制度の確立,②質の高い福祉サービスの拡充,③地域での生活を総合的に支援するための地域福祉の充実である。

　この流れは,社会福祉施設や支援体制にも大きな変化をもたらした。図2-2は従来の社会福祉の対象と支援関係について表したものである。私たちは,地域社会の中で家族を持って生活している。しかし,何らかの理由で地域社会から脱落してしまうことがある。そこに行政機関である,福祉事務所や児童相談所などの相談機関のケースワーカーが支援を行う。ここでいう行政のケースワーカーは「福祉司」と呼ばれており,児童相談所の場合は「児童福祉司」であり,身体障害者福祉,知的障害者福祉に関しては「身体障害者福祉司」「知的障害者福祉司」と呼ばれている。このケースワーカーたちが相談を受け,診断・判定などを行い,社会福祉施設に措置をしていた。措置を受けた施設では,指導・訓練を行い地域社会に更生させていくという考え方で流れていた。

　しかし,社会福祉基礎構造改革により図2-3のように,地域社会から何らかの理由で脱落してしまった人に対しては,地域の中での社会資源を活用し,地域の中で生活できるようマネジメントするように変わってきた。社会福祉施設も地域の社会資源としての位置づけに変化している。言葉としても従来は施

第 2 章　相談援助の方法と技術

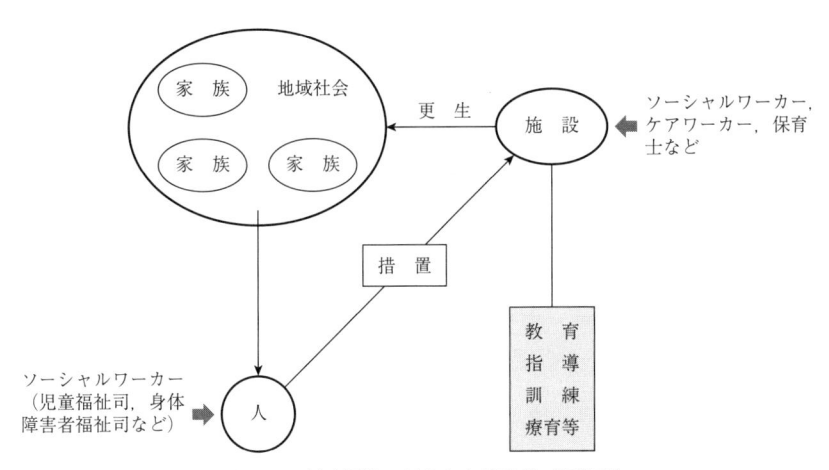

図 2-2　社会福祉の対象と支援関係（旧体制）
出所：筆者作成。

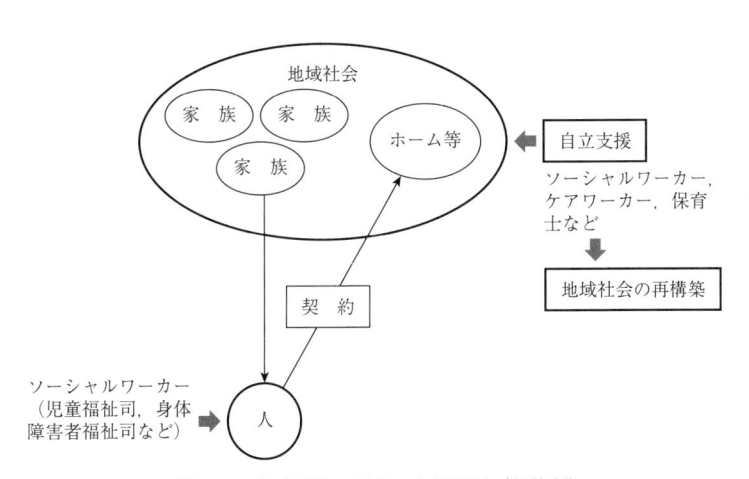

図 2-3　社会福祉の対象と支援関係（新体制）
出所：筆者作成。

表2-1 児童相談所における相談の種類別対応件数の年次推移

|  | 平成19年度 | 平成20年度 | 平成21年度 | 平成22年度 | 平成23年度 |
| --- | --- | --- | --- | --- | --- |
| 総　　数 | 367,852 | 364,414 | 371,800 | 373,528 | 385,294 |
| 障害相談 | 182,053 | 182,524 | 192,082 | 181,108 | 185,853 |
| 養護相談 | 83,505 | 85,274 | 87,596 | 101,323 | 107,511 |
| 育成相談 | 58,958 | 55,005 | 51,794 | 50,993 | 51,751 |
| 非行相談 | 17,670 | 17,172 | 17,690 | 17,345 | 17,155 |
| 保健相談 | 3,411 | 2,970 | 2,835 | 2,608 | 2,639 |
| その他の相談 | 22,255 | 21,469 | 19,803 | 20,151 | 20,385 |

出所：厚生労働省大臣官房統計情報部社会統計課「平成23年度福祉行政報告例結果の概要」から抜粋し筆者作成。

設利用者のことを「入所者」と呼んで，支援には「処遇」という言葉を使用していた。措置から契約へと変化し，一つひとつの支援がサービスとして提供されるようになってきている。

(5) 相談援助の実際（児童相談所における相談内容）

　実際の相談内容についてはどのようなものがあるのだろうか。子ども支援の専門機関として子どもの相談を一番多く受けているのは児童相談所である。

　児童福祉法第12条に都道府県は，児童相談所を設置しなければならないとし，「児童相談所は，児童の福祉に関し，主として前条第1項第1号に掲げる業務（市町村職員の研修を除く）及び同項第2号ロからホまでに掲げる業務並びに障害者の日常生活及び社会生活を総合的に支援するための法律第22条第2項及び第3項並びに第26条第1項に規定する業務を行う」ものとする。児童福祉法第11条第2号のロからホまでの業務とは，「ロ．児童に関する家庭その他からの相談のうち，専門的な知識及び技術を必要とするものに応ずること。ハ．児童及びその家庭につき，必要な調査並びに医学的，心理学的，教育学的，社会学的及び精神保健上の判定を行うこと。ニ．児童及びその保護者につき，ハの調査又は判定に基づいて必要な指導を行うこと。ホ．児童の一時保護を行うこと」である。

表2-1は児童相談所の相談種類別対応件数の年次推移である。専門的機関であり調査，判定機関を持っているため障害相談が多い。また，この養護相談のうち「児童虐待相談の対応件数」は2011（平成23）年度で59,919件になっている。養護相談の約半数以上が虐待相談であることがわかる。また，被虐待者の年齢別件数は「小学生」が21,694件（36.2％），「3歳～学齢前」が14,377件（24.0％），「0～3歳未満」が11,523件（19.2％）となっている。

## （6）保育における相談

保育士が行う相談については，児童相談所の相談件数を参考にすると，障害・発達に関する相談が多く行われることが予想される。さらに，虐待相談件数が多くなっていることから虐待相談も多くなると想定される。

---
**事例**

### 精神的に不安定な母親への対応

父親32歳，母親30歳，本児香織ちゃん（仮名）女の子4歳と，妹1歳の4人家族。母親は精神的に不安定であり，家事・育児に関してはむらがある。ある日，保育士が香織ちゃんの登園時に，おしりに大便がついているのを見つけ，シャワーでお尻を拭いて，みんなと一緒に遊ばせた。保育士は，一時的なものであると思い，その場では対処しなかったがその後，お尻に便がついた状況は1か月間ほど続いた。不安になり，先輩保育士に相談すると「家庭での養育に問題があるかもしれない」との返答がある。園長と相談し，両親を呼び面談することとした。

両親が来所し，担当保育士が，香織ちゃんの毎朝の状況について話をした。すると，母親は黙ってしまい，父親から「妻は今，調子が悪く，子どもの養育ができない状況である」との発言がある。一緒に連れてきた下の子の状況を見ると，肌がカサカサになっており，発育にも問題があるように見受けられた。父親に，子どもの養育状況について話を聞くと，父親は運送業であり家をあけることが多く，養育については母親が全部行っているとのこと。また，下の子ができて，母親が不安定になっていること。さらに，相談する人が周囲にいないことが話された。母親は終始，下を向いて黙っている状況であった。

保育士は，両親に子どもたちの養育について不安があることを話し，福祉事務所に相談することを勧めた。また，同時に園長から福祉事務所に連絡を入れ，家庭訪問を依頼した。

出所：筆者作成。

表2-2 乳児院 養護問題発生理由別児童数

| 養護問題発生理由<br>総数3,299人 | | 父の死亡 | 母の死亡 | 父の行方不明 | 母の行方不明 | 父母の離婚 | 両親の未婚 | 父母の不和 | 父の拘禁 | 母の拘禁 |
|---|---|---|---|---|---|---|---|---|---|---|
| 件　数 | 人 | 2 | 35 | 8 | 136 | 82 | 260 | 42 | 30 | 146 |
| | % | 0.06 | 1.06 | 0.24 | 4.12 | 2.49 | 7.88 | 1.27 | 0.91 | 4.43 |
| 養護問題発生理由 | | 父の入院 | 母の入院 | 家族の疾病の付添 | 次子出産 | 父の就労 | 母の就労 | 父の精神疾患等 | **母の精神疾患等** | 父の放任・怠だ |
| 件　数 | 人 | 5 | 122 | 14 | 22 | 24 | 221 | 7 | **622** | 13 |
| | % | 0.15 | 3.70 | 0.42 | 0.67 | 0.73 | 6.70 | 0.21 | **18.85** | 0.39 |
| 養護問題発生理由 | | **母の放任・怠だ** | 父の虐待・酷使 | 母の虐待・酷使 | 棄児 | 養育拒否 | 破産等の経済的理由 | 児童の問題による監護困難 | その他 | 不詳 |
| 件　数 | 人 | **276** | 119 | 184 | 50 | 256 | 188 | 21 | 353 | 61 |
| | % | **8.37** | 3.61 | 5.58 | 1.52 | 7.76 | 5.70 | 0.64 | 10.70 | 1.85 |

出所：厚生労働省雇用均等・児童家庭局「児童養護施設入所児童等調査結果の概要（2008〔平成20〕年2月1日現在)」から筆者作成。

　表2-2は乳児院の養護問題発生理由別児童数である。問題発生理由では，母の精神疾患が一番多く18.85％になっている。また，虐待の一つである，母の放任・怠だについても8.37％と多くなっている。

　このような現況から先の事例を想定した。この事例は，養育に関しての母の放任・怠惰であり，ネグレクトと呼ばれる虐待の状況である。このようなケースにおいては，母親と一緒に考えていこうとする姿勢より，下の子の状況もあり何らかの形で一時的に保護することが重要であり，専門相談機関につなげていくことが大切である。これは保育相談の枠を越えており，他機関との連携により対応するケースである。

　保育士は子どもの状況や，送迎してくる時の両親の状況について身近に接し，子どもについての情報が集中するところでもある。子どもにとって危険な状態であると判断した時には情報を抱え込まずに，まず身近な先輩保育士などに相談することが大切である。

　また，一時的に保護されたとしても，養育環境が改善されたら再び母親が養

育することが予想される。「お母さんはどう考えますか」,「私も同じ意見です」,「ここはこうした方が良いと思いませんか」など,母親の意見を尊重し,保育士と母親との信頼関係を築き,他機関も入れて,子どもにとって最善の環境が提供できるよう支援していくことが大切である。

## 第2節　相談援助の過程

### （1）相談援助の流れ

　ソーシャルワークの援助過程については,表2-3の通りである。インテーク（intake, 初回面接）により,クライエントの情報を聞く作業から始まり,アセスメント（assessment, 事前評価）により情報収集が図られ,プランニング（planning, 企画・立案）により問題点に対する対応策が立案され,インターベンション（intervention, 介入・治療支援）により実際に企画・立案されたことが実施され,モニタリング（monitoring, 監視・点検）により実際に実施されているかがみられ,エバリュエーション（evaluation, 事後評価・確認）により介入行為後のケースの変化に対する評価が行われ,ターミネーション（termination）・エンディング（ending）により終結が図られる。

　ここでは,実際に保育相談におけるインテークからエンディングまでの説明と対応について事例を通して考えていくものとする。

表2-3　相談援助の流れ

| ①インテーク（初回面接, 契約） |
| --- |
| ②アセスメント（事前評価） |
| ③プランニング（支援計画を企画・立案） |
| ④インターベンション（介入・治療支援） |
| ⑤モニタリング（監視・点検） |
| ⑥エバリュエーション（評価・確認） |
| ⑦ターミネーション, エンディング（終結） |

出所：筆者作成。

### （2）インテーク（初回面接, 契約）

　インテークは受理面接・初回面接とも呼ばれており,実際の相談内容が自らの事業所などで対応できるかを判断するものであり,初めて相談者と接する場でもある。保育所や幼稚園などの機関に持ち込まれる相談としては,実際に利

表2-4 未就学の子育てについての不安や悩みの種類（複数回答）

| 項 | (%) |
|---|---|
| 子どものしつけに関すること | 59.5 |
| 子どもの健康に関すること | 35.4 |
| 子どもの勉強や進学に関すること | 30.8 |
| 子どもの就職に関すること | 5.7 |
| 子どもの性格や癖に関すること | 49.1 |
| 子どもの暴力や非行に関すること | 4.2 |
| 子どものいじめに関すること | 9.6 |
| 子どもの友人に関すること | 15.6 |
| 子どもの性に関すること | 3.5 |
| 子どもが保育園や幼稚園に行くのを嫌がること | 6.6 |
| 子どもの育て方について自信が持てないこと | 24.8 |
| 子どものことに関して家族が協力してくれないこと | 8.3 |
| 家の近所の環境がよくないこと | 6.9 |

出所：労働省雇用均等・児童家庭局総務課「2004（平成16）年度全国家庭児童調査結果の概要」から関係項目を抜粋し筆者作成。

用している保護者からの相談が多いことが予想される。また，保護者からの紹介や，地域の子育て支援センターからの相談なども考えられる。

　実際に保育所を利用している保護者であっても，相談者として保育士が対応するのは初めてのことになる。また，保育者は，子どものことはよく知っているとしても母親の考え方，家族の考え方，地域の情報などソーシャルケースワーカーとしての情報などは持ち得ない場合が多い。

　保育士として子育て支援等に関する相談が求められた場合，次の点に留意をして行うことが大切である。まず，面接場面を設定すること。保育士は子どもと接する場面が中心であり，特定の面接室，面接時間などの場を設定することがむずかしい。しかし，保護者や来談される方は秘密が保持され，一緒に考えてくれる場を求めている。時間を指定したり，場を設定したりして面接を行うことが望まれる。次に，相談の主訴や要求・要望（ニーズ）を聞くことである。そのためには相手との信頼関係を築き，相手の話に耳を傾ける傾聴の姿勢が大

第2章　相談援助の方法と技術

表2-5　保育園や幼稚園，学校の先生などに相談する内容

| 項 | (％) |
|---|---|
| 子どものしつけに関すること | 20.0 |
| 子どもの健康に関すること | 15.2 |
| 子どもの勉強や進学に関すること | 31.3 |
| 子どもの就職に関すること | 22.3 |
| 子どもの性格や癖に関すること | 21.2 |
| 子どもの暴力や非行に関すること | 24.7 |
| 子どものいじめに関すること | 34.1 |
| 子どもの友人に関すること | 26.1 |
| 子どもの性に関すること | 8.7 |
| 子どもが保育園や幼稚園，学校に行くのを嫌がること | 39.6 |
| 子どもの育て方について自信が持てないこと | 14.4 |
| 子どものことに関して家族が協力してくれないこと | 0.8 |
| 家の近所の環境がよくないこと | 4.2 |
| その他 | 13.3 |

出所：労働省雇用均等・児童家庭局総務課「2009（平成21）年度全国家庭児童調査結果の概要」から関係項目を抜粋（未就学以外の児童も含まれる・複数回答）。

切となる。また，自らの提供できる支援を伝え，相談者から支援内容を了承していただく手続きが大切である。相談内容が保育士及び機関が提供できるサービスと合致しているかの見きわめはその後の経過の中でも必要であり，相談内容によっては他機関との連携・依頼が必要となる。

　子育て支援に関する相談内容としては，厚生労働省が児童福祉行政推進のための基礎資料として，5年周期で全国の18歳未満の児童がいる世帯を対象として実施している「国民生活基礎調査」から見ることができる。2009（平成21）年の調査では，子育てについての不安や悩みの種別構成割合（複数回答）は「子どもの勉強や進学に関すること（56.5％）」，「子どものしつけに関すること（53.4％）」，「子どもの性格や癖に関すること（44.5％）」が上位になっている。さらに，保育園や幼稚園，学校の先生などに相談する内容としては表2-5の通りであり，「子どもが保育園や幼稚園，学校に行くのを嫌がること（39.6％）」，

表2-6 相談受付簿記入例

| 受付日時 | 相談者 | 内　容 | 対応者 |
|---|---|---|---|
| ○月○日 | 保護者<br>○○組<br>○○○○ | （オムツについての相談）<br>　母親から4歳になってもオムツが外せないことについての相談がある。母親は発達の遅れなど気にしながらも「個人差があり，うちの子は少し遅れているのかもしれません。気にしないようにします」との言葉はあったが心配されている様子が強く伝わる。 | 担任　○○ |
|  |  | （対応）<br>　母親の相談に応じ，一緒に様子観察を行っていく。 |  |

出所：筆者作成。

「子どものいじめに関すること（34.1％）」，「子どもの勉強や進学に関すること（31.3％）」が上位になっている。

　保育所などで，個別相談を受けた場合には相談受付簿に記載し，相談状況を管理し対応する必要がある。表2-6は相談受付簿の記入例である。これは保育士の業務上で行うことでもあり，職場の上司の承諾（決裁）を取る必要がある。上司の決裁を取るにあたっては今後の対応について担当者の方針を記載する必要がある。これにより，保育所の業務として相談支援が行われることとなる。

（3）アセスメント（事前評価）

　アセスメントとは，相談支援を利用する人自身とその環境についての問題や病理について情報収集を行い，一定の評価基準にもとづき事前評価を行うものである。介護保険導入で相談支援専門員（ケアマネージャー）がケアプランをたてる時に利用するアセスメント方式が一般的となり，各分野で定着してきている。

　相談支援を行う上で，相談者が何を求めているかを正しく知ることが最も大切となる。また，相談者の抱えている問題が相談者の生活のどのような状況から生じてきているのかを整理し，相談援助活動を行う前に確認することが重要である。アセスメントは相談者の課題分析を基本として，相談者のニーズと環

表2-7 相談家族の状況（フェイスシート記入例）

| 受付番号 | 000001 | 相談者 | ○○○○ | 担当 | ○○ |
|---|---|---|---|---|---|
| 児童名 | ○○○○ | 男・女 | ○○年○月○日入園 | | |
| | | 生年月日 | 平成○年○月○日生（4歳1か月） | | |
| 家族概況 | 父親は，工場勤務であり，夜勤や変則勤務がある。子どもとのかかわりは土日のみとなっている。母親は子どもを保育所に通わせスーパーのレジのパートを行っている。祖父母とは同居はしているが2世帯住宅になっており，祖父母は子育てにはノータッチである。 | | 家族構成図 （○○年○月○日現在） （ジェノグラム作成） | | |
| | | | （特記事項） | | |
| 緊急連絡先 | （住所）　○○市○○○　　　TEL ○○○○○○○○　　　携帯○○○○○○○○ | | | | |
| 子どもの様子 | 言語，理解などの遅れは見られない。友だちとの関係もできている。昼夜は紙オムツをしており，保育所では大便はほとんど見られないが，一度，廊下の隅で紙おむつ内に大便を行っていたことがある。 | | | | |
| 母親の意見 | 「大人になってオムツをする人はいない」と自分に言い聞かせるようにいっている。 | | | | |
| その他 | 母親からの面接で祖父母のことをうかがうが，祖父母の話は出てこない。父親については，仕事が忙しいこともあり，自分と同意見であり任せてもらっているとの話がある。 | | | | |

出所：筆者作成。

境，周辺情報などを整理し対応策に結びつけていくことが一連の過程である。表2-7のように，面接等で聴収した情報を整理し，面接記録とともにフェイスシートとして整理しておくとよい。

　相談支援が主役割ではない保育所などでの保護者や地域の人たちへの相談支援では，限られた情報の中でアセスメントを行う必要がある。そのためには，面接により信頼関係を築くことが大切な要素となる。

　また，面接により，周辺情報の獲得，情報の変化，プランニングで必要なことなどを見つけていくことが大切である。しかし，注意しなければいけないことは，自らの機関の役割を理解し，それを超える行為については原則的には行ってはならないということである。さらに虐待ケースや困難家族の調整などに関しては十分な経験と知識が必要であり，児童相談所などの専門機関と連携し支援していくことが重要である。

　相談ケースを整理するためには，フェイスシートを作成し，相談記録を添付

表2-8 支援計画記入例

| 項 | 内　容 |
|---|---|
| 目　標 | 保育所で預かっている昼間の時間帯に関して，オムツを外せるようにトイレトレーニングを行っていく。また，定期的に母親からの相談に応じ，子どものことに関して一緒に考えていく。 |
| 支援計画 | （トイレトレーニング）<br>　次の手順でトイレトレーニングを行う。まず，トイレを意識させる。次に，トイレに慣れさせ，トイレに誘う，最後に，トイレに行きたいというサインを見つけ声がけを行う。〇月〇日から〇月〇日までの2週間実施する。<br>（母親との面談）<br>　母親が都合の良い日にちを選び，2週間に1度程度の面談を行い，トイレトレーニングの状況について伝えるとともに子育て相談に応じる。<br>（注意点）<br>　言葉が理解できるため，本人が納得できるように説明し，無理矢理に行うことはしない。 |

出所：筆者作成。

し，一定期間がたったら評価していくシステムを構築することが必要である。フェイスシートはジェノグラムを入れることにより視覚的に理解できる。

### （4）プランニング（支援計画を企画・立案）

　支援計画では，目標の設定とともに具体的な支援計画がたてられる。実際の活動については支援者からの一方的支援は避け，無理のない範囲で行う。また，支援計画，目標の設定にあたっては相談者が十分に納得したものでなければならない。インフォームド・コンセント（説明・同意）が求められる。表2-8は支援計画記入例である。ソーシャルワークの分野では相談者からの承諾のサインなどが必要となる。また，組織内での同意を得るために上司の承諾（決裁）を取ることが大切である。

　ここでは，母親との面接と同時に，子どもに対してのトイレトレーニングを実施する方法を取っている。トイレトレーニングなどの支援は，支援経過，支援方法などの評価を行うため，期日を決め実施することが大切である。

## （5）インターベンション（介入・治療支援）・モニタリング（監視・点検）

　インターベンションとは，クライエントの日常生活の中に介入し支援を行っていくことである。インターベンションで大切なことは相談や支援を継続していくことではなく，問題解決の方法を利用者自身が支援の中で見つけていくことにある。援助者は専門的な取り組み（コーディネート，専門的技術）を通して利用者と信頼関係を築きながら，利用者自身の変化，周囲の変化，周囲が与える利用者への変化などに対してモニタリング（監視・点検）を行いながら支援をすることである。これは支援を通して，利用者自身の「気づき」に注目していくことである。

## （6）エバリュエーション（評価・確認）

　相談援助やトイレトレーニング（表2-9）を実施し，実際にどの程度効果があったかを評価するのが事後評価（表2-10）と呼ばれるエバリュエーションである。

　評価・確認を行っていく段階で新たな問題が生じてくることもある。利用者本人が解決できる問題か，他からの支援が必要な問題かを判断することが大切である。表2-10の事後評価の場合，面接を通して母親が子育てに対して孤立している状況が見えてきた。父親は，子育てについて任せているのではなく，子育てに関しては母親が行うことが当然であるとの気持ちを持っていることがわかる。

## （7）ターミネーション，エンディング（終結）

　ターミネーション，エンディングともに終結を意味する。ターミネーション，エンディングには相談者，支援者の双方がこれ以上の支援は必要ではないと確認することにより行われる。事例では，母親からの「いろいろお話を聞いていただきありがとうございました。家庭での実践を行うとともに，あとは，家族で話しあってみます」との前向きな言葉が確認でき，母親自身の持っているエンパワメントを信じて終結を行っている。その後の状況については，できるだ

表2-9 支援記録

| 日　時 | 状　況 |
|---|---|
| ○月○日（○）<br>・トイレを意識させる | （日中でのトイレトレーニングを開始）<br>　昼食の前後にとりあえず，オマルを用意し声がけを行う。最初の内は「いやだ」と言っていたが，紙オムツを外しオマルに乗ってくる。 |
| ○月○日（○）<br>・母親面談 | （トイレトレーニングの経過報告）<br>　トイレトレーニングの経過報告を行う。母親の表情はよく，うれしそうに聞いている。しかし，「家庭でも同じようにしてみませんか」と話すと，急に暗い顔になる。 |

出所：筆者作成。

表2-10 事後評価

| 評　価 | 内　容 |
|---|---|
| ・トイレトレーニング | トイレトレーニングを3週間実施。排尿時に子どもの方から「トイレに行きたい」との言葉が出てきた。昼間のトイレについては失敗することが少なくなってきた。 |
| ・面　接 | アセスメントを含め計5回の面接を行う。面接を通して次のことがわかる。家族が子どもの養育に関してノータッチの状況にある。父親は仕事が大変とのことと，土日は趣味であるオートバイで出かけることが多い。また，祖母に関しては，指摘はするが手伝ってくれないとの話である。母親はパートをしながらほとんどひとりで育児を行っていた。 |

出所：筆者作成。

けケースを見守れるように配慮していくことが大切である。

　相談・支援の関係はお互いの共同作業である。しかし，「支援する」，「支援される」の関係でもある。この関係を継続することは利用者の依存傾向が強くなるため適切な時点から多少の距離を保つことが大切となる。これには利用者の判断や自己決定を十分に尊重することが必要である。

## 第3節　相談援助の技術・アプローチ

（1）個別的援助技術の構成要素と原則

　ソーシャルケースワークの構成要素としてH. パールマンは「4つのP」を挙げている。

つまり，4つのPとはケースワークを組み立てるために必要な条件であり，人（person），問題（problem），場所（place），過程（process）からなっている。「人」とは，問題を持ち，自らの力量のみでは解決困難なため援助を必要とする人である。「問題」とは，その人と社会環境との間に調整が必要とされる問題である。「場所」とは，ケースワークが具体的に展開される場所である。「過程」とは，ケースワークとクライエントとの間に展開される支援の過程である。

ソーシャルケースワークの援助関係を形成する原則として，F. P. バイステックは7つの原則を挙げている。クライエントとケースワーカーが面接，調査，診断，治療の水路（channel）にしたがって援助を行っても，良好な援助関係が築けなければ効果が失われてしまう。この良好な援助関係を築くために，次の7つをケースワークの原則にもとづき支援することが必要である。

①クライエントを個人として捉える（個別化の原則）
②クライエントの感情表現を大切にする（意図的な感情の表出）
③援助者は自分の感情を自覚して吟味する（統御された情緒関与）
④受け止める（受容）
⑤クライエントを一方的に非難しない（非審判的態度）
⑥クライエントの自己決定を促し尊重する（クライエントの自己決定）
⑦秘密を保持して信頼関係を醸成する（秘密保持）

バイステックの7つの原則は援助関係を築くための基本的事項であり，クライエントを尊重することにもとづく原則である。

### （2）相談援助者の背景と共感的理解

相談支援を行うケースワーカーや社会福祉施設などの職員はかならず組織に属している。また，相談支援を行う者も人間でありさまざまな感情に支配されている。相談支援者に影響を与えるものとしては，①組織の方針・集団の準拠枠，②組織が持つ特質，③相談援助者個々の照合性，④入所者の転移による逆転移などが考えられる。準拠枠とは対象を認識する時の判断の枠組みである。また，相談援助者個々の照合性とは，相談援助者の生活歴によって形成された

習慣・欲求による自己概念，不安，不満，先入観などである。

　また，心理的な影響として転移・逆転移がある。転移とはクライエントが相談援助者に抱くある種の感情であり，このある種の感情とはクライエントの過去の人間関係の中の人物と相談援助者が重なった時に生ずることが多い。反対に逆転移とは相談援助者のワーカーがクライエントに対して持つ私的感情を言う。このように，相談援助者も組織や感情などの枠組みの中で相談支援を行っていることを理解していなければならない。

　相談援助者とクライエントとの人間関係で相談援助者は，①相手の自我・自尊心を大切にする（無条件の肯定的配慮），②相手の立場から理解する（共感的理解），③誠実であること（援助者の自己一致）に心がけることが必要である。共感的理解とはクライエントと同じ立場で考え，人間としてクライエントを愛することである。それには，その人を知りたいと思う姿勢や態度が必要であり，クライエントの話を傾聴する姿勢がもっとも大切である。

## （3）面接の技術

　援助技術における面接はクライエントが抱えている問題に対して，援助者が場所と時間を共有し，問題解決に向けての情報を収集する場である。クライエントはワーカーに対して最初から好意的に接するわけではない。時には感情的になり，暴言なども見られる。クライエントの感情に支配されず，問題解決に向けていかに道筋をつけていくかが重要である。それには，面接における基本的技術を修得しておくことが大切である。

### 1）面接の基本的技術

　面接は，ワーカーとクライエントの言葉によるやりとりが中心となり，その中で問題解決に向けての情報をワーカーが聴き取り出すことにある。面接で行われる言葉のやりとりには，情報のもとである事項（ある物事の中にある一つひとつの事柄），感情，そして，お互いのやりとりの中でわからない点を類推するという作業がある。初回面接では特に感情の動きに注目し，信頼関係を築くことが大切である。「この人に相談をしたい」，「この人なら私の悩んでいること

第2章 相談援助の方法と技術

表2-11 面接における基本的応答技法

| |
|---|
| ①内容の反射に関するもの<br>　○単純な反射……クライエントの言葉をそのまま反射する。<br>　○言い換え……クライエントの言葉をワーカーの言葉で言い換えて，反射する。<br>　○要　約……クライエントが語ったことを要約して反射する。<br>　○明確化……クライエントが語ったことを明確にして示す。 |
| ②感情の反射に関するもの<br>　○感情の反射……クライエントが語った感情をそのまま反射する。<br>　○感情の受容……クライエントが語った感情を受けいれて反射する。<br>　○感情の明確化……クライエントが語った感情を明確にして示す。 |
| ③適切な質問<br>　○開いた質問……質問に答えることによって多くのことが語られるような質問をする。<br>　○閉ざした質問……はい，いいえ，あるいは答えが一言で言えるような質問。<br>　○状況に即した質問……面接の流れに合致した質問ができる。<br>　○避けるべき質問の認識……面接の支障となるような避けるべき質問が認識できる。 |
| ④情緒的な指示<br>　○情緒的な指示……クライエントを支えるメッセージを伝える。クライエントの健康さや強さを認めるメッセージを伝える。 |
| ⑤直接的なメッセージの伝達<br>　○I（アイ）メッセージ……「私は」で始まる直接的主観的なメッセージを伝える。メッセージは一般化するのではなく，一人の人間としてワーカーの思いを直接的に伝える。 |

出所：山辺朗子『ワークブック社会福祉援助技術演習② 個人とソーシャルワーク』ミネルヴァ書房，70頁，2003年。

を解決してくれるだろう」と思ってもらえるように誠実に対応することが大切である。そのためには，言葉の中にある感情の流れを十分に理解できるように訓練を行うことが必要である。

　また，感情は言葉だけでなく態度にも現れる。言葉によるコミュニケーションをバーバル・コミュニケーション，言葉ではなく態度や言葉以外のコミュニケーションをノンバーバル・コミュニケーションと言う。面接の時の容姿，座り方，しぐさなどの中に感情や意思が見られる。これらを観察し，言葉を見ていくとクライエントが何を伝えたいかを探る手がかりを見つけることができる。また，面接の流れの中には，いくつかの応答技法があるので紹介をする（表2-11）。

（感情の反射）

　クライエントが抱えている問題が大きければ大きいほど，クライエントの中

で，つらい，苦しいなどの感情が言葉や動作の中に出てくる。たとえば，「本当に大変で，夜も眠れない」，「そのことを思うと今でも悔しい思いが浮かんでくる」などである。このように，つらい，苦しい感情を「大変なお気持ち，お言葉から察することができます」など反射させることにより，クライエントに共感していることを伝えることができる。同様に，楽しい，うれしい感情も「本当に頑張りましたね。一緒にやってきた私自身もうれしくてしかたがありません」などの感情の反射により相手との共感的理解を深めることができる。

しかし，注意しなくてはならないのは同調を是認と混同されやすいことである。口先だけの元気づけになってはいけない。それにはクライエントの感情の動きを理解しワーカー自身の気持ちと交差させることが大切である。

（感情の明確化）

感情の反射より，クライエントの問題を具体的にする技法になる。クライエントがはっきり意識化，言語化できない感情を，ワーカーが察知し言語化することである。クライエントの話を傾聴する中で，繰り返し使われている言葉や戸惑う言葉などを意識し，クライエントの感情をつかんでいくことが必要である。

たとえば「気にはしていないが」，「いいと思っているのだが」などの言葉から本当はどう思っているのだろうということを察知し，「〇〇さんの対応に嫌な思いをされていたのですね」というように，一歩ふみ込んで感情を言語化することである。これにより，クライエント自身の中で起きている感情を言語化・明確化できるように支援することが大切となる。

（沈　黙）

面接時にワーカーが戸惑うことの一つに沈黙がある。沈黙している状態のクライエントにどう声がけをするか，また，沈黙が長くなればなるほどクライエントの心の中に何が起きているのかが不安になる。さらに，その不安をクライエントが感じてしまうのではないかという気持ちにもなってしまう。これは面接を行った人はだれしも経験することであり，その時のワーカーの態度が面接結果に大きく影響することにもなる。

面接は言葉のキャッチボールである。その言葉というボールが返ってこない

時に、どこにボールがあるのかお互いに認識していなければいけない。しかし、投げた側のワーカーはできるだけボールにさわらず、クライエントの投げ返すボールを待っていなければならない。そこには、時間的な間が生ずるが、その間こそ混沌とした中でクライエント自身が考え、何かをつかもうとしている大切な間であることを理解しておく必要がある。

　たとえば、「どうしてそうしてしまうか、私にもわからない……」などの言葉の後の沈黙は、自分がしてきた問題に対して何かをつかもうとしているクライエントの積極的な活動として捉えることができる。その活動の邪魔をするように「あなたがやっていることは社会的に許されない行為ですよ」、「仕事の忙しさがあなたをそうさせてしまうのでしょう」などの診断・解釈的な対応はクライエントの抱えている疑問・不安が解決されずに終結してしまう。これらの言葉は、クライエントの本来持っている潜在的力を信ずるというより、面接におけるワーカーの安定を図るためのものになってしまう。沈黙という間をどう面接の中で大切にしていくかが、相談支援のポイントとなる。

### 2）面接での留意事項

　面接をしていく中で、クライエントの心の部分に触れなければ問題解決ができない場面が出てくる。ワーカーがクライエントと一緒に考え、クライエントが自らの力で問題解決を行おうとしても、クライエント自身が行動や習慣を変えることができないケースが出てくる。たとえば、親にどうしても暴力をふるってしまう子どもや、子どもを叱る時にどうしても手が出てしまう親の行動などの中に見られる。このような行動変容をともなう面接については、心理・カウンセリングにつなげていくことが大切である。

　河合隼雄は「1人の学校に行かない子どもが行くようになるということは、やっぱり大変なことであるし、それから、お母さんと毎日けんかしていた子がけんかをしなくなるってことは、これはものすごく大変なことなんです。それを僕らはつい忘れてしまって、けんかをしている子はけんかしないような良い子にしよう。学校に行かない子は、学校に来るような良い子にしようというふうな単純な気持ちで会うと、絶対ダメなんです。なぜかといったら、その子に

表 2-12　問題点の整理

| |
|---|
| ○涼くん（仮名）自身の問題点<br>　1　行動に落ち着きがない。<br>　2　友だちとの関係がつくれない。<br>　3　家族の話題が会話の中に出てこない。<br>○集団生活における問題点<br>　1　突然違う行動をするので，他の子どもたちが動揺してしまう。<br>　2　他の子どもたちが，Kくんに対して特別視しつつある。 |

出所：筆者作成。

とって学校に来ないこと，お母さんとけんかすること，ということにその子の存在がかかっているわけですからね。そういう存在をかけて生きている子のその存在をちょっとでも変えようということは，これはものすごいことでしょう」と言っている。さらに河合は「われわれは，心の非常に深いところに触れていく。そしてそのようなことができるのがカウンセラーであるから，そういう方法を皆さんが身につけられるのはいいんだけれど，どの辺で止めるのかを判断したり，非常に危険なことをしているんだという気持ちを持たないといけません」と言っている。

　相談援助の目的は，クライエントのニーズを見つけていくことにあり，そのニーズにもとづいて他専門職種との関係構築を築いていくことである。カウンセリングのように心の中に介入していく行為に関しては大変危険な行為であることを十分認識し，専門的知識，技術を持った精神科医，カウンセラーに委(ゆだ)ねていくことが大切である。

### 3）面接の流れ

　面接の技術をもとに，実際に保育現場の中での相談支援の仕方について考えてみる。相談内容，子どもの状況によっては母親や養育を行っている人から直接話を聞き，子どもの置かれている背景や全体像を理解することが必要になる。

　また，乳幼児期は急激な発達を遂げる時期でもあり，両親も発達に関しての発言には敏感になっている。相談者の感情を理解せずに不用意な発言をしてしまうと，多くの誤解や不信感を持たれて，今後の相談支援ができなくなることがある。保育者には相談に応じる正確な情報と知識，また，適切な発言が求め

表2-13　面接の基本的流れと対応

（あいさつ）
　〇本日はお忙しい中，お呼び立てして申し訳ありません。どうぞこちらにお座りください。
（面接の主旨説明）
　〇本日は，お子様，涼くんの保育園での様子をお伝えすることと，ご家庭でのご様子をお聞きし，涼くんの養育について，お母様と一緒に考えていこうと思いお越しいただきました。
　〇まず，保育園での涼くんの様子ですが，保育園では，毎日，元気に，また活発にすごしています。しかし，最近になり，少し気になる点が見られます。友だちとの関係ですが，あまり周囲の子どもを意識しないようです。また，普段，一人遊びをしていることが多いようにも見受けられます。3歳から4歳にかけては他の子どもとの関係づくりが必要になってくる時期です。ご家庭での様子をお聞かせいただけますか。また，保育所への要望などもあったらお聞かせください。
　〇また，面接でお聞きしたことに関しては，他に話すようなことは一切ありませんのでご安心ください（守秘義務の確認）。
（展　開）
　〇まず，涼くんのご家庭での様子をお聞かせください（開いた質問）。
　　＊沈黙が想定される。
　　＊想定される回答：夫婦の関係，家族関係，地域との関係などが出てくることが想定される。
　　　例：私は，働かなければならず，ほとんど祖母が見ている。
　〇そうですか，ほんとうは少しでも一緒にいたい時期でしょうに，ご心配なお気持ちはよくわかります（感情の反射）。
　〇いつ頃からお婆様が見ておられるのですか（閉ざした質問）。
　　＊想定される回答：〇年前から。
　〇お婆様は涼くんのことについては何と言われていますか（開いた質問）。
　　＊想定される回答：あまり，私には話をしてくれない。最近は私のかかわり方が悪いとか，もっと時間を取ってあげるべきだと言われ，私も困っている。
　〇そうですか。お母様としてはお子様のことを一番に考えたいのでしょうが，そうすることができないでお困りなこと，また，お婆様とお母様の間に何らかの誤解があることがお話からわかりました（感情の明確化・要約）。
　〇保育所として何かお役に立てることがありましたら，いつでもご相談ください（また，私どもでわからないこと，解決できないことについては，相談できる機関を一緒に探しながら，より良い方向を見つけていきましょう）。
　〇園に対するご要望はございますか（開いた質問）。
　　＊想定される回答：近所に友だちがいない。忙しくて園の行事に参加できないなど。
（まとめ）
　〇わかりました。できるだけ保育所でのことをお話しし，一緒に考えていきたいと思います。涼くんのことについて，お婆様が中心で見られていること，お母様はパートで忙しいことをお聞かせいただきありがとうございました（要約）。
（今後の進路）
　〇涼くんについてはお母様とお話ししながら一緒に考えていきたいと思います。何かあったらいつでもご連絡ください。また，定期的に話しあいを持ちたいと考えています。次回のご都合のよい日をご連絡ください（今後の進路）。
（あいさつ）
　〇本日は，貴重なお時間をありがとうございました。

出所：筆者作成。

られる。

---
**事例**

**面接を行う背景**

（保育園での子どもの様子）

　涼くん，3歳7か月。知的な遅れは見られないが，絵本の読み聞かせをしている時に，突然席を立って動き出してしまう。注意しても同じことを繰り返してしまう。また，集団遊びをしていても自分ひとり鶏舎の前に行き鶏を見ている。「鶏さん好きなの」と言うと，黙ってうなずき，すぐに鶏舎の後ろ側に行ってしまう。

出所：筆者作成。

---

　この事例については，保育所だけの生活で子どもの全体像を捉えることができない。子どもが何らかの心の理由で一時的に不安定になっているのか，子ども自身に発達障害などの障害となるものがあるのかなど，いろいろなことが想定できる。保護者から家庭での養育状況などを聞き，子どもにとって最善の方向を保護者とともに考えていくことが大切となる。

　また，面接を行う前には問題点の整理（表2-12）を行っておく必要がある。問題点を整理することにより問題を客観的に見ることができる。さらに，この時点で，いろいろな社会資源や上司などのスーパーバイザーによるアドバイスを受けておくことが大切である。

　表2-13は面接に関する基本的な流れである。あいさつ，面接の主旨説明，展開，まとめ，今後の進路といった流れについて，面接の前に確認するとともに職場内でロールプレイングなどの訓練をしておくと，実際の面接場面では落ち着いて対応することができる。

　この流れについては，一般的なものであり予期しない展開が面接の中で起こり得ることも想定される。落ち着いて，常に相手を尊重する姿勢を保ちながら面接を行うことが大切である。

（4）ジェノグラムとエコマップ

　面接を行った後に，家族の状況や社会資源について整理しておくことが大切

第 2 章　相談援助の方法と技術

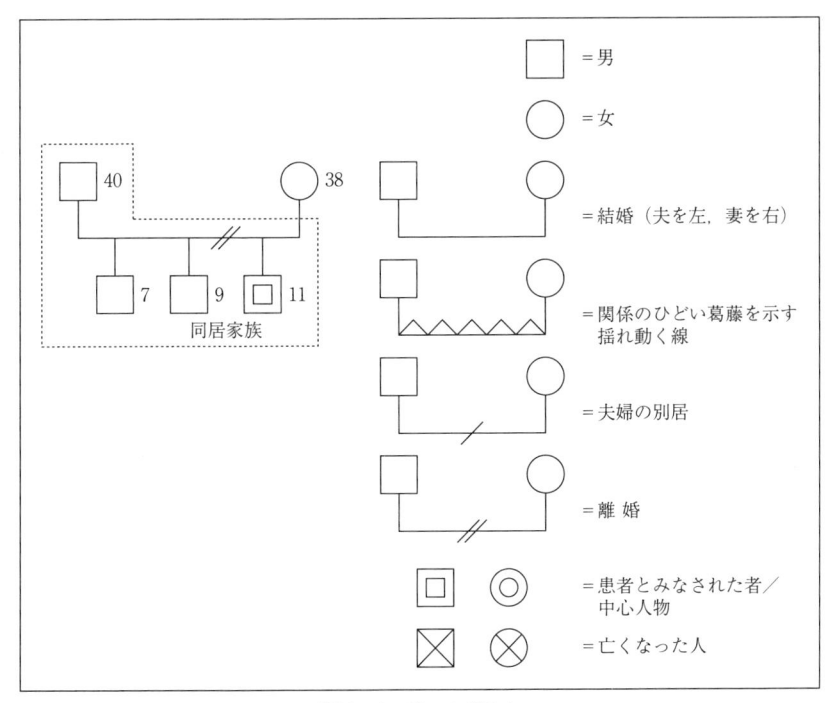

図 2 - 4　ジェノグラム
出所：太田義弘・岡本民夫・中村永司編『社会福祉援助技術論Ⅰ』中央法規出版，2003年。

となる。

　家族関係や，他機関との関連については，言葉で記載するより図表化した方が，その関係が理解されやすい。そのツールとして開発されたのが，ジェノグラム（genogram）（図 2 - 4 ）やエコマップ（eco map）（図 2 - 5 ）などである。ジェノグラムは，M. ボーエンにより開発され，P. ゲイランとE. ベンダガストらがその有効性に着目して以来，活用が増えている。社会福祉施設や関係機関の児童票や児童台帳等にはかならず用いられている手法である。

　また，ジェノグラムは本来 3 世代以上の関係を見る見取り図であり，視覚的に捉えることができるため便利なものである。しかし，社会福祉施設では，台帳のフェイスシートに記載されているところが多く，変更についての手続きが

55

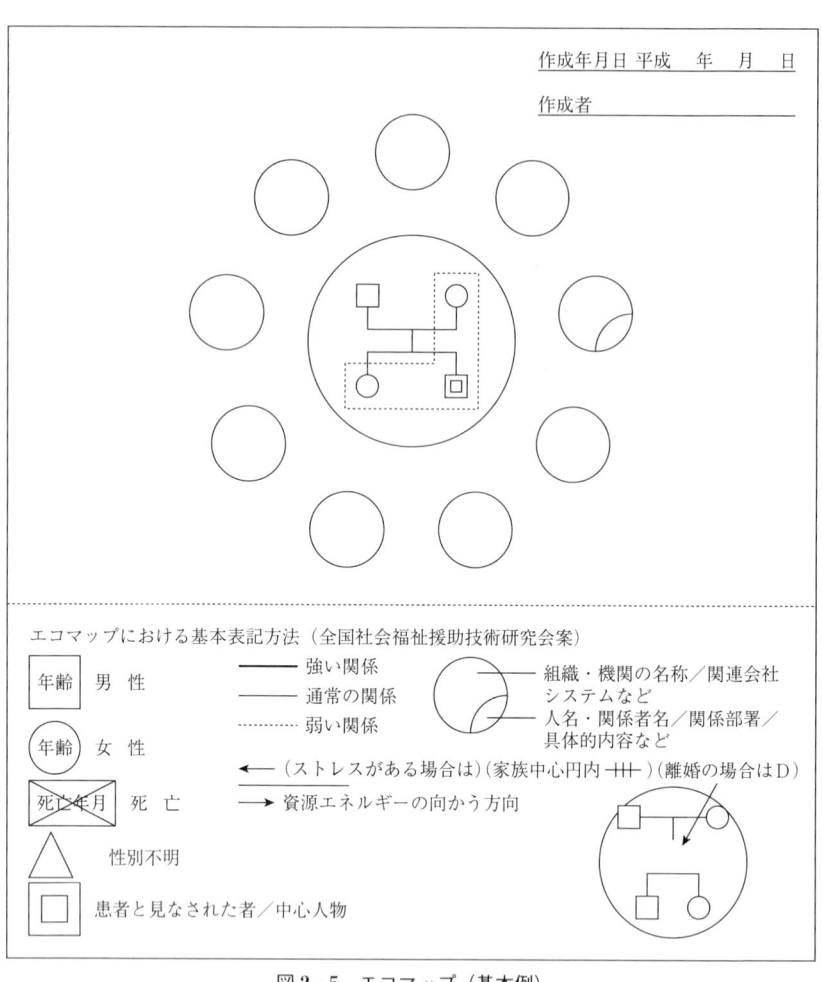

図2-5 エコマップ（基本例）
出所：岡本民夫『改訂 福祉職員研修の進め方』全国社会福祉協議会，1992年，82頁より筆者一部変更。

されていないところも多い。記載日や記載者を明記することが大切であるとともに，変更については朱書きで記載するなどのルールを決めておくことが必要である。

　エコマップは1975（昭和50）年，A．ハートマンにより社会福祉の実践用と

して考案されたものである。エコとはエコロジカル（ecological）の略であり「生態学的」と訳される。直訳するとマップは地図であるので，生態学的地図となる。一般的には「社会関係地図」と呼ばれているが，社会福祉の場合，社会関係と捉えるより社会資源の地図として捉える方が内容と合致している。

　エコマップを活用する上で大切なことは，常に新しい情報が記載されていることである。情報は使える情報でないと形骸化してしまう。変更になった部分については朱書きで変更日，変更内容を地図上に記載するとよい。また，地図自体は複雑化するよりできるだけ単純に記載することを勧めたい。組織，電話番号，担当者を記載すればそれを見ただけで相手との関係がわかり利用しやすい。なお，大きく改訂した場合は，改訂日，改訂者を記載することも大切なポイントである。組織内で一定のルールを決めてエコマップを作成することを勧めたい。また，パソコンなどを利用してマッピングしていくことも大切である。記載内容については，個人情報であることを十分認識し，保存方法，保管場所等やセキュリティに注意することが大切である。

## （5）アプローチ

　アプローチという言葉は，本来，対象に対して接近する，迫るという用語である。ケースワークで言うアプローチとは，クライエントに対するワーカーの位置づけと援助技術の傾向を示したものであり，現在，27以上のアプローチがあり，それぞれの視点と効果，範囲，限界がある。

　アプローチの代表的なものとしては診断主義アプローチ，機能主義アプローチ，問題解決アプローチ，行動変容アプローチ，危機介入アプローチ，課題中心アプローチがある。ここでは，診断主義アプローチ，機能主義アプローチ，問題解決アプローチの3つを簡単に紹介する。

　診断主義アプローチとは，もっとも伝統的なアプローチであり，リッチモンドにさかのぼることができる。このアプローチの特徴はフロイトの精神分析の視点を取り入れたことにある。展開としては，インテーク，社会調査，社会診断，社会治療という過程を経て展開される。後に，ホリスにより心理社会療法

へと展開した。

　機能主義アプローチとは，診断主義アプローチがクライエントの病理的な部分に着目したのに対して，クライエントの意思の力に着目した。ワーカーはクライエントの意思の力が発揮できるように援助していくというものであり，ワーカーは変化していくクライエントを治療するのではなく援助していく存在となるところに特徴が見られる。展開としては，開始期，中間期，終結期の過程がある。

　問題解決アプローチとは，パールマンにより提唱されたアプローチであり，診断主義と機能主義のアプローチを統合したものであり，混合型アプローチとも呼ばれている。まず，何が問題なのかをクライエントと特定し，クライエントが援助を決定し，契約などの問題解決についての意思決定を行い，起こっている問題に関して深く考え，クライエントが問題に対して，何らかの選択ができるようにし，クライエントの持っている対処能力を高めていくというものである。


〈演習課題〉
1. 面接時の対応として，大切だと思われることを書きだしてみよう。
2. 家族の状況をエコマップで整理してみよう。
3. 保育所を中心として，地域の社会資源を整理しエコマップを作成してみよう。


〈引用・参考文献〉
大塚達雄・井垣章二・澤田健次郎・山辺朗子『ソーシャル・ケースワーク論——社会福祉実践の基礎』ミネルヴァ書房，1994年。
河合隼雄『カウンセリングを語る（下）』創元社，1985年。
バイステック，F. P./尾崎新・福田俊子・原田和幸訳『ケースワークの原則（改訳改訂版）——援助関係を形成する技法』誠信書房，2006年。

〈推薦図書〉
ミルトン・メイヤロフ／田村真・向野宣之訳『ケアの本質』ゆみる出版，1993年。

――社会福祉の仕事は単なるサービス業だろうか。ミルトン・メイヤロフはこの本の中で，「ケアとは，ケアする人，ケアされる人に生じる変化とともに成長発展をとげる関係を指している」と言っている。福祉の仕事を志す人に一読をお勧めしたい。
三好春樹『介護の専門性とは何か』雲母書房，2005年。
　――社会福祉の現場はともすると理念が優先しわかりにくいものになりがちである。筆者は「介護とは，誰が行っても同じようにできる介護力ではなくて，固有名詞と固有名詞による介護関係こそが本質」と単刀直入にわかりやすい言葉で介護現場を紹介している。

(大塚良一)

# 第3章
# 相談援助の具体的展開

　実際に相談援助の活動を行うためには援助を担当する者にはソーシャルワークの基本的な理解とともに相談者の現実の姿を可能な限り客観的に把握し支援活動に結びつけていく必要がある。本章においては相談者を理解し，具体的に援助活動を展開していくために必要とされることは何かについて学習を行う。

## 第1節　相談援助活動を理解するために

　相談援助の活動は相談者が解決すべき課題は何かを援助者が受け止め，解決へ向けて適切な支援活動を提供することができるがどうかが大きな課題となる。その際に必要とされることはソーシャルワークに関する基本的な理解と相談者の気持ちを感じとることのできる援助者の感性である。
　相談援助の活動を理解し，実践することは容易なことではないかもしれない。次の事例を読んで下記に示した演習課題について考え，その上で相談援助の活動を行う際にどのような視点が必要となるか考えてみてほしい。

---
事　例

#### 小学校入学前の信次くんの様子に不安を抱くお母さん

◎概　要
　信次くん（仮名）は，現在5歳で来年の4月には小学校に進学予定である。
　信次くんは　家族など限られた人とは話をするが，現在通っている保育所の同じクラスにいる園児と話すことはないが，集団遊戯などの活動を行う場合には友だちに手を引かれて参加するなどして保育所での生活を行っており，保育所の活動に参加できないということはなかった。両親は「（信次くんは）内気な性格のため，保育所では強い子がいるので，なかなか自分の意見が言えないのではないか。家では保育所での

生活の様子を楽しそうに話しているし，言葉に障害があるとかいうことではないので，保育所での生活になじむことができれば改善されるはず」と考え，保育所での保育活動への期待を込めて改善を求めている。

　保育所では両親の要望をふまえ，主任保育士を中心にチームを組み信次くんに対する保育活動に取り組み，両親への説明を行うこととした。保育所での信次くんの様子は自分から話すことはなく，保育士に促されると首を縦や横に振り意思表示を行う程度であった。信次くんの通っている保育所では，お昼寝の時にはパジャマに着替えることになっているが，着替えをしないでいて保育士に着替えを促されるような場面が目立っていた。

　これまで保育所での信次くんは「目立たない存在で，保育所の活動へは後ろから何とかついてきている」という見方がされていた。家に帰って「保育所の生活の様子を楽しそうに話す」という両親の話に保育所の保育士は複雑な気持ちを抱いていた。

◎信次くんの家庭の様子

　信次くんの家庭は両親と小学校に通っている姉の4人家族で，父親は35歳でIT関係の仕事をしている。母親は父とは小学校の同級生で結婚後は馴れない家事育児に追われてきたが2年前からアパレル系の企業で仕事をしている。姉は10歳の小学5年生。

　父親は仕事が忙しく，家にいて信次くんと話をすることは少ないが，家にいる時は子どもとよく遊び，子どもとの関係が悪いということはない。子どもの気持ちを把握することなどは母親よりも上手で，子どももなついている。

　姉はスポーツ好きで面倒見が良く，人前で何でも話すので，母は「人前ではあまりお喋りをしないように」と，折にふれて話してきた。

　信次くんは早産で2,000ｇという未熟児であったため，県内の専門病院に移され，3か月間入院していた。退院後は特に病気をすることもなく，体は小さかったが，元気の良い子であった。両親は家に閉じこもることなく信次くんを外によく連れて出たが，近所に同年齢の子どもが少なく，他の子と遊ぶ機会を得ることは困難であった。

　母親は，「2歳頃から，覚えが良く，記憶力がとても良いのに驚かされた」と話している。同年齢の子どもとともに過ごす時間が必要との考えから，保育所には3歳から通うが，なれにくく，毎朝母と離れる時には大騒ぎになってしまうことがあった。保育所での生活が始まり担当の保育士から，「言葉数が少ない」，「お話をしない」，「今後が不安」と伝えられ，両親はあせり，お話をちゃんとするよう説得し，「お話をしないと保育園に行けなくなっちゃうよ」などと強く言うことが増えてきた。

　信次くんについて母親は「わがままで思うようにならないと大きな声を出したりする。頑固で負けず嫌いな面があるが，臆病な面もある」と説明しているが，来年は小学校に入学することになっており保育士からの話に「大丈夫であろうか」という漠然とした不安を感じている。

　　出所：母親への支援経過をもとに筆者作成。

〈演習課題〉
1. この事例を読んで、あなた自身が感じとったことを書き出してみよう。
2. 信次くんはどのような子どもか、あなたの考えをまとめてみよう。
3. 信次くんの家庭の様子をまとめてみよう（前章を参考にジェノグラムを作成してみよう）。
4. あなたが信次くんの担当保育士になったとして、どのような援助・支援が考えられるか、具体的にいくつか挙げてみよう。
5. あなたの考えた援助・支援を実現するためにはどのようなことが必要か考えてみよう。
6. あなたが初めてクライエントと会う時、あなた自身の気持ちや行動にどのような特徴があると思うか。自分自身を振り返って記入してみよう。
7. 利用者や家族との信頼関係をつくり、専門的対人援助関係を築くためには、どのようなことに配慮したらよいかまとめてみよう（バイステックの7原則とその意味について考えてみる）。
8. 初回相談を行う時、その内容にはどのようなことを含めるとよいか。また、どのようなことに留意したらよいと思うかあなたの考えをまとめてみよう（インテーク面接の内容について考えてみる）。
9. 初めて相談に来た人は緊張し、不安を持っていると言われますが、あなたは、このような相談者の話を聞いていくために、どのような言葉かけや姿勢をとればよいか考えてみよう。

## 第2節　計画・記録・評価

（1）相談援助活動における計画
　1）計画の意義
　保育士が保育場面や地域における子育て支援活動などで子ども自身やその家族、地域の活動で出合う相談支援活動は多岐にわたることが予測される。
　相談援助活動は前章において解説されているさまざまな手法を駆使し、いく

つかの援助過程を通して行われる。相談者に対する初回面接（インテーク）や事前評価（アセスメント）で明確化された相談者の抱える問題の解決に向けて，相談者に沿いながら必要な援助活動を進めていく必要がある。そのためには「何を，どのような方法で，どう」援助していくのかが問われることとなる。こうした活動を具体的に進めていくために必要となるのが「相談援助計画」である。相談者に沿った援助活動を行うためにはしっかりとしたアセスメントにもとづく支援計画が必要となるが，相談援助計画を立案するということは，相談者と援助者が明確な目標に向かって問題解決を図るための活動を開始することであるとも言える。

そこで，援助計画の作成や具体的な展開の方法と留意すべき点について述べることとする。

2）計画（プランニング）の作成

計画とは，アセスメントにもとづく援助計画を相談者の参加のもとに企画・立案する過程である。

これは伝統的な社会診断が目標にしてきた過程であるが，状況についての詳細なアセスメントをもとにして，どのような活動を実施するのか具体的な援助計画を作成することが必要である。援助計画の作成は，相談者の抱える問題を解決していくために取り組まれる「介入（インターベンション）」と呼ばれる具体的活動を実施するために不可欠な活動である。

相談者が解決を望んでいる問題は多くの場合，単一ではなく複数の問題が関連し，複雑に絡みあっていることがよく見られる。援助計画を作成する際には以下のような点について注意する必要がある。

①相談援助の目的は何か。

アセスメントの結果明らかになった点を中心に考えることが必要である。

②相談者の求める目標はどのようなことか。

その目標達成のためにはどのような方法，手段が考えられるか。

③自分自身の所属する機関で提供できるサービスとしてはどのようなことが可能か。

表3-1 「児童相談所援助指針票」の記入例

| 児 童 名 | | 性 別 | | 生年月日 | 平成　年　月　日 |
|---|---|---|---|---|---|
| 保護者氏名 | | 続 柄 | | 作成年月日 | 平成　年　月　日 |
| 主　　訴 | 児童虐待（ネグレクト） | | | | |
| 援助の選択およびその理由 | 学校から「内縁の父から本児に対する暴力行為があるようだ」との通告がある。母親に確認したところ本児が暴力を受けていたにもかかわらず有効な措置をとらなかったことと，母親によるネグレクトがあることがわかり，ケースを受理し一時保護所での保護となった。保護ののち，面談をかさねる中で本児は義父から性的な虐待を受けていたと打ち明けた。本児にとって家庭は安らげる場でなく，家族揃っての夕食は午後11時から深夜になり睡眠不足の続く，不規則な生活であったことが判明。<br>　一時保護後，気持ちの整理がつかないと家族との面会を希望せず，児童養護施設への入所についての関心を示すようになる。一時保護後，母親とは一度面会をしたが，家庭へ帰るのではなく，児童養護施設へ入所し，生活する意思を確認。本児に対する義父からの性的虐待について，母親に伝えるが母親は現在の生活を変える決心はつかないようで，義父も本児に対する性的虐待については全面的に否定している。<br>　今後，本児の安全と安心した生活環境の保障を行い，本児が希望している高校進学に向けての学習を可能とするためにも，規則正しい生活の場である児童養護施設への入所措置が適当と思われる。 | | | | |
| 本人の意向 | ・児童養護施設に入所し，高校進学に向けて勉強したいと希望している。<br>・自分は施設で生活し，家族（母，兄，異父弟，義父）は家でなかよく生活していってほしい。 | | | | |
| 保護者の意向 | ・母親と内夫は身体的虐待を認め反省しているが，性的虐待については本児の嘘であると義父は否定。母親は本児の気持ちを受け入れ児童養護施設への入所について同意した。 | | | | |
| 市町村・学校・保育所・職場などの意見 | 両親への指導について，学校は児童相談所による継続的な指導を期待している。 | | | | |
| 児童福祉審議会 | ・審議の有無　有（平成　年　月　日）　無 | | | | |
| 児童福祉施設・里親などの意見 | ・審議の理由<br>一時保護終了後，児童養護施設　〇〇園とは入所協議中 | | | | |
| 【援助方針】　本児に安定した生活環境の提供と，自立の力を養うため必要な支援を継続的に行うとともに，家庭に対する介入を行う。 | | | | | |
| 第〇回　援助指針の作成および評価 | | | | 次期検討時期：　年　月 | |
| 子ども本人 | | | | | |
| 【長期目標】自立のための力を養う。 | | | | | |

| | 援助上の課題 | 援 助 目 標 | 援助内容・方法 | 評価（内容・期日） |
|---|---|---|---|---|
| 短期目標・ | 勉学が遅れている。特に数学と英語。 | 家庭で安心した気持ちが持てず学習に取り組めなかった。そのためできるだけ勉学の機会を与える。 | 学校ではできるだけ本児の能力に合った教育をしてもらう。 | |

第3章　相談援助の具体的展開

| | | | | |
|---|---|---|---|---|
| 優先点・重点的課題 | 家族の習慣から就寝時間が遅かったことや，悪夢を見たりしたためか朝の起床が遅くなる。 | 施設の日課に従う。学校に登校する。 | 学校を遅刻するなどしていたので，日課に則った生活をさせる。 | |
| | 自分は勉強ができないとの思いを持ち，進学について無理ではないかと思っている。 | あきらめずに頑張ろうとの向上意欲を持てる。 | 身近なものから継続的に励まし，支援を続ける。高校受験に向けて，可能な限り個別指導を行う。 | |

家　庭　（養育者・家族）

【長期目標】母が，被害の事実を受け入れ，本児を守ろうと決心し，支えていける。

| | 援助上の課題 | 援助目標 | 援助内容・方法 | 評価（内容・期日） |
|---|---|---|---|---|
| 短期目標・優先点・重点的課題 | 母親が被害について，複雑な思いを抱えている。 | 本児の告白を受け入れ，今後適切なかかわりができるように支援する。 | 施設での本児の様子を伝え，本児への理解を深める。子どもを守るという親の姿勢が本児の人生にとってプラスの意味があることを伝えていく。 | |
| | 面会や外出。 | 月に1回程度は，面会や外出を行う。 | 施設での本児の様子や生活状況を見ながら，面会や外出を判断していく。 | |

地域（保育所・学校等）

【長期目標】目標を持って学校生活を送ることができる。

| | 援助上の課題 | 援助目標 | 援助内容・方法 | |
|---|---|---|---|---|
| 短期目標・優先点・重点的課題 | 学力が低く，本児自身の学力で進学できるかとの不安を持っている。 | 本児にあった進路を見つけ，進学することができる。 | ・学校教諭と信頼関係を築き，継続的に指導を受ける。<br>・個別に学習指導を受ける機会を持つ。 | |

総　　合

【長期目標】安心できる環境で，自立のための力を養うとともに親子関係を維持する。

| | 援助上の課題 | 援助目標 | 援助内容・方法 | |
|---|---|---|---|---|
| 短期目標・優先点・重点的課題 | 家庭が安心安全な場所でない。 | 安心，安全な生活の場の提供。 | 施設の安定した生活環境を提供する。 | |
| | 母親は事実をいったん受け止めたが義父が否認したことで，動揺し義父側に心が傾いている。 | 母親としての力が発揮できるように支援する。 | 母親の気持ちを共感的に扱いながら，客観的な判断を提示していく。子どもを守れる状態にあるか判断していく。 | |

出所：児童相談所A園の資料をもとに筆者作成。

④相談者の諸問題を解決していくためにはどのような解決プログラムを提供できるか。

⑤相談者にはどのような変化（変容）を求めるのか。

⑥相談支援の過程における相談者と支援者の立場と役割の明確化を行う。

⑦実際に相談援助を進めていく際の方法（技法）としてどのような方法を活用するのか。

相談援助計画を作成する際には，アセスメントにおいて明らかになった点をふまえて「相談者にとって優先されるべき問題は何か」を明確にし，計画の作成を行う必要がある。

相談援助の計画は，援助すべき内容にもよるが，長期的な課題，中期的な課題，短期的な課題を設定し，それぞれの段階における課題解決を目指して援助計画を作成する場合が多い。相談援助のための計画はおおよそ以下のような流れを経て作成される。

A）相談者の解決すべき問題を明確にし，提示する。

B）提示した問題が複数の場合には，解決していくべき問題の優先順位づけを行い，相談者に示す。

C）問題が解決された段階（状況）についての説明。

D）問題解決に必要な方法の選択。

E）提案した方法を実施していくための相談者，援助者，関係者の役割の明確化。

F）おおよそのスケジュールの提示。

相談援助の計画は，相談者自らが決定や選択ができるよう，援助のプロセスに応じた説明，支援を行いながら進めていくことが大切であり，相談援助の活動は，相談者が問題解決のための活動に主体的にかかわることにより初めて目的の達成が可能となる。

相談援助の計画作成や具体的な活動を進めていくと，相談者が援助者に過度に依存したり，当事者意識が低下し自分の状況をよく理解できなくなり，援助者の指示を求めたり，解決策を援助者に任せようとする傾向が強くなることが

多いので，注意しなければならない。

　表3-1に示す例は，児童相談所において児童虐待の通告を受けたのち家族面接などを行い作成した援助指針のサンプルである。相談を受けたあとの具体的な動向を知る上での参考となる。児童虐待を受けた子どもの養護を担当する児童養護施設では，公私や指針をもとに生活をさせるための具体的かつ詳細な援助計画を作成し，実際の援助活動を行うこととなる。

　次に示すのは児童相談所において児童虐待の通告を受けたあとに，児童の援助についての指針を示したものである。実際にはさらに詳細な記録にもとづく援助計画が作成されるが，この指針を確認することにより，相談を受けた状況の確認，その後の対応などの支援に関する当面の計画の概要を知ることが可能である。

## (2) 相談援助における記録の意義と方法
### 1) 記録の意義

　相談援助の活動は，「相談者と援助者との協働作業が前提」となって成立する活動であると言える。援助活動を進めていくためには相談者（幼稚園や保育所などでは親が該当する場合が多い）と援助者（幼稚園や保育所では教諭や保育士が該当する場合が多い）がお互いを認めあい，課題となっている問題について解決していこうとする姿勢が不可欠である。社会福祉援助活動とは相談者に対して援助者が一定の水準以上の援助活動を行う活動であり，そのためには相談者と援助者がお互いに信頼しあえる関係を築くことが求められる。「協働作業」といわれる活動である。

　こうした活動を確実に進めていくためには相談者にとっても援助者にとっても援助活動の目的や現状についてお互いに確認しあったり，今後の見通しを立てていく上でも「記録」を取るという活動が必要となる。援助する者にとって「記録を取る」ということは，援助活動の重要な一部であるだけではなく，次に示すような専門家として相談者にどのような意図で援助活動を実施し，どのような結果を得たのかなどについての「妥当性と客観性」を示す重要なもので

あると言える。
　A)「専門的な相談援助活動」としての証明
　B)「保育士や幼稚園教諭などの専門家(職)としての社会的責任を示した」という証明
　C)「専門職に対する社会的対価」としての証明
　記録を行う目的としては次のような点が考えられる。
　①相談援助活動を展開するために必要な初回面接(インテーク)などで得られた資料にもとづく事前評価(アセスメント)や見立て(以前は「社会診断」という言い方が使われていたが,臨床心理学などの領域では「診断」という言葉ではなく「見立て」という表現が使われるようになっている)と,アセスメントの結果にもとづく具体的な援助(介入)を行うために必要とされる基礎資料。
　②相談者の利益を守るために,援助者自身が進めている援助活動の実践の是非を点検するための資料(事後評価)。
　③援助の専門家としての資質の向上を目指すために必要とされる援助活動実践の自己点検と自己評価のための基礎資料。
　④援助者の資質の向上のために必要とされる専門家や先輩保育者などから指導を受けるスーパービジョンといわれる活動を行うための基礎資料。
　⑤援助者がどのような意図で援助活動を進めているのかについて,援助者以外のスタッフに理解してもらうための基礎資料。
　⑥援助者の資質向上を目的とした教育訓練のための基礎資料。
　援助活動という一連の活動を通して次のような点についても記録を行うことの意義が考えられる。
　⑦援助活動が必要とされる背景や活用範囲,具体的な実施方法などを含めた研究調査のための基礎資料。
　⑧社会活動法(ソーシャル・アクション)のあり方を検討するための基礎資料。
　「記録を作成する」ということは,援助者が専門職としての相談・援助活動を遂行していくために必要な第一歩の活動である。保育者に求められる相談援助の活動は「専門家としての保育者」と「援助を必要とする保護者」などとの

専門的なかかわりであり，援助活動にかかわる者は，相談援助の過程で作成されるさまざまな記録は広範囲な活用が期待される重要なものであることを認識する必要がある。記録を作成する際に気をつけなくてはいけないことは，記録はあくまでも専門家として「相談援助」活動を行うためのものであり，記録を作成するために相談者のふれられたくない点について必要以上に関心を持ったり，援助者が相談者の了解なく勝手に個人や家庭などに関する情報収集を行い，記録を作成するということがあってはならない。もし，相談者に言いにくそうな点が感じられた場合には具体的な援助活動を展開していく際の課題として認識しておき，援助活動を進めていく中で，相談者自らが話すことができるよう支援をしていくべきである。強引に話させたところで，お互いに感情のもつれと不信感が生じてしまい，相談援助活動が暗礁に乗り上げてしまう場合もある。相談援助活動はお互いの信頼関係にもとづく専門的活動であり，その活動の経過を示すものが記録であるということをしっかりと認識しなくてはいけない。

2) 記録の方法

相談援助活動における記録は，個人が作成する手紙や日記，メモ書き，保育士養成校の学生が保育実習などの活動で学習のために作成するような記録ではなく，相談援助の活動が「専門家として取り組んでいる活動だと示すことのできるもの」であることが求められる。

記録を作成する際には，何よりも「客観性」を示すことが求められる。特に，実際に今，目の前で発生している事実を「正確」に「わかりやすく」記録することが必要とされる。相談援助の活動は，ある相談者に対しては「同一の人物が担当する」とは限らない。援助担当者が替わったとしても，相談者に対して不信感や不安感を持たれないようにするためにもしっかりとした記録を作成し，それを児童相談所などの相談機関内で共通理解できるようにしておく必要がある。そのためには記録作成の方法や文章作成のための訓練が必要とされる。

相談援助の過程で作成される記録は相談者のプライバシーに関する内容が中心となる。相談援助のために得られた記録の管理にあたっては鍵のかかる書庫や保管室で保管するなどの細心の注意を払い，記録が散逸してしまったり，援

表3-2 「相談受付票」の参考例

聴取者(　　　　　　　　　)

| 受理年月日 | | 平成　　年　　月　　日（　　）　　　午前・午後　　時　　分 | | |
|---|---|---|---|---|
| 子ども | ふりがな<br>氏　名 | | | |
| | 生年月日 | 昭和・平成　　年　　月　　日生　（　　）歳　男・女 | | |
| | 住　所 | | | |
| | 就学状況 | 未就学 ／ 保・幼・小・中・高校　　年　　組　担任名（　　） | | |
| 保護者 | ふりがな<br>氏　名 | | | |
| | 職　業 | | | |
| | 続柄・年齢 | 続柄（　　）年齢（　　歳） | | 続柄（　　）年齢（　　歳） |
| | 住　所 | | | |
| 主　訴<br>(程度, 期間など) | | | | |
| 子どもの状況 | | | | |
| 子どもの生活歴, 成育歴など | | | | |
| 家族の状況および子どもの家庭環境 | | ・きょうだいの有無　　有　・　無<br>・同居家族 | | |
| 子どもの住居環境および学校, 地域社会などの所属集団の状況 | | | | |
| 援助に関する子ども, 保護者の意向 | | | | |
| 過去の相談歴 | | | | |
| 相談者 | 氏　名 | | | |
| | 住　所 | | 電　話 | |
| | 関係（職業） | | 相談意図 | 保護・調査・相談 |
| 相談への対応<br>(緊急対応の要否) | | | | |

出所：児童福祉施設B荘の資料をもとに筆者作成。

第3章 相談援助の具体的展開

表3-3 「知的障害児療育相談記録票」の参考例

平成　　年　　月　　日作成

| （　　　　　　　　　　）児童相談所 | | 担当者名 | |
|---|---|---|---|
| 本人 | ふりがな<br>氏　名 | 生年月日 | 　　年　　月　　日 |
| | 現住所　（〒　－　　） | 勤務先 | |
| 保護者 | ふりがな<br>氏　名 | 生年月日 | 　　年　　月　　日 |
| | 現住所　（〒　－　　） | | 続柄 |
| | 勤務先 | 勤務先電話（　）－ | 自宅電話（　）－ |

| 家族状況 | 続　柄 | 氏　　名 | 生年月日 | 職　業 | 健　康 | 備考 |
|---|---|---|---|---|---|---|
| | 世帯主 | | | | | |
| | | | | | | |
| | | | | | | |
| | | | | | | |
| | | | | | | |

| 関係者<br>縁故者 | 続　柄 | 氏　　名 | 現住所 | 電　話 |
|---|---|---|---|---|
| | | | | （　）－ |
| | | | | （　）－ |

| 成育歴 | ・出産状況：安産・難産（鉗子・吸引・切開）・仮死・早産＿＿か月頃<br>・出生時体重：（　　　　g）<br>・出生時異常：無・有（状況　　　　　　　　　　　　　　　）<br>・首のすわり：＿＿＿か月頃　・始歩：＿＿＿か月頃　・始語：＿＿＿か月頃<br>・ひきつけ：無・有（熱をともなう・熱をともなわない）<br>　＿＿歳＿＿か月〜＿＿歳まで続く　頻度は年＿＿回<br>・その他，幼児期の病気（　　　　　　　　　　　　　　　　　　　　　　　） |
|---|---|

| 教育歴 | ・幼稚園・保育所等：　保育園，幼稚園<br>・小学校　：　　　　小学校（普通・特殊）（成績　　　　　　　　）<br>・中学校　：　　　　中学校（普通・特殊）（成績　　　　　　　　）<br>・高等学校：　　　　高等学校<br>・養護学校：　　　　養護学校（小学部・中学部・　　高等部） |
|---|---|

| 生活歴 | ・職歴（具体的に）<br><br>・施設，病院等の入所・入院歴（具体的に）<br><br>・その他の特記事項 |
|---|---|

| 社会生活能力 |
|---|
| ・身辺処理能力<br>　食事（自立・一部介助・半介助・全介助）<br>　衣服の着脱（自立・脱げない・着られない・ボタン・ファスナー不能）<br>　洗面・爪きり・ひげそり等（自立・一部介助・全介助）<br>　排泄（自立・一部介助・半介助・全介助）<br>　入浴（自立・一部介助・半介助・全介助）<br>　生理（自立・一部介助・全介助）<br>・知的能力<br>　会話（普通・日常会話程度・簡単な日常会話程度・ごく一部の日常会話・不可）<br>　読み書き（普通・簡単な文章・簡単な漢字・ひらがな・カタカナ・不可）<br>　買物（自立・簡単な金銭計算は可能・計算はできないが簡単な買物は可能・不可）<br>　時間等（日時曜日がわかる・日付がわかる・曜日がわかる・時間がわかる・わからない）<br>・移動能力<br>　歩行（可能・車椅子補装具等で可能・不可）<br>　交通機関（1人で利用可・なれたところなら1人で利用可・1人では利用不可）<br>　危険回避（可能・一部可能・不可）<br>・集団参加能力<br>　集団参加（ルールも理解でき参加可能・簡単なルールは理解でき参加可能・一部参加可能・不可能）<br>・問題行動（具体的に） |
| 今回相談主訴事由 |
| その他 |

出所：児童福祉施設C荘の資料をもとに筆者作成。

助者自らが他言したりすることのないよう相談者の秘密保持の確保に注意しなくてはならない。これは「守秘義務」といわれる活動であり，特に相談援助にあたる保育者にとっては強く求められることである。

3）記録の様式（内容）

　記録の作成においては，一般的には援助を担当する者の所属する児童相談所や福祉事務所，病院，幼稚園や保育所，障害児施設などの児童福祉施設の機関で，それぞれの機関の目的や役割，機能に応じてさまざまな記録様式が作成され，必要とされる情報の収集を行い，各機関で実施可能な援助活動に活用され

ている。

　子どもに関する相談援助の場合には児童相談所で作成される「児童票」や児童虐待などに関連した各種の記録票やアセスメント票などが活用されている例が多い。

　各相談機関などで作成し，使用されている記録は異なるが，相談援助活動を進めるために作成される記録には以下に示すようなものが含まれる。

◎主として援助機関（者）が援助活動を実施するために作成する記録

　ア）フェイスシート（表3-2，表3-3参照）

　利用者の氏名や生年月日，性別，相談内容などの基本的属性といわれる項目を中心に記録するもので，多くの場合必要とされる基本的な項目を記載した記録様式が作成されていて，その項目に沿って確認しながら作成される記録で，初回面接（インテーク）の際に作成される場合が多い。相談者のファイルの1頁目になる記録である。記載される内容は相談機関や相談支援の目的・内容により異なるが，一般的には下記に示すような内容が記載されている。

　イ）相談者の抱える問題を個別的に理解するための記録

　問題の発生と経過の概要，家族歴，生活歴（成育歴），社会的な診断・評価（アセスメント）結果などが総合的に示されている場合が多い。

　ウ）相談援助の経過あるいは支援を示すための記録

　援助計画に沿って行われる援助活動の具体的な展開経過を示したもので，相談者と援助者のかかわりの経過や，相談者の気持ちや行動の変化などを具体的に記載したもので，相談援助の過程ではもっとも重要な記録となる。

　エ）相談援助の終結を示す記録

　援助の結果や援助後の結果についての評価（「事後評価」と言う）などを総合的に記載し，援助を終了させる場合，援助を終了させるに至った経緯や，援助終了後の対応方法などについてポイントを整理し，再度，相談者が相談援助を求めてきた時にも活用できるよう整理しておくことが求められる記録である。

　オ）実施した相談援助の報告書

　担当した相談援助の活動を終結させる場合には，援助の開始から終結に至る

までの経過，相談者の反応，今後の援助課題などをまとめた報告書を作成する必要がある。報告書を作成する目的は，児童相談所や保育所，児童福祉施設などの機関が責任を持って取り組んだ活動であることの証しとともに，相談援助の活動は専門家が行った活動であることを示すためのものでもある。
◎利用者やほかの援助にかかわる他職種の者が関与して作成される記録
　ア）グループ活動などの集団援助活動を行う場において参加したメンバーが活動の内容や感想・意見などを書く記録
　イ）援助者と利用者が協働してつくる記録
　ウ）利用者が提出する関連領域における記録（診断書，各種証明書など）
　エ）問題志向記録
　相談援助にかかわる専門家チームのメンバーが一定の課題解決に向けて共通の記録用紙に記載し，援助活動のために活用する記録

（3）記録の記載方法
　相談援助の活動は個人的な活動ではなく，児童相談所や保育所などの機関として取り組まれる活動であり，援助担当者が替わっても援助活動は継続されなくてはいけない。そのためには，援助活動が「今どのように進められているのか」ということを機関に属する人たちが共通理解できる環境をつくる必要がある。そのため作成する記録には，担当している相談援助の過程において，個人的な感情を廃して，援助課題に沿って「今どのようなこと」が「どのように取り組まれているのか」について，「事実を確実に機関の他のスタッフに伝えることができるように表現することが可能かどうか」が問われることとなる。
　1）記録の種類と作成時の注意
　①確認すべき項目を定めておいて行う記録
　援助活動を開始する前にあらかじめ確認すべき項目を決めておいて，その項目にあわせて聞き取りや調査などの活動を通して必要とされる情報収集を行い記録する方法である。
　確認すべき項目は，相談援助を行う相談機関や相談者の相談内容によって異

表3-4　経過記録の様式例

平成　　年　　月　　末日現在

☆ホームでの生活の様子

| 身辺整理 | 良好　普通　要支援 | (特記) |
|---|---|---|
| 時間的感覚 | 良好　普通　要支援 | (特記) |
| 食生活 | 良好　普通　要支援 | (特記) |
| 言　動 | 良好　普通　要支援 | (特記) |
| 学習状況 | 良好　普通　要支援 | (特記) |
| 職員・他児との人間関係 | 職員―良好　　普通　　要支援<br>児童―良好　　普通　　要支援 | (特記) |
| 興味関心（活動） | 良好　普通　要支援 | (特記) |
| その他 | 良好　普通　要支援 | (特記) |

☆社会性

| 発達状況 | 良好　普通　要支援 | (特記) |
|---|---|---|
| 言葉づかい（言語表現） | 良好　普通　要支援 | (特記) |
| 交友関係 | 良好　普通　要支援 | (特記) |
| 経済感覚 | 良好　普通　要支援 | (特記) |
| 地域とのかかわり | 良好　普通　要支援 | (特記) |

☆学校での様子

| | 良好　普通　要支援 | (特記) |
|---|---|---|

☆心理的状況

| プレイセラピー | 有　　　無 | (特記) |
|---|---|---|

☆家族関係

| | 良好　普通　要支援 | (特記) |
|---|---|---|

＊総合所見

|  |
|---|
|  |

出所：児童養護施設D荘の資料をもとに筆者作成。

表3-5 保育所で作成される児童票の「成育歴」記載例

＊幼児のすがた

| 出産状況 | 分娩時の様子　安産，難産（　）　出生時体重（　）g<br>授乳状況　　　母乳，人工，混合<br>発育状況　　　良い，普通，不良<br>離乳開始状況　（　）か月　　断　乳（　）か月<br>その他の事項　（　　　　　　　　　　　　　　　） |
|---|---|
| 発育状況 | 笑う（　）か月　　　　　人見知り（　）か月　　　独り立ち（　）か月<br>寝返り（　）か月　　　　はいはい（　）か月　　　始語（　）か月<br>玩具をにぎる（　）か月　つかまり立ち（　）か月　生歯（　）か月<br>首がすわる（　）か月　　お座り（　）か月　　　　歩行（　）か月 |
| 食事 | 量（多い　　普通　　少ない）　嫌いな食品名（　　　）<br>方法（箸　　スプーン　　手づかみ）　時間（　　分） |
| 排泄 | 大便（ひとりでできる　手助けをすればできる　できない）<br>夜尿（する　時々する　しない）　　おむつ（している　していない）<br>小便（ひとりでできる　手助けをすればできる　できない） |
| 睡眠 | 就寝（　時）　起床（　時）　昼寝（する（　分位）　しない）<br>ねつき（良い　悪い）　目覚め（良い　悪い）　添い寝（する　しない） |
| 着衣 | ひとりでできる　　　　手助けをすればできる　　　　できない |
| 清潔 | 手洗（ひとりでできる　　　　　手助けをすればできる　　　できない）<br>洗顔（ひとりでできる　　　　　手助けをすればできる　　　できない）<br>歯みがき（ひとりでできる　　　手助けをすればできる　　　できない）<br>うがい（ひとりでできる　　　　手助けをすればできる　　　できない） |
| 言葉 | めいりょう　　　　　不めいりょう　　　　その他（　　　　　　　　　） |
| 遊び | 友だちと遊ぶ　　　　ひとりで遊ぶ　　　　大人と遊ぶ<br>好きな遊び（　　　　　　　　　　　　　　　　　　　　） |
| 保健の状況 | うけた予防接種<br>接種<br>病癖および体質<br>ひきつけ，鼻血，ぜんそく，心臓疾患，便秘，下痢症，ヘルニア<br>風邪ひきやすい，脱臼（部位　　　　　　　　　　　　）<br>アレルギー疾患（　　　　　　） |
| 保育歴 | 家族（両親祖父母等）による保育　　　（　　　　　　）<br>家族以外による保育（ベビーシッター等）（　　　　　　　　　　）<br>保育所等の利用（　　）<br>その他（　　　　　　　　　　　　　　　　　　　　　　） |
| 既応症 | 麻疹（　）歳　　　風疹（　）歳　　水痘（　）歳　　中耳炎（　）歳<br>百日咳（　）歳　　肺炎（　）歳　　脱臼（　）歳<br>流行性耳下線炎（　）歳<br>　　　　　　　（　）歳　　　　　　（　）歳　　　　（　）歳 |

| 予防接種等 | 3種混合　　　　1年（　　　）月　　　　　2年（　　　）月<br>ポリオ　　　（　　）年（　　　）月　　麻疹（　　）年（　　）月<br>風疹　　　　（　　）年（　　　）月<br>結核（ツベルクリン反応）（　　）年（　　　）月　（　　）年　　月<br>その他（　　　　　　　　　　　　　　　　　　　　　　　　　　） |
|---|---|
| お子さんのことで不安なことや，保育所に希望することがあれば記入して下さい。 | |
| | |

出所：C保育所の記録表を参考に筆者作成。

なるが，多くの場合，相談援助を担当する機関によって目的別の調査用紙が作成されており，相談内容にあわせた記録が作成される。

②援助した経過などを要約した記録

かなり長期間にわたり相談援助の活動を継続していると，相談経過や援助活動に関する記載内容が膨大な量となる場合がある。活動内容が長く，すべての資料に目を通すのが容易でない場合に，相談援助の目的にあわせて必要な事項を整理して記録する方法である。

児童養護施設D荘では表3-4に示すような様式で記録の整理が行われている。

要約記録を作成する際に気をつけておきたいことは，記録を作成した後でも，きちんと説明できるよう，記録を作成する基礎となる記録はかならず保管しておくことである。

③チェック票を利用した記録

相談者からの相談内容についてあらかじめ確認すべき項目と内容を定めておき，該当する項目を選択して記録を作成する方法である。選択すべき内容が定められているため相談者の個人の状況を把握するためのアセスメントシートなどで利用される場合が多く，最近では児童虐待に関する対応などで活用されるケースが増えている。比較的簡便に記録することが可能なことから利用されることが多いが，安易な記録に陥ってしまう危険性も大きいので，記録を行う者は記録作成前に，確認すべき項目の判断基準等に関する理解を深めておかな

くてならない。保育所等で作成される児童票の成育歴には表3-5に示すような内容が記載されており、入園後の保育活動に活用されている。

　2) 記録作成のための方法

　記録を作成する方法としてはさまざまな方法が考えられるが、一度記録したものはあとで活用できるようにするとよい。相談援助活動では調査用紙を用いて記録を作成する方法が利用される場合が多いが、ビデオレコーダーやボイスレコーダーなどを活用して画像や音声を記録し、それらを活用するなどの取り組みも見られるようになってきた。写真やビデオ画像、および音声データなどを利用する場合には、事前にかならず相談者の了解を取るとともにデータの利用と管理にあたっては、細心の注意を図る必要がある。

　相談援助の記録を作成する際には相談者の立場や関係者、関係機関などとの関連をわかりやすく整理するためにファミリーマップや家族関係図(「ジェノグラム」と言う)やエコマップなどのマッピング法が活用されることが多いので参考にするとよい。なお、ジェノグラムとエコマップの作成方法については前章で解説されているので参考にされたい。

　3) 記録の作成者

　援助活動に関する記録はだれが作成するのかについては援助活動を進めていく過程で必要とされる記録と大きな関係がある。援助活動全体を見通すことの可能な記録は援助活動を担当する者(もしくは所属する相談所や保育所、福祉施設などの機関)が専門家としての相談援助活動を提供する責任において作成する必要がある。実際の記録作成者としては援助を担当する者が作成する場合が多いが、複数のスタッフで援助活動にかかわり、記録を作成する場合もある。また、相談援助の活動の進展状況をふまえて相談者自身に手記や感想等の形で記録の作成を求める場合もある。

　記録の作成にあたっては相談援助を担当する者は「書く訓練」を意識的に積み重ね、事実を端的に伝えられるよう文章作成能力を高めることが求められる。

　4) 記録を作成するためのトレーニング

　最近はパソコンや携帯電話などのデジタル機器を使用して情報交換や文章の

作成を行う場合が多く,「実際に文字を書いて文章作成を行う」機会が減少しているという事情がある。

　記録を作成するためには何よりも「文字を書く」習慣と,「自分の伝えたいこと」を相手に上手に伝えられる文章作成を身につけることが必要であり,そのためには「良いお手本」に接することが大切であり,積極的に良い文章になじむ機会をつくることが必要である。

　何かを書くことによって記録し, 1つの報告書を作成するためには文字や各種の記号や図表などを用いる場合があるが, 相談援助の専門職としての記録を作成するために心がけなくてはいけないこととしては,「文章の作成にあたっては字の上手下手よりも読みやすく, 誤字脱字のない文章作成に取り組み, 作成した記録については上司や先輩の方たちに目を通していただき指導をお願いし, 表現能力の向上に努めると良い」ということである。

　相談援助活動の際に作成される記録は「専門職としての記録」であり, 職場での現任訓練や各種の研修, スーパービジョンなどを通して充実した記録作成のための取り組みが必要である。

　記録は大切なものであることを認識し, より良い記録を作成するためには, 援助活動にかかわるすべての者が記録の意義を理解するとともに, 個人としてだけではなく, 所属する職場全体で記録の大切さに一層の理解を深めることが必要である。

（4）相談活動における評価
　1）評価の必要性
　相談援助の活動を行うためには「評価」という活動が不可欠である。相談援助の活動においては, 援助者は初期面接（インテーク）などを通じて相談者の相談内容に関するさまざまな情報を収集し, 情報を整理・分析し, 専門的な判断を行い, 相談者の抱える問題の理解や具体的な援助計画の作成や実践活動に活用している。評価という活動は, 相談援助が「有効かつ適切に進められている」のかについて, 一定の基準や目標にあわせて客観的に捉え直すという側面

があり，相談者の抱える問題を解決していくために有効となる大切なチェックポイントとしての機能や，取り組まれている相談援助活動の効果の妥当性を確認する機能が含まれている。

相談援助の活動を行う際には少なくとも次のような評価が必要となる。

①相談者が求めていることは何かを知るための評価。

これは相談を受けつけた際に実施される初期面接（インテーク）を通して行われる「事前評価」（アセスメント）と言われるもので，どのような援助を求めているのか，援助の緊急性や具体的内容などについて評価するための大切な活動である。

②実際に援助活動が進められる過程において，相談者にどのような効果があったかを確認するための中間評価で「モニタリング」という活動を行うために必要な評価である。

モニタリングのための評価は援助の内容によっては一定期間ごとに行われる場合もあれば，援助のたびに毎回行われることもある。評価の結果によっては相談援助のあり方や援助経過を見直す必要が発生する場合もある。

③援助活動の終了を迎える段階において行われる評価で事後評価（エバリュエーション）と言われる。事後評価は相談援助の活動を終えるにあたって必要な「援助活動の結果得られた内容の確認」や「援助活動の効果の測定」などを行い，今後の方向性を導き出すことを主目的として行われるものである。相談援助の活動を終えるにあたって，相談者に残されている課題や今後改善が必要となってくるであろう新たに取り組むべき課題や今後の指針などを示すことを目的とする大切な活動である。

相談援助の活動は「相談者と援助者の信頼関係」をベースとして行われる活動であり，評価を行う際には，現実性や客観性などを基準としつつも，相談者の状況をふまえ，援助者の一方的な判断や評価結果を押しつけるのではなく，相談者との信頼関係を損なわないように配慮することが必要である。

2）評価の方法

①評価の視点

評価を行う際には次のような点に配慮することが求められる。

ⅰ．相談援助の活動は相談者と援助者の共同作業である。評価は援助者の一方的な視点ではなく，相談者の立場（評価を受ける立場）に立ち，批判的にならないように注意することが必要である（バイステックの言う「非審判的」態度が求められる）。評価という形をとった批判や非難，あるいは差別にならないように注意する必要がある。評価するということは，相談者だけではなく援助者も同時に評価されることを自覚すべきである。

ⅱ．相談援助の活動は「相談者の生活を支える」という側面がある。相談者の全体像を適切に把握しつつ，相談者の生活を援助内容により分断するようなことのないよう，生活全体を視野においた評価が望まれる。

②評価の方法

評価は今目の前にある事実の確認や対応を検討するための基礎となる作業である。実際の作業にあたっては「人によって評価の内容が変わる」ということを極力軽減するために，一定の基準に沿った評価基準が必要となってくる。

評価の活動においては相談援助計画の枠づくりや援助課題の達成状況を評価する場合などにはどの程度達成できているのかを客観的に知ることのできるよう配慮された尺度表やチェックリスト票などが利用される場合が多い。

相談援助活動における評価の目的は「良い」「悪い」，「できた」「できない」という事実を確認することが大切ではあるが，評価の結果をふまえて相談者にどう寄り添っていくのかを検討するための大切な作業である（バイステックの言う「個別化」が求められる）。

先にもふれたように，相談援助活動における「評価」は，「1回行えば良い」という性質のものではなく，現実の援助活動の進展状況や相談者に生活上の変化が発生した場合には状況の変化に応じて評価を行うなどの柔軟な対応をし，評価の結果をもとに援助計画の見直しを行い，相談者の抱える課題解決に寄与できるように援助して行くことが求められる。

## 第3節　関係機関との協働

　実際に相談援助の活動を進めていく際には，相談者の抱える課題内容によっても異なるが，多くの場合，相談者が最初に訪れた機関だけですべての対応が可能であるということはまれで，多くの場合複数の機関や各種の制度の活用が必要となってくる。特に近年，大きな社会問題となっている「児童虐待」などへの対応については「いかに早く発見」し，「有効な対応を行うか」が求められていることは周知の事実である。
　このためには児童相談所や市町村に設置されている児童家庭相談室などの活動だけでは対応しきれない。「早く発見する」ためには児童虐待防止のための制度の理解や社会資源の活用，関連する専門家同士の協働と呼ばれる活動が必要となってくる。
　相談援助に関連する関連機関としては公的な相談機関や援助活動を目的とした各種の団体組織があるが，国の指導で各地に連携システムがつくられてきているので参考にするとよい。参考までに「社会的養護と市町村の子育て支援施策との連携」に関するイメージ図を示す（図3-1）。

## 第4節　多様な専門職との連携

　相談援助の活動を行うためには，援助者は「自分自身を知る」ことからスタートすることが求められる。「自己覚知」といわれる点である。
　相談援助の活動は「対人援助」と呼ばれる人を相手にする活動である。相談者への接し方いかんで，得られる結果に大きな差が出てくる可能性がある。相談者の抱えている課題を解決するためにはすべての点について援助者が対応できるとは限らない。援助にあたるものは「自分にできることとできないこと」，「自分でして良いこととしてはいけないこと」を明確に整理し，援助のための活動に臨(のぞ)むことが必要であり，自分自身では対応がむずかしいことについては

第3章 相談援助の具体的展開

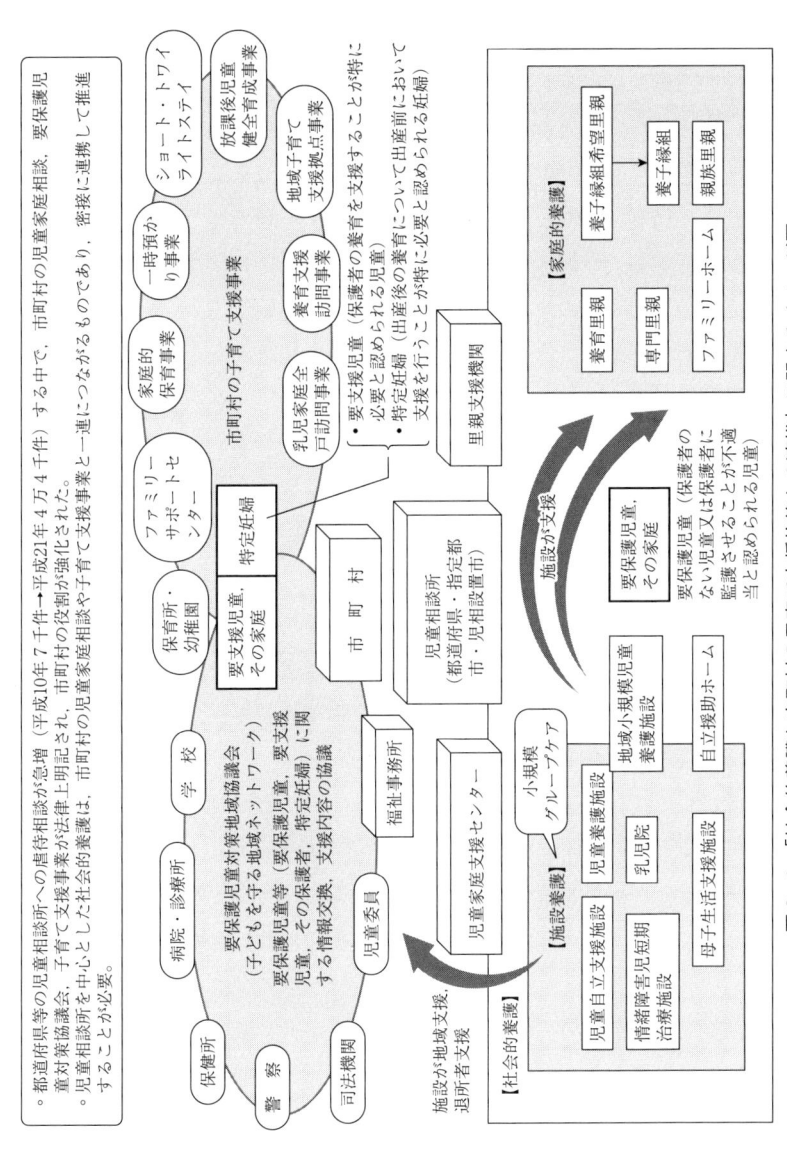

図3−1 「社会的養護と市町村の子育て支援施策との連携」に関するイメージ図
出所：厚生労働省社会保障審議会児童部会第35回会議（2011年7月）資料。

関連する専門家に協力を委(ゆだ)ねることが必要である。

　相談援助の活動には児童相談所や教育相談所，役所の相談機関などで相談援助の活動に関与している児童福祉司や心理士，社会福祉主事等の専門職をはじめ，保育所や子育て支援センター等で活動している保育士や福祉の専門家である社会福祉士や精神保健福祉士，介護福祉士など，心理の専門家である臨床心理士，医師や保健師，看護師等の医療関係者，教諭などの学校関係者など，さまざまな立場の専門家との連携が必要になることが多い。

　相談援助にあたる者はこうした専門家との連携を視野に置く必要があり，いつでも相談援助活動を進めていくために必要なネットワークがつくれるように準備をしていくことが大切である。

## 第5節　社会資源の活用・調整・開発

### (1) 社会資源とは

　社会資源とは「生活上のニーズを充足するさまざまな物資や人材，制度，技能の総称」として説明されることが多く，社会福祉施設や介護サービス，社会生活に関する情報提供などが含まれる。

　社会資源については明確な定義や分類がされているとは言えないが，主に国や県，市町村などの行政や各種の児童福祉施設社会福祉法人，学校や幼稚園などの学校法人などが提供するサービスや，友人や町内会などの活動等を通して提供されるものなどが考えられる。社会福祉の相談援助に求められる活動範囲は生活様式の多様化等にともない社会資源も多様なものが生まれてきている。実際の相談援助活動を進めていく上では，相談者が社会資源を利用できるように支援していく必要があるが，適切な社会資源を探して利用することがむずかしかったり，利用できる社会資源が見当たらないという場合もある。援助者は相談援助の解決すべき課題を改善していくために，相談者とともに必要とされる社会資源の開発と活用をしていくことが必要とされる。

## （2）身近にある環境の理解

　私たちの生活している周囲には，さまざまな相談援助の活動を進めていくために活用可能な社会資源としては国や市町村などが法律にもとづいて提供する子育て支援や社会的養護，介護支援，障害者支援，生活支援を目的とした各種の制度や事業，役所や公民館，図書館，警察，公園，運動場などをはじめとした施設を通して提供されるさまざまな環境が存在している。

　さらに，社会福祉法人が提供可能な保育所や児童福祉施設等の所有する設備や機能，専門的な支援の提供等や，幼稚園や小中学校等から教育活動をメインとした設備や機能，専門的な支援の提供が期待される。健康管理や医療面については病院や医院などに社会資源としての役割を担ってもらうことが期待される。

　社会資源としては社会福祉法人やNPO法人などの公益団体が提供する施設や支援などの環境を考えやすいが，実際にはボランティアや住居のある地域の町内会や市民団体，勤務している会社や労働組合，神社や寺院，キリスト教会などの提供可能な物理的，人的な環境も活用可能な大切な社会資源であることを理解しておくことが必要である。特に子どもの養育や教育に関することについては保育士や幼稚園教諭などの保育者，社会福祉士や臨床心理士などに対する社会資源としての期待は大きいと言える。

## （3）関係機関と相談窓口

　自分の生活している周囲にどのような社会資源があるのかを理解している人は少ない。たとえば，児童虐待を受けている疑いのある子どもがいる，あるいは「（自分自身が）児童虐待しそうである」というような事態が発生した時どこに相談に行ったらよいのか。あるいは，知的な障害のある子どもの養育について困った時，どこのだれに相談したらよいのかなどの問題がある。時には近隣に相談者が必要としている社会資源が見当たらなかったり，利用できる資源が不足しているというような場合もある。こうした時には援助者は社会資源を開発する役割を担当する必要がある。具体的には，児童相談所や教育相談所のよ

うな公的な相談機関や，児童民生委員，保育所や幼稚園，学校，児童福祉施設の職員などの協力を求め，お互いに協力しあえる資源を提供しあい，相談援助活動を進めていくための新たなネットワークをつくり出すことが求められる。

　新しい社会資源をつくり出すのは容易なことではない。援助者の想像力，創造力，政治力などが問われることになる。


〈演習課題〉
1. 相談援助活動における援助活動計画を作成する意義と課題について1,200字程度でまとめてみよう。
2. 相談援助活動における記録の意義と記録方法の種類，注意すべき点などについて1,200字程度でまとめてみよう。
3. 身近にある社会資源として活用できる機関や団体について調べて一覧表を作成してみよう。


〈引用・参考文献〉
大塚達雄・澤田健次郎編『社会福祉の方法と実際（改訂版）』ミネルヴァ書房，2003年。
岸井勇雄・武藤隆・柴崎正行編『社会福祉援助技術』同文書院，2004年。
久保美紀・林浩康・湯浅典人『相談援助』ミネルヴァ書房，2013年。
厚生労働省「児童相談所運営指針」。
小林育子編『演習　保育相談支援』萌文書林，2010年。
小林育子・大嶋恭二・神里博武『保育・看護・福祉プリマーズ　社会福祉援助技術』ミネルヴァ書房，2007年。
児童自立支援計画研究会編『子ども・家族への支援計画を立てるために』日本児童福祉協会，2005年。
社会福祉士養成講座編集委員会編『新版社会福祉士養成講座8　社会福祉援助技術Ⅰ』中央法規出版，2006年。
杉本敏夫・豊田志保『相談援助論』保育出版社，2011年。
平山尚・平山佳須美・黒木保博・宮岡京子『社会福祉実践の新潮流』ミネルヴァ書房，2000年。
前田敏雄監修『演習　保育と相談援助』みらい，2011年。
山縣文治・柏女霊峰編『社会福祉用語辞典（第9版）』ミネルヴァ書房，2013年。


〈推薦図書〉
大豆生田啓友編著『子育て支援＆子育てネットワーク』フレーベル館，2007年。
　　――子育て支援に関する社会資源を活用した支援の考え方やネットワークを使用した支援

第 3 章　相談援助の具体的展開

　　の進め方等について事例を元に50のキーワードでわかりやすく解説されており，保育者にとっては手元に置きたい一冊である。
東京発達相談研究会／浜谷直人編著『保育を支援する発達臨床コンサルテーション』ミネルヴァ書房，2002年。
　　──子どもの発達という視点から保育ということを考え，保育や子育て支援に関する相談援助の活動へのかかわり方や支援者の資質向上のためには不可欠なコンサルテーションについて解説されている。
児童自立支援計画研究会編『子ども・家族への支援計画を立てるために──子ども自立支援計画ガイドライン』日本児童福祉協会，2005年。
　　──児童相談所や児童福祉施設などの児童福祉機関における子どもや家庭に対する実態把握・評価（アセスメント）および児童福祉施設における自立支援計画作成までの基本的な考え方やアセスメントから自立支援計画策定までの一連の過程が事例を元に解説されており，わかりやすい。

　　　　　　　　　　　　　　　　　　　　　　　　　　　　　　　　（小野澤　昇）

# 第4章
# 相談援助における技術の質の向上

　本章では，相談援助を行う際に，必要とされる技術や内容の質の向上に注目した領域について検討する。具体的には，ネットワーキングやチームアプローチ，ケースカンファレンス，スーパービジョン，コンサルテーションに着目し，それらの概要や機能，期待される役割などについて述べることにする。

## 第1節　ソーシャルネットワークの構築

（1）ソーシャルネットワークと法的根拠

　ソーシャルネットワーカーの役割は，フォーマル・インフォーマルな社会資源を活用し，連携して支援のソーシャルネットワーク（以下，必要に応じてネットワークと略す）をつくり上げるネットワーキングを遂行することである。そのために，ソーシャルワーカーにはネットワークをつくり上げる技術が必要とされる。

　ネットワークという用語は，「連携」や「連絡」と表現されることが一般的である。相談援助技術論の領域においては，比較的新しい言葉として位置づけられている。

　この用語は，社会福祉の分野において，地域福祉援助技術の領域に深くかかわっている。そのために，地域社会においては少子高齢化や経済の不安定が社会の問題として浮上する中で，子育て支援や家庭支援の必要性が叫ばれ，同時にコミュニティの再構成やネットワークの構築に注目が集まっている。特に，現代社会において福祉問題発生の予防が重要視される中で，あるいはノーマライゼーション理念が浸透し，障害や養護の問題を地域社会における公的・私的

な総合的支援で解決・緩和していこうという時代を迎えて、ネットワークの構築や有益な活動の必要性は高まる傾向にある。

これらの背景にあるのは、2000（平成12）年に施行された「社会福祉法」の第5条（福祉サービス提供の原則）で、「社会福祉を目的とする事業を経営する者は、その提供する多様な福祉サービスについて、利用者の意向を十分に尊重し、かつ、保健医療サービスその他の関連するサービスとの有機的な連携を図るよう創意工夫を行いつつ、これを総合的に提供することができるようにその事業の実施に努めなければならない」という形態で、福祉支援を必要とするクライエントのために友好的な連携を築くことが重要であると規定していることである。加えて、第2条の定義において、第2種社会事業の一つとして、第3項13号において、「前項各号及び前各号の事業に関する連絡又は助成を行う事業」として、「連絡」そのものを社会事業の一つの分野として認めている（第109条；社会福祉協議会の事業の一つとして「連絡」を規定している）。

すなわちネットワークは、これまで既製の組織や制度内での連絡や調整と捉えられてきた概念を、地域社会まで拡充して、個人や家庭内、あるいは地域社会の問題や課題を解決・緩和するための技術として位置づけているところに意義がある。

（2）ソーシャルネットワークの必要性

社会福祉の領域でいうネットワークは、人間が生活をする中で一人ひとりがかかわりを持ち、人間関係や社会関係などを示す用語として、活用されている。人間は日常生活を送る上で、地縁・血縁などさまざまな人間関係を有している。これらの関係は、有機的に機能し、さまざまな情報や物などのやり取りが行われたり、愛情や友情、人間愛などが潤滑剤となったりする。そして、これらのつながりがない中で、生活を営むことはやや支障が生じやすくなりやすい。

これらの状況は、保健や医療、教育、社会福祉の分野でも同様で、これまで関係機関は役割を分担してきた。しかし、地域社会の推進によって、地域社会で生活問題を持つクライエントの支援体制をつくり上げる過程で、協働と連携

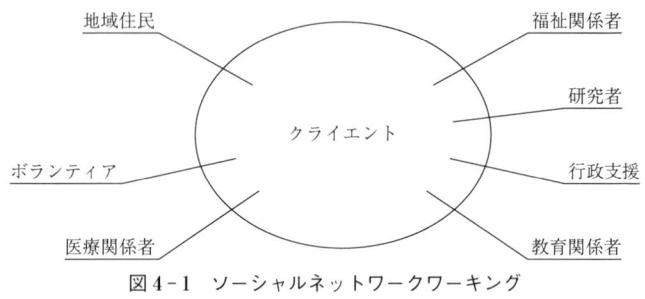

```
        地域住民                    福祉関係者

                                   研究者
              クライエント
   ボランティア                    行政支援

        医療関係者          教育関係者
```

図4-1 ソーシャルネットワーキング
出所：筆者作成。

が求められるようになった。地域社会での生活は，単独の機関の協働活動がなければ成り立たないケースが多い。そのために，ネットワークは，保健・医療・福祉が連携し，ネットワーク技術を活用することが求められる。

　たとえば，保育や教育の領域の中で，乳幼児や児童に日常生活上の問題が生じた場合に，問題や課題が生じたケースでは，クライエントと親しい関係にある人，家族，親戚，保育関係者，教育関係者，保育所の組織，幼稚園の組織，児童相談所，保健所，医療関係者などの社会資源など，存在しているつながりすべてを対象としている。つまり，社会福祉サービスでの援助を行う中で，クライエント等とつながりのある人や物的環境，組織や社会環境などのクライエントのまわりに存在しているすべての資源を活用し，対象となるクライエントにとって利用が可能なものを積極的に活かし，これらのネットワークの活用を有効に行うことが必要となる（図4-1）。

（3）ソーシャルネットワークの種別

　ネットワークには，社会資源等と同様に，分類する時には，フォーマルなつながりを形成するものと，インフォーマルな関係性を持つものとに整理することができる。

　たとえば，乳幼児や児童，あるいは保護者にかかわるフォーマルなネットワークとしては，児童に関する公的な相談機関である児童相談所や福祉事務所（児童家庭相談室）がある。あるいは児童福祉法を根拠とした保育所や乳児院，

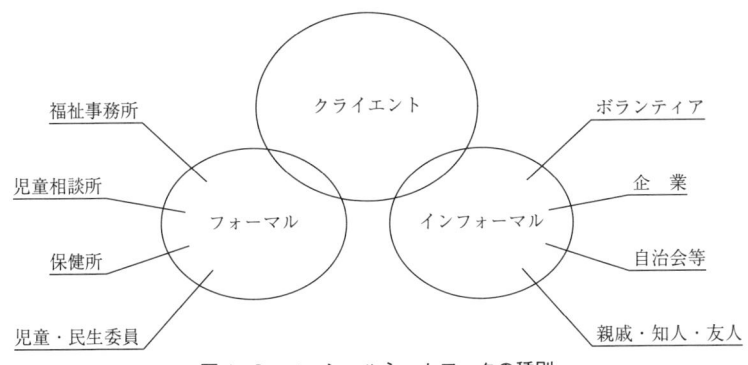

第4章　相談援助における技術の質の向上

```
        クライエント
    ┌─福祉事務所              ボランティア─┐
    ├─児童相談所    フォーマル  インフォーマル  企 業─┤
    ├─保健所                            自治会等─┤
    └─児童・民生委員          親戚・知人・友人─┘
```

図4-2　ソーシャルネットワークの種別
出所：筆者作成。

児童養護施設などの福祉施設，学校教育法を根拠とした学校などが挙げられる。加えて，地域社会で活動する児童福祉法上の児童委員（民生委員）や地域保健法を根拠とした保健所に所属する保健師などの活動も公的なネットワークの範疇に入る。

　また，インフォーマルなネットワークとしては，地域住民の主体的な，あるいはボランティアとしてのネットワークやサークル活動が考えられる。これらのインフォーマルなネットワークは，福祉領域においては，フォーマルなネットワークと友好的な関係を形成し，クライエントのために活用できる社会資源を有効に活用し効果的な支援を継続的に進めていくものである。このフォーマル，インフォーマルなネットワークの双方のプラスの要素を活用することをネットワークと一般的には呼ばれている（図4-2）。

（4）ネットワークが必要となった背景

　人間社会の日常生活で生じる問題を解決・緩和するためには，公的なネットワークを活用するだけでは，なかなか事態が進展しない場合がある。特に，社会福祉サービスを受給するケースでは，基本的に，申請主義が貫かれていることから，非公的なネットワークに依存しなければならない場合が多い。

　たとえば，近年，マスコミを賑わしている社会福祉に関連する問題に目を向

けてみる。

　児童虐待やドメスティックバイオレンス（以下，DVと略す），あるいは孤立死の問題などはいかがなものであろうか。

　児童虐待やDVの問題は今始まったことではない。むしろ，1945（昭和20）年の第2次世界大戦で日本が無条件降伏し，戦地から帰還したもと兵士の父親たちの，精神的な荒廃は目にあまるものがあった。また，当時は男尊女卑の負の文化が支配していた時代であったことから，戦後間もなく誕生した子どもたち（現・団塊の世代）が父親から受けた心身への虐待は日常的に行われていた。この事態は，DVも同様であり，安酒で悪酔いした亭主からひどい仕打ちにあった妻たちは，地域社会のいたるところで散見されたものである。

　しかし，当時の父親の心身への虐待は，子どもの心身が破綻してしまう状態にまでエスカレートすることはよほどのことがない限りなかった。また，妻に対するDVも心身を破壊するまで追いつめてしまう亭主はめずらしかった（離婚する，不倫に走る夫婦がいなかったわけではない）。加えて，たとえ理不尽な親であったとしても，子どもが自分の親に手を出したり刃物で殺傷沙汰になったりするケースは，さほど起きていなかった印象がある。

　なぜ，その当時の子どもや妻の心身が破壊されるまで父親（夫）が暴行や脅迫などに向かわなかったのであろうか。それは隣近所や親戚間の親しさが，ある意味でセキュリティの役割を果たしていたと思われる。朝起きると，玄関口に採りたての野菜や果物がさりげなく置いてあるような人間関係や地域のつながりが形づくられていた。加えて，それぞれの家のつくりが粗末であったことから，風通しが良く（家庭内の状況が筒抜け），お互いの家の事情は手に取るように理解できた。また，夫婦や親子の喧嘩に隣人や親戚の者が関係修復のために割って入り，関係をとりもつのはさしてめずらしいことではなかった。つまり，戦後間もない頃は，きわめて貧困な状態に置かれていたけれども，地域社会には，これらの事態を緩和していくために欠かせない人間関係や相互扶助の精神，お馴染みの関係（ネットワーク）が息づいていたのではないかと思われる。

第4章　相談援助における技術の質の向上

---

**事例1**

回　想

　光一くん（仮名）は6歳である。3人きょうだいの末っ子である。彼には両親はいるが，父親の幸三さん（仮名）は光一くんが物心のついた頃から，重篤（じゅうとく）な腎臓病で入退院を繰り返している（現在休職中）。そのために，母親の紀久恵さん（仮名）が一人で生活の糧（かて）を得るために，朝から夜まで働き続けている。そのために，近くに住む民生委員である市会議員の佐藤さん（仮名）の奥さんが毎日のように父親の様子を見に訪れ，そして，光一くんのきょうだい（兄・姉）におやつを持ってきてくれる。紀久恵さんは，佐藤さんの生活保護受給の勧めを受けているが，「生活保護を受けると，子どもたちが甘えた人間に育ってしまいかねないから受けたくない」と言って，何度も断っている。

　光一くんの家族の生活困窮を見かねて，3軒両隣の加藤さん（仮名）や浜松さん（仮名），黒木さん（仮名）たちは，母親が仕事でいない時は，3人の子どもを自宅へ呼んで，お風呂へ入れてくれたり，食事をさせてくれたり，きょうだいの勉強の面倒を見てくれている。

　紀久恵さんは，「つらい」とか，「疲れた」というような泣きごとを口にしたことがなかった。なぜなら，親戚や利害関係のない隣近所の方々が，自分たち家族を何も言わずに支えてくれていたからである。

　子ども心に，光一くんは，紀久恵さんが安心して働けるのは，ご近所のみなさんの力添えがあるからであると思っている。だから，自分たちきょうだいは，絶対に貧乏に負けてはいけないと考え，祈るような気持ちで父親の看病を懸命に行った。

　出所：過去の経験をもとに筆者作成。

---

　しかも，隣近所や親戚間の助成でどうにもならない時には，駐在所のおまわりさんが，夫婦喧嘩や親子喧嘩の仲裁に呼ばれることは，さほどめずらしいことではなかった。また，さまざまな問題が家庭に生じるたびに，民生委員（児童委員）の立場にある地域のボランティアが，積極的な形で各家庭を支えていた。これらの理由から，戦後間もない頃の人間や家庭同士のつながり自体は，システム化されていなかったり，公的な機関の数も限定されていたり，未成熟なものではあったりしたが，いわゆる人間同士のつながりが強く，自然発生的にフォーマル・インフォーマルのネットワークが地域社会の中で機能していたのではないかと考えられる。

わが国の歴史を紐解いてみると，生産力の低い時代であればあるほど，生活共同体の一員として生きていた事実が見えてくる（歴史的に観れば江戸時代がもっとも生活がきびしかったと言われている）。それは弱い個人が生きる唯一の方法であったからではないだろうか。

　この生き抜くための絆である，地域社会のネットワークの機能が低下し始めたのは，国民が戦後の生活が苦しい時代を経て，国や企業，国民のすべてが経済や社会の発展に力を注いだことによって，各家庭が自宅をはじめとして，テレビや洗濯機，冷蔵庫，掃除機，電子レンジ，自家用車を持てるようになり始めた1980年代以降の超高度経済成長期にさしかかった頃からである。地域社会や各家庭の人間関係のつながりや支えあう力が弱まり始め，プライベート中心主義がわが国の社会全体に蔓延り始める。この時期から職場の組合活動や政党活動，障害者団体活動，自治会等の活動の勢いが脆弱化を見せ始めている。

　それと同時に，都市部や地方都市では，高層マンションが立ち並ぶようになり，徐々に隣近所や親戚同士のつきあいが形骸化してしまい，さまざまな集団で活動する機会が減少し，子どもたちが走り回る声やそれぞれの家庭の生活の音を耳にすることができづらくなってしまった。そのような状況の中で，地域社会のセキュリティ機能は低下し，地方の市町村でさえも，あのなつかしい消防団の夜まわりの声を耳にする機会がほとんどなくなってしまった。ひいては，かつては地域社会の生活のセーフティ機能の柱であった派出所には明かりが灯るだけで，警察官の姿を見る機会が時代の変化とともに減少していった。

　これらの事態が徐々に進行する中で，わが国の高度経済成長の足取りは重くなり，1992（平成4）年のバブル経済の崩壊は，人びとを不安定な生活へと向かわせ，超ストレス社会へと走らせる結果を招いた。

　そして，人間関係は希薄化の一途を辿り，お互いが集いを行ったり団結したりする機会を持つことは，不可能になってしまった。

　その結果として，地域社会における地縁・血縁のつながりは喪失し，あるいはかつて自然発生的に生まれ，機能していたフォーマル・インフォーマルのネットワークが機能しない，不全状態に陥ってしまった。そのために，子どもや

女性,障害者,高齢者,独居生活者などの社会的弱者である人たちの人権や生命の安全を確保することがなかなかできにくい時代を迎えている。

　これが現代の社会がネットワークを意図的・計画的につくっていかなければならない背景と理由である。

　ネットワークは,家族や友人,近隣,親族などの特定の社会制度にかかわる人びとが結びついた社会環境であることから,人間が子どもの頃から人生を終えるまで,重要な社会福祉的な役割を果たす潜在能力や可能性を秘めている。

　加えて,ネットワークの社会的な層の上に,組織・制度がある。この組織・制度の層は,民間や公共サービスや社会資源を供給し,労働や教育,福祉,住宅,保健といった社会システムを抱合している。

## (5) フォーマルなネットワークとインフォーマルなネットワーク

　日常的な生活を繰り返している市民生活は大なり小なりフォーマルなネットワークとインフォーマルなネットワークに支えられながら成り立っている。また,日常の中で生じる家庭内の問題や課題を解決・緩和する際には,フォーマルなネットワークとインフォーマルなネットワークを活用した技術を駆使しなければ,思うようなソーシャルワーク活動ができにくい実態に出くわすことが多い。

　児童虐待の問題について考察してみるとどうであろうか。この問題は,児童に関するきわめて重要な問題として社会全体から注目を浴びている問題である。

　児童虐待は,次代のわが国の将来を担うことが期待される児童に対して保護者や保護者と生活をともにする大人（内縁関係）が,意図的に,あるいは無意識に,身体的・性的・心理的虐待を行う,あるいは児童に必要な育児や監護(かんご)の放棄を行うものである。この児童虐待は,人間として未成熟な児童の心身を破綻させる,あるいは命をも奪いかねない事態なので,社会の総力を投じて解決・緩和すべき問題である。

　したがって,児童虐待の問題は,社会としては,「児童の権利に関する条約」や「児童福祉法」,「児童虐待防止法」,「障害者虐待防止法」などを根拠として,

児童委員や児童相談所，保育所，学校等の教育機関，保健所，警察などのフォーマルなネットワークを駆使して，事態が生じることを抑制したり，あるいは事態が生じたりした場合は，児童の心身や権利を擁護する活動を実施する必要がある。また，インフォーマルなネットワークである近隣の住民や自治会，諸団体などの見守りは欠かせないものとなる。

　また，近年，児童虐待や児童の心身を傷つける事件に至らないまでも，これらの事態に向かいかねない状況を抱えている家庭や保護者は少なくない。保育所や幼稚園などに通う子どもの保護者の中にも，「発育」や「成長」，「しつけ」，「虐待不安」，「障害を持つ子どもの教育」などの問題で悩む保護者は多い。また，夫婦間の不和や，長い経済不況が続く中で保育費の未納で悩む保護者も少なくない。

　これらの生活課題は常に家庭や地域社会に内在している。

　その問題の一部は，保育士をはじめとする医療や福祉，教育，保健の専門家からのアドバイスが必要な事例もあるが，クライエントの立場にある家庭や保護者の話に耳を傾けてみると，身近な友人・知人の簡単な支援や心配りで問題が解決・緩和するケースや，家庭や保護者をそれぞれの専門家が軽く支えるだけで，生じている問題の程度が軽減されたり，当事者の負担感が軽減されたりする事例がめずらしくない。

　先に示したように，クライエントの立場にある家庭や保護者が有する生活上の問題や課題にソーシャルワーカー（以下，必要に応じてワーカーと略す）が介在する必要のある事態においては，クライエントと保育所や幼稚園，児童相談所，福祉事務所，保健所などの社会資源とのつながりを強く維持し，それぞれの社会資源同士のネットワークの内容や質，方向性を高めていく必要がある。

　この中で，保育士や幼稚園教諭，あるいは児童施設でソーシャルワークを生業とする職員は，それぞれの児童が抱える状況に応じて，ネットワークを構築し，児童を地域社会で生活する主体者として位置づけるネットワーク体制づくりに力を注ぐ必要がある。ひいては，地域社会で児童や保護者が抱える問題や課題を解決・緩和するためのネットワーキング技術を自由自在に駆使できるつ

ながりや連携を意図的に実施したり展開させたりしながらクライエントである児童や保護者，家庭をソーシャルサポートネットワークで支援する必要に迫られる。

---
**用語解説**

**ソーシャルサポートネットワーク**

1970（昭和45）年以降，欧米諸国の精神衛生，保健，社会福祉等の領域で注目され始めてきた。

社会生活を送る上でのさまざまな問題に対して，身近な人間関係における複数の個人や集団の連携による支援体制を言う。地域社会に存在する住民や社会福祉関連機関，施設の専門職，ボランティア等のさまざまな人により組み立てられ，サービス利用者の個々の生活状況や問題に応じた個別のネットワークの形成が必要である，とされている。

出所：山縣文治・柏女霊峰代表編者『福祉用語辞典』ミネルヴァ書房，2013年を参考に筆者作成。

---

## 第2節　チームアプローチ

### (1) なぜチームアプローチが必要なのか

現代の家庭や家族員の生活の問題は，保健分野や医療分野，法律分野，学校教育分野などにおいては，多様化・複雑化してきている。当然，家庭や家族員の生活問題や課題を取り扱う社会福祉領域においても，同様な傾向が強まってきている。

これらの理由から，近年，高齢者の介護の問題や児童虐待等の問題が浮上する中で，1人や2人のソーシャルワーカーの支援のみでは，なかなか問題の解決・緩和に至らない事例が散見されるようになってきている。特に，ノーマライゼーション理念が浸透した現代においては，地域社会で福祉サービスを受給し生活するスタイルが基本とされる傾向が強まった理由から，一人のクライエントの問題や課題を解決・緩和するためには，そのクライエントがかかわる人

図4-3 チームアプローチ

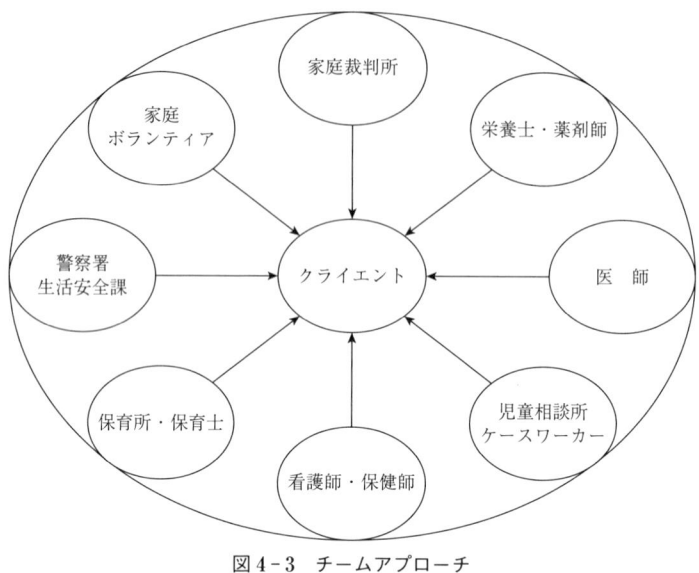

出所：筆者作成。

や組織，地域社会の問題や課題を認識する必要を迫られている。また，さまざまな視点から，情報を収集し，情報を分析し，支援計画を立て，アプローチしていく必要性がさらに高まっている。さらに，グローバリゼーション化した社会が一般化し始め，経済社会が複雑に形成され，企業組織や活動が多様化し，情報化社会が一層拡充した社会が形成されている中で生じる家庭や家族員の抱え込む生活問題や課題はきわめて複雑化し，かつ錯綜しており，解決・緩和すべき問題や課題が多様化してきている。加えて，多くの問題や課題を隠し持っている家庭（多問題家族）や家族員が目立つようになってきている。

　チームアプローチの導入は，保育や児童支援における領域においても，積極的に実施されている。夫婦間の問題，嫁姑間の問題，児童虐待の問題，高齢家族員の介護の問題，経済的困窮の問題など，数え切れないほどの問題が，それぞれの家庭に内在している。

　そのために，複雑化・多様化している家庭やそのメンバーの抱える問題に一

つの機関や一部の専門家のみの力では対応できなくなってきている。また，複数の専門職や人，あるいは機関のかかわりが必要となり，さらには複数の人や機関をマネジメントしていくことが求められている。これらの理由から，保育所や幼稚園，児童施設での就労が予想される保育学科や幼児教育学科，児童学科，子ども学科などで学ぶ学生や，現在これらの分野の職場で就労しているスタッフは，家庭の複雑化・多様化している状況や多問題を抱える家庭が増加している事態の中で，適切な支援や相談援助が可能となる程度のレベルの高い知識や技術，臨床経験などの専門性が求められるとともに，他機関や他職種と連携し，ともに情報を共有するチームとして活動しながら，クライエントが有する問題や課題のために必要とされる，順応性や協調性，あるいは他分野に関する知識や技術を，常に身につけておくことが期待されることになる。

（2）チームアプローチとは何か（図4-3参照）

　チームアプローチとは，一般的には聞きなれない言葉である。ここで取り扱うチームアプローチとは，「医師や保健師・看護師，保育所・保育士，児童相談所のケースワーカー，警察署の生活安全課，家庭裁判所，栄養士・薬剤師など，クライエントを取り囲むすべてのスタッフが当事者を中心としてチームをつくり，支援を行う方法である」と，定義しておくことにする。つまり，それぞれのチームでは，その人間関係に規定される形態の中で，多様な社会的相互作用が繰り広げられており，この相互作用を通じて，職場規範やチーム力といった社会福祉領域の目的達成や安定したサービスの提供のために大きく影響を与える要因や誘因が醸成されていくのである。また，チームアプローチにおける行動は，チームの活動を統制し管理する行動と，チームの円滑な人間関係を維持するための行動の2つに大別される。

　このチームアプローチではすべてのスタッフは公平な立場にあり，それぞれの立場から自由に意見を交換しながら治療や支援を展開していくことになる。また，当事者だけではなくその家族もチームの一員としての立場を担っている。チームアプローチでは，これらのコミュニケーションが重要となる。

この多職種チームのアプローチを実践する上で大切なことは，他職種チームが単なる専門職の集まりということではなく，基本的には全員が治療や支援における一定水準の知識と技能を持ち，お互いの専門に関しても一定水準の知識を持っているということである。それにより，クライエントに対するあらゆる角度からの情報収集や支援方針の検討が可能となり，より有効な支援が実現する。

　またチームアプローチを推進することにより，結果的に各チームスタッフの負担の軽減にもつながり，それぞれの専門性をより発揮しやすくなる。さらに，すべての専門職に共通して求められることは，各領域において常に新しい情報収集を意欲的に行い，より専門性を高めていくことである。

　これまで，わが国におけるチームアプローチの実践は，そこに携わっている人間の能力や技術などに違いが見られ，かならずしも標準化されてきているとは言えない現状を抱えていた。特定の人によるすぐれた実践は全国のいたるところで垣間見られても，その特定の人は社会福祉実践の場から離れた後も，すぐれた実践が継続されている事例は決して多いと言いきれるものではない。したがって，特定の個人にその社会福祉実践が委ねられ，システムとして確立されているとは言えない状況にある印象が強い。これらの視点から検討してみても，チームアプローチの導入および日常化は必要不可欠なものではないかと思われる。

### （3）チームアプローチの実践

　チームアプローチは，保健，医療，社会福祉，司法などの他職種の専門職が連携し，クライエントの抱える問題や課題を解決・緩和するために，あるいは，クライエントを支援するメンバーが，適切な人間関係が形成されていなかったり，それぞれの社会的地位や立場が異なる理由から，コミュニケーションに支障が生じてしまったりする。そして，**コミュニケーションエラーを引き起こし**たりすることによって支援チームの役割を果たせない事態を回避するために，意図的にまとまった組織体として機能し，クライエントに関する各種の情報を

共有した上で，さらに共通理解にもとづきながら支援を自由自在に展開していくことになる。

---
**用語解説**

コミュニケーションエラー

チームとして活動する過程で，個人もしくは，複数の人間が起こすエラーであり，チームの残りのスタッフによって修復されないものを意味する。

---

　これらのチームアプローチにおいて重要なのは，伝達内容に主観的な確信を持ちすぎないことや時間的な切迫感を抱きすぎないこと，過剰なストレスに支配されないことが重要である。また，チームアプローチを遂行する上で，欠かせないことは，それぞれの立場を超えて良好なコミュニケーション関係が形成されていることである。

　その中で，保健，医療，社会福祉，司法などの他職種の専門職は，クライエントが抱えている問題をそれぞれの専門家が有する視点から捉え，かつ解決・緩和する手法を模索する，あるいは多角的な角度から分析し，クライエントが内在している問題や課題の本質をとりこぼしのないように捉えるように試みる必要がある。

　チームアプローチを遂行することによって，問題や課題を解決・緩和するために，治療や支援目標の共有化が図られる。また，治療や支援を行う上で，クライエントとかかわる各専門職が提供する各種サービスの内容や質，方向性のズレが回避しやすくなる。さらには，1人や2人の特定の専門職の肩に極端な負担がかかることが無くなり，必要な支援が分散される可能性が高まりやすくなる。ひいては，無理のない，無駄に肩に力が入らない専門性を内在した支援を遂行することが可能となり，専門家同士のコミュニケーションがスムーズに進むことができるようになる。加えて，チームとして協働作業を遂行しやすいチームがつくり上げられる。

## (4) チームアプローチの課題

　チームアプローチにはいくつかの課題がある。たとえば，チームリーダーが非民主的な運営を行う場合である。リーダーによる非民主的な運営は，クライエントや家族を自己の所有物として支配してしまう危険性を内在しており，良好なコミュニケーションを前提としているチームアプローチでは，これらの事態は効果的な情報の伝達システムが形成されない状況に陥(おちい)ることから，クライエントの抱える問題や課題の適切な解決・緩和から遠ざかる危険性が生じやすくなる。

　また，チームアプローチには独特な問題が隠されている。それはチームに所属する専門職が複数のチームに所属していることから，新たなチームを形成する中で，民主的なかかわりが育ちにくいという事態を常に内在しているということである。そのために，チームの構成員として必要不可欠な存在であるはずの専門職自身が，自分がクライエントの問題を解決・緩和するためのチームの一員であるという自覚が希薄になりやすいリスクを抱えている。

　さらに，チームアプローチを遂行する際には，だれがどのような専門性を発揮して，何を分担するかが明確になりやすい一面を有しているが，その一方で自分の専門領域の分担以外のことには無責任になりやすい危険性がある。これらの事態に陥ると，コミュニケーションエラーが生じやすくなることから，情報の不足や情報システムの機能不全に向かいやすくなり，協働活動を進めにくくなる。

　次に，コミュニケーションをチームのスタッフの単なる情報交換と捉えてしまう傾向がある。なぜなら，お互いの知識や技術，態度，信念などを推察しあい，それらを共通基盤としながら，チームとしての治療・支援目標に向けて，新たなる情報の共有関係をつくり上げていくことがチームの機能を円滑に作動させることが容易になるからである。したがって，チームアプローチにおいては，スタッフが共通の目的や達成目標，アプローチに合意し，その達成を誓い，チームに参加する責任を分担する補完的な技術を持つ必要性がある理由から，単なる情報交換と捉えることは回避しなければならない。

第4章　相談援助における技術の質の向上

　ここでは，4つのチームアプローチの課題について示唆したが，この4つの課題を検討してみるだけでも，チームアプローチを遂行することは，同じ職場で行うことでさえも困難をともなうものなのである。

## 第3節　ケースカンファレンス

### （1）ケースカンファレンスとは何か

　ケースカンファレンス（以下，必要な場合はカンファレンスと略す）とは，クライエントの抱える問題に内在する課題について，かかわっている人びと（複数の専門家など）が集まり，適切な支援が行われているか，今後の支援をいかなる手法や方針で実施していくか，などを明確にするために，具体的な報告や関係者のヒアリング，あるいはさまざまな記録を素材として，実践研究を行っていく方法である。福祉現場では，特定の担当者が地域社会から逸脱したクライエントと向きあうことは日常茶飯事である。その中で，一人で問題や課題を抱え込んでしまうことはめずらしくない。能力の高いスーパービジョンを受けることができない中で，一人の担当者がクライエントに振り回されることは日常茶飯事である。状況に応じきれない中で，クライエントの問題や課題の解決はむずかしいと判断されて児童票や調査票の山の中に埋もれてしまう事態が生じることも多々ある。加えて，経験の浅いソーシャルワーカーが自分の能力や技術を超えたケースを抱え込んでしまい，精神的に追いつめられる事態も想定される。ケースカンファレンスの利点は，それぞれが抱え込んでいる難解な事例について，かかわる複数の専門職のスタッフがともに向き合い，理解を深めたり情報を共有することによって，それぞれが自己の知識や技術を獲得したり，行き詰まった問題に前向きに取り組むことができるようになったり，モチベーションを高めることができたりするところにある。

　ケースカンファレンスは，一般的に事例検討会やケース検討会，ケース会議，ミーティングとも社会福祉の現場では言われる。介護や看護を主眼においた事例検討会もケースカンファレンスと呼ばれる。

社会福祉分野におけるケースカンファレンスは，支援対象児者に対する重要なアプローチのひとつとして活用されている。

(2) 社会福祉におけるケースカンファレンスの活用状況

　ソーシャルワークの実践におけるケースカンファレンスは，その重要性は十分認知されているものの，カンファレンスの手法が一定の形態を保ちながら，社会福祉関係者間で浸透・普及し，必要に応じて他分野の専門職種，関係する機関や価値観，立場の異なるスタッフが一堂に会して特定のクライエントの抱える問題や課題について意見交換をし，それぞれが持つ情報や意見を交換するところに意義がある。しかし，実際のケースカンファレンスでは，クライエントをストレングス（未活用の能力に注目する）の視点から検討し，普及しきれていない状況が散見されることが多い。また，クライエントを主に支援するスタッフが意味もなくケースカンファレンス中に他のメンバーから攻撃を受けることがある。発言権の強いスタッフの意見が重要視され，ケースカンファレンスの本旨であるクライエントに内在する問題や課題の解決へ向けた方向性から乖離した意見がまかり通ったり，ストレングスどころか，クライエントに不利益を与えかねない解決・緩和策を押しつけられる事態もまま垣間見られる。これらの負の因子を内在したケースカンファレンスは本来社会福祉の中で遂行される支援の内容や質を向上させるカンファレンスとはほど遠いものである。したがって，ケースカンファレンスの意義や方法をカンファレンスに参加するスタッフは十分に理解しておく必要がある。

(3) ケースカンファレンスの意義と目的

　ケースカンファレンスは，医療や福祉の分野においては，専門職ごとに，あるいは各専門職からなるチームで行われている。そのために，社会福祉の現場では有意義なケースカンファレンスの開催が必要不可欠である。なぜならケースカンファレンスは，ある意味でスーパービジョンの実践の場としてきわめて重要な意味を持っていると考えられる。一つには参加しているスタッフがクラ

イエントに対する援助の目標を設定し、さらにニーズ（以下、要請と略す）を分析し、援助計画の完成を目的としている。もう一つには、参加スタッフが共通の援助目的と相互の役割分担を認識し、クライエントに関する情報を共有しあうという、2つの機能を有しているからである。

つまり、前者は援助計画の作成部分であり、後者は作成した援助計画の実施部分に相当し、問題解決型と情報共有型のケースカンファレンス両方の機能が合体し、ソーシャルワーク援助が執行されると考える。

このようなケースカンファレンスを開催することで、単一のソーシャルワーカーによる援助計画がより綿密に検討されることにより精緻なものとなり、参加しているスタッフ間での教育的効果も高くなる。また、ケースカンファレンスの参加者は、一つの小集団であり、カンファレンスの中でグループダイナミックス（集団力学）が活用できることを意味する。したがって、ケースカンファレンスにグループダイナミックスの視点を導入することによって、より効果的にカンファレンスを運用することができる。ひいては、複数のスタッフがケースの実態にふれ、検討することによって、クライエントに対するほどよい支援を実施できるだけでなく、参加スタッフに対する教育的効果も期待できる。

また、ケースカンファレンスにおいて、支援者であるソーシャルワーカーに対してケースを検討する流れの中で、教育的アドバイスやスーパービジョンを行う機会も生じかねないことから、カンファレンスの主目的が支援者の指導や教育にあると考えることもできる。その際は指導するスーパーバイザーに相当するものが参加し、個別事例を通じてソーシャルワークの原理・原則を体得することができる。

さらに、ケースカンファレンスを通して、関係機関や専門職種との連携や協力、協働関係を築くことが可能となったり、カンファレンスの中で明らかにされた問題の本質や要因、あるいは原因から、地域社会に埋もれている福祉課題を発見することができることから、現在、整っていない地域のネットワークの構築や社会資源の創造が可能となる。また、結果として、それぞれの専門家が所属する組織に内在する専門性や凝集性を向上させることも期待できる。

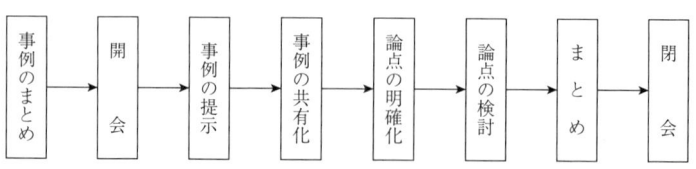

事例のまとめ → 開会 → 事例の提示 → 事例の共有化 → 論点の明確化 → 論点の検討 → まとめ → 閉会

**図4-4 ケースカンファレンスの展開課程**
出所：岩間伸之『支援困難事例へのアプローチ』メディカルレビュー社，2008年，158頁。

つまり，ケースカンファレンスとは，①事例を共有化する，②社会福祉実践を追体験する，③一層支援技術を向上させる，④事例の中から他の事例で活用できる原理・原則を導き出す，⑤事例に対する支援を評価する，⑥連携のための援助観や援助方針を形成する，⑦支援者を育てる，⑧組織を育てる，などの目的を持って実践される。

**(4) ケースカンファレンスの実際**（図4-4参照）

ケースカンファレンスは，コーディネーター（司会者），事例提供者，助言者などの役割を持つ人びととの他に，事例提供者とともに対象クライエントを支援している人や，一般の参加者がメンバーに加わることがある。

ケースカンファレンスを行うことは，クライエントと支援者の間に信頼関係を構築し，それぞれ違う立場で情報を収集することで，クライエントの抱える問題や課題を幅広く理解でき，また参加した他業種との情報交換をすることにより，より深く利用者の生活状況が把握できる可能性が高まる。また，新たなニーズを発見することで，別の他業種との連携が地域全体の連携にも繋がり，利用者へのセーフティネットの網の目が細かくなる良い機会となる意味で重要な役割を果たすことになる。

その視点からすると，用意周到な事前準備は必要不可欠となる。

コーディネーターの役割はケースカンファレンス当日のコーディネートや司会進行ばかりではなく，カンファレンスを開催するために必要な企画や開催の案内，関係者との連絡調整，事例提供者のサポート，会場の手配や資料の印刷

などの事前準備の一切を取り仕切る必要がある。

　事例提供者は，開催するケースカンファレンスが効果的なものになるように，事例の内容を詳細に資料としてまとめておく必要がある。たとえば，事前に対象となるクライエントの出産時の状況や発育の状況，保護者や家庭の状況，保育所入園時からの特記事項，通学児童の場合は担任の先生や他の先生の意見，今回のケースカンファレンス開催の経緯，対象クライエントの状況や課題・問題，これまでの支援のプロセス，事例提供者の意見などを丁寧に調べておくことは欠かせない。また，この資料は，コーディネーター（司会者），事例提供者，助言者などケースカンファレンスに参加する予定者には，事前に配布しておくことが望ましい。

　ケースカンファレンスをより効果的なものにするためには，事例提供者の事前準備と当日までに調べあげた情報やポイントを絞った報告は必要不可欠である。また，ケースカンファレンスをスムーズに進めていくには，コーディネーター，事例提供者，助言者の綿密な打ちあわせは欠かせない。さらに，当日の時間設定や進行スケジュールの調整なども事前に行っておく必要がある。加えて，事例提供者の職場での経験が浅い場合は，事前に，事例報告の際のノウハウの指導を行う必要がある。

## （5）ケースカンファレンスを有効なものにするための必須事項

　ケースカンファレンスに参加するスタッフが，参加者全員の力をあわせて，対象となっているクライエントの抱える問題を共有し，それぞれが担当した場合には，いかなる解決・緩和のための方策や筋道も吟味し，積極的に，かつ主体的に議論に参加する姿勢が求められる。このスタンスはケースカンファレンスを有効なものにするには欠かせない。加えて，事例検討会に提出する事例数の限定や事例の対象となる本人の承諾を事前に得ることも大切である。

　近年，ケースカンファレンスにクライエントや保護者が参加する機会も増加している。クライエントや保護者は，専門的知識や情報の面で理解が及ばないことが多い。したがって，必要に応じて，彼らに対して専門的な知識や情報に

関する説明が必要となるが，これは回避できない事態であるので，彼らへの説明を随時，挟み込んでいくことは大切にしたいものである。また，ケースカンファレンスを遂行する中で，クライエントや保護者の意向や希望を尊重しながら，彼らと支援者がかかわりを持ったり，意見交換したりすることは，お互いの認識や意見の溝やズレを調整する良い機会となる。ひいては，クライエントや保護者，家族の主体性を導き出す意味で大切なチャンスを得ることとなる。

ただし，クライエントや保護者がケースカンファレンスに参加する上で，事前に検討すべき点がある。それは，参加している当事者のクライエントや保護者が本人の意志や自己決定を実際に行えるか，否かという問題である。ある意味で，当事者たちの発言は，ケースカンファレンスを遂行していく中で重要な意味を持つ。ところが，何らかの問題や課題を抱えたクライエントや保護者が目の前に並んだ人たちの影響を回避しながら，自己の考えを述べることは容易なことではない。したがって，クライエントや保護者が参加するケースカンファレンスにおいては，専門職の一人ひとりが，当事者であるクライエントや保護者が抱える状況や情報などを事前に十分に把握し，彼らの意志や考えている方向性に沿って発言や行動，雰囲気づくりに配慮したり，尽力したりするように努める必要がある。

## 第4節　スーパービジョン

### (1) 支援者に期待されること

社会福祉における相談援助技術のプロセスは，支援を提供する支援者と提供されるクライエントとが存在し，かつ，相互に多様な情報や感情のやり取りを行いながら，お互いに成長する作業を繰り返すプロセスを辿るものである。しかも，支援者は，クライエントの人間性や多様な特性を柔らかく受け入れながら，彼らの抱える悩みや問題を浮き彫りにし，緩和したり解決に向かわせたりするための支援を行うことが役割となっている。ある意味で，この過程は支援者がクライエントの心身の一部になることを求められる事態でもある。そのた

めに，ソーシャルワーカーは，多くの戸惑いや不安を抱えながら，クライエントの一人ひとりのかけがえのない人生にかかわる重みを実感しながら支援に当たっている。

　それでは，どのような過程を経て支援活動は進展しているのであろうか。

　人間はだれもが見たり聞いたり話したり感じたりする能力を有している。それぞれの人間が有しているこれらの能力は，多少の差異はあったとしても，相談援助技術においては情報の収集の作業につながりやすい。たとえば，クライエントが抱えている悩みや苦しみ，気分の落ち込みの程度はいかなる器具や機械を用いたとしても計ることはできれない。また，障害を抱えている人の苦労をともに寄り添いあう関係が形成でき，共感することができたと感じることがあったとしても，実際にクライエントが感じている感情や認識などと，大きなズレが生じてしまうことは日常的に起こり得る。ひいては，この事態が支援者に苛立ちやジレンマ，葛藤などを生じさせてしまいかねない。そして，クライエントや所属組織に対して，攻撃的になったり，防衛的になったりする事態に陥ることも起こり得る。

　これらの状況は回避しなければならない事態である。しかし，一方では支援者がこの事態を乗り越えることで，ワーカーとして成長できる可能性が高まる良いチャンスでもある。

　その中で，支援者はクライエントの意思や感情を受容しながら，直感的に相手の意思や感情に近づく試みを行い，支援者の意図やスタンス，心情などを伝えようと試みることが求められる。また，共通の目標を組み立て，クライエントの抱える悩みや苦しみ，障害などを緩和したり解決したりしようと努める必要に迫られる。これらの状況の中で，支援者に期待されるのは，いかにクライエントの胸の内に，自己の感情や思いを伝えることができるのかということである。これらの過程は，ソーシャルワーカー自身が自らの立ち位置を問われる場面でもある。

(2) スーパービジョンの必要性とその現状

　人間が他者とかかわることは容易なことではない。ましてや，生活上の悩みや苦しみ，気分の落ち込みを抱えているクライエントと支援関係を結び，共通の目標を持ち，問題の解決や緩和に向けて取り組んでいく作業を行うことはきわめて困難な過程である。特に，クライエントの心の傷が深い状態であればあるほど，クライエントは彼らに対して疑いの思いで捉えやすくなるものであり，その事態の中では見せかけのラポール（信頼関係）さえも成立しなくなるリスクを抱えている。しかし，この現象は，すべての人間が共通に持っている宿命のようなものであると考えてよい。それほどまでに支援関係を形成することは困難がともなうものである。しかし，これらに関する学びは，講義を受けたり，テキストや参考書を精読したりするだけでは体得できるものではない。

　これらの状況の中で，大切にしたいのは，支援者がクライエントと向き合う際に，自分はいかなる行動や態度をとる傾向にあるのかを熟知し，かかわるスタンスや距離，語りかける言葉，雰囲気などを自在に変容できる柔軟性を持っているということである。

　ところが，人間が置かれている環境は無限な広がりを持っており，それぞれ個別性を有しているので，支援者がクライエントと対峙する際に，変幻自在に自分自身のスタンスや距離，言葉，雰囲気などを変容させながら，クライエントとの関係をつくり上げていくことはなかなか実現できにくいものである。特に，臨床経験が少なく，知識，技術などの積み重ねが少ない支援者にとっては，何らかの訓練や指導を受けなければ，専門職としての支援活動を継続して行うことは容易なことではない。したがって，支援者は必要に応じて，支援がひとりよがりにならないように，第三者の手を借りて，クライエントとの関係性の中の自らの感情や行為の吟味をすることが求められる。

　これらの理由から，経験の浅い，技術や知識が未成熟な支援者を専門職として養成する過程であるスーパービジョンが必要となってくる。スーパービジョンとは，福祉専門職者が援助を行っていく上で必要な知識や技術，倫理観を獲得し，現場の実践で質の高いサービスを提供していけるように側面的に援助し

ていく方法である，と本書では定義しておきたい。なお，スーパービジョンの対象となるスーパーバイジーは，一般的には，支援者の上司が担当する場合と，職場外に依頼するケースがある。スーパーバイザーの責任の範囲は，スーパービジョンの目的や契約内容によって異なる。

　なお，わが国では生きたケースを対象として，1週，1回，1時間のスーパービジョンを最低2年以上受ける機会のある専門職や実習生，学生はきわめて限られている。それは，スーパービジョンができる専門家がほとんどいないことによると言われている。そのために，その必要性は叫ばれていても，ほとんど実施されていないのが現状である。また，理論として，知っている人はいても，なぜ必要なのか，どのように実施されるのか，ということを体験的に知っている人はほとんどいないと推察される。

（3）スーパービジョンの機能

　スーパービジョンを遂行し，対象となるソーシャルワーカーを一人前のワーカーとして養成する人のことをスーパーバイザー，そして，スーパービジョンを受けて，専門職として養成される人のことをスーパーバイジーと呼ぶ。

　スーパービジョンの機能には，管理的機能，支持的機能，教育的機能の3つがある。管理的機能とは，スーパーバイジーが所属する組織の目的，機能や仕事の内容，業務計画，支援計画などを理解し，ワーカーとして組織の期待する役割を適切に遂行できるように指導・援助することを言う。教育的機能とは，スーパーバイザーがスーパーバイジーに対して，専門的な知識や技術，あるいは専門職として必要な職務や職責，役割，機能，価値観を身につけるための動機づけを行い，業務計画や支援方針などを確認し，かつ実践活動の中でスーパーバイザーが求められていることなどを指導・教育することを意味する。支持的機能とは，スーパーバイザーが，人間関係を業務とする中で回避できにくいストレスの管理や解放を目的とする機能である。具体的には，援助の過程で抱えるスーパーバイジーの悩みや問題，ストレス，ジレンマ等の話を聞き，助言することでスーパーバイジーを精神的に支持することを指している。

表4-1 スーパービジョンの種類および内容

| スーパービジョンの種類 | 内容 |
|---|---|
| 個人スーパービジョン | スーパーバイザーとスーパーバイジーが1対1で行う面接方式のことを意味する。 |
| グループ・スーパービジョン | グループで意見交換を行いながら進めるスーパービジョンのことを指す。 |
| ライブ・スーパービジョン | スーパーバイザーが、ソーシャルワーカーが行っている面接などを録音したり、ビデオに撮ったり、それらを見たり聞いたりしながら行ったり、実際に面接に同席したりしながら行うスーパービジョンのことを意味する。 |
| ピア・スーパービジョン | 同僚や仲間の間で行われるスーパービジョンのことを指す。 |
| セルフ・スーパービジョン | 困難な事例に遭遇した時に、出来事やその時の心情、取った行動、その時の結果などを記録しておき、時間を空けて、あるいは後日に記録を読み返し、過去の支援や心情などについて振り返り、改めて自分の支援や心情などについて気づく作業を行うスーパービジョンを意味する。 |

出所:奈良社会福祉協議会編『ワーカーを育てるスーパービジョン』中央法規出版、2000年、3～36頁を参照して筆者作成。

(4) スーパーバイザーおよびスーパーバイジー

1) スーパーバイザー

スーパービジョンの対象となるスーパーバイジーを、社会福祉の現場において、専門職としてさらに成長するように、スーパービジョンを行う人のことを言う。スーパーバイザーは、スーパーバイジーと契約を結んでいる間は、責任を持つとされている。

2) スーパーバイジー

スーパーバイジーは、スーパーバイザーによるスーパービジョンを受ける対象者のことを言い、専門職としての能力を高めることを目指している経験の浅いソーシャルワーカーや実習生、学生のことを指す。

3) スーパーバイザーおよびスーパーバイジーの関係

スーパーバイザーおよびスーパーバイジーの間に結ばれる関係をスーパービジョン関係と呼ぶ。スーパービジョンは、このスーパービジョン関係を通して

行われる。

この相互の関係は，スーパーバイザーおよびスーパーバイジーの間にスーパービジョン関係を結ぶ意思の確認がなされる必要がある。加えて，スーパービジョンの目標や問題の設定，実施回数，実施場所，費用，形態と方法，約束事などについて，事前に詳細な打ちあわせが行われる。

(5) スーパービジョンの目的や種類

スーパービジョンの目的は，クライエントや地域社会に必要とされている社会福祉サービスを提供することである。また，福祉サービスを提供する担い手である経験の浅い支援者や実習生，学生などの養成訓練を行うことを目指している。

スーパービジョンの種類および内容は表4－1に示した通りである。

## 第5節　コンサルテーション

(1) コンサルテーションとは何か

保育の現場では，保育カウンセリングという実践がこれまで行われてきた。そのために，コンサルテーションはあまりなじみのない概念ではないかと思われる。また，専門性のある人をコンサルテーションは対象としているところが，大きく異なる。

コンサルテーションとは，業務上，ある特定の専門的な領域の知識や技術について助言を得る必要がある時に，その領域の専門職から助言を受け，新しい情報，知識，技術を習得する過程である。したがって，相談者の専門性を重要視しないカウンセリングとは異なる。また，カウンセリングは，精神的に不健康な状態にある者を前提とするが，コンサルテーションでは，健康な心理的状態にあるものを対象としている。

コンサルテーションは，これまでの相談援助技術論では，スーパービジョンとの区別が曖昧で，ほぼ同義語として扱われることがあった。しかし，スー

パービジョンが上下関係の中で行われる指導なのに対して，コンサルテーションは対等な関係の中での助言である。ただし，スーパービジョンと同様に，コンサルテーションも，多様化・複雑化したクライエントのニーズに相応し，問題の解決・緩和へ向けた手法として，有効な機能を内在している。

コンサルテーションは，問題を抱えるクライエント本人への1対1の個人カウンセリングやサイコセラピーだけを行うのではなく，クライエントにかかわる周囲の人に対して，よりシステマチックな視点から問題を固定し，支援を行う。コンサルテーションは2人の専門家間の相互作用の一つの過程である。このコンサルテーションでは，一方をコンサルタントと呼び，他方をコンサルティと呼んでいる。

コンサルタントはコンサルティに対して，コンサルティの抱えているクライエントの関係した特定の問題をコンサルティの仕事の中で，より効果的に解決・緩和できるように支援する関係をいう。また，コンサルテーションの意味には，異なった専門性や役割を持つもの同士がクライエントの問題状況について検討し，今後のあり方について話しあう過程であるという意味も含まれている。コンサルタントには精神医学，臨床心理学，社会福祉の専門家が含まれ，コンサルティには教師，保健師，看護師，保育士，幼稚園教諭，開業医，企業の人事担当者や職場の上司，民生委員，保護司，牧師，地域のリーダーなどが含まれる。その中でカウンセリングのカウンセラーとクライエントやスーパービジョン関係とは異なり，コンサルタントとコンサルティは対等の関係となり，依存しあうような関係は生じない。

つまり，コンサルティが抱える問題に対し，より専門的知識を持ったコンサルタントに助言を求めるといったものになる。その関係はソーシャルワークやカウンセリングのように，直接的な介入や解釈からクライエントの成長・発達を目指すものではなく，またスーパービジョンのような援助者の成長・発達を目指すものでもない。これらのものとは一線を画す，異なる特性を持っている。

表4-2　コンサルテーションの型

| タイプA1 | クライエント中心のケース・コンサルテーションである。 |
|---|---|
| タイプA2 | コンサルティ中心のケース・コンサルテーションである。 |
| タイプB1 | 対策中心の管理的コンサルテーションである。 |
| タイプB2 | コンサルティ中心の管理的コンサルテーションである。 |

出所：山本和郎「コンサルテーションの理論と実際」『精神衛生研究』25, 1-19頁, 1978年。
　　　同上『コミュニティ心理学——地域臨床の理論と実践』東京大学出版会, 1986年。
　　　同上『危機介入とコンサルテーション』2000年, ミネルヴァ書房。

## （2）コンサルテーションを遂行する条件

　コンサルタントは，対象となるコンサルティとしての専門家の抱える状況や特性を把握しているとともに，コンサルティが所属する団体や組織の内容や状況について理解をしておく必要がある。また，コンサルティの置かれている状況や問題から距離をおいて客観的に観ることができ，的確に指摘できる立場でなくてはならない。つまり，コンサルタントとコンサルティは，昇給や昇進，あるいは人事が絡む関係にあってはならない。したがって，コンサルタントは明らかに，利害関係のない部外者である必要がある。つまりクライエントが位置づけられている階層的な権限システムに属さないことを条件とする。コンサルテーションには4つの型があるとされタイプは表4-2に示されるように4つに分類されている。

　これらの支援方法では，コンサルタントとコンサルティが，対等関係であることが強調され，当事者同士で責任を分かちあおうとしている。コンサルテーションを考える時，コンサルティが抱える背景には，知識不足やスキル不足，自己の自信の不足，客観的な理解や推察の不足が考えられる。客観性の不足というのは，保育士や幼稚園教諭が「ひとり親の子どもは非行に走りやすい」と決めつけているような場合を指し，多面的な角度から物事を判断できない事態を意味する。このような場合は，コンサルタントはコンサルティに対して，ひとり親の家庭で育っている子どものすべてが非行に走りやすいわけではないことについて直面化（素直に伝え理解させる）させ，保育士や幼稚園教諭の客観性

を取り戻させるサポートを実施する。

　加えて，コンサルタントは，コンサルティの状況にあわせてさまざまなサポートを遂行していく。具体的には，スキルの不足しているコンサルティに対しては，道具的サポートを行う。自信の不足しているコンサルティについては情緒的サポートを実施する。その中で，コンサルタントに必要不可欠なのは，組織的なコンテクスト（状況や関係）を理解していることである。

（3）コンサルテーションの基本的特徴
　ここでは，コンサルテーションは，上級な知識や技術，臨床経験を有するコンサルタントが専門職（コンサルティ，たとえば，保育士・教諭など）と信頼関係を築き，当該専門家の技術や知識の成長を促すことを目的として実践を推進する。
　①コンサルテーション関係はお互いの自由意志にもとづいている。
　②コンサルタントとコンサルティは契約関係にある。
　③コンサルティの情緒的問題にはふれないことを旨として，コンサルティの専門性を尊重する。
　④コンサルタントとコンサルティは利害関係のない部外者である必要がある。
　⑤コンサルタントは，直接，支援活動に関与しないことが重要である。
　⑥専門分野に関する特別な知識や技能を教示するという活動内容を有している必要がある。
　⑦コンサルテーションは時間制限のある関係である。
　⑧コンサルテーション関係は課題中心で成り立つ。相手の独立した社会性と専門性を強化し，依存的関係は回避するようにし，一定の距離をもって支援する。
　⑨コンサルテーションは上下関係がない。最終責任はコンサルティにある。
というような特徴があり，スーパービジョンとの違いとして挙げることができる。つまり，ケースの全般的なことに注目するのではなく，特定の問題に着目して専門家に助言を求めるのである。

相互の関係は対等な関係なので，コンサルタントの助言さえも，それを取り上げるか否かはコンサルティの判断に委ねられている。もしコンサルタントがコンサルティの抱えるクライエントに対して，共通の責任を有しているならば，それはコンサルテーション関係ではなく，スーパービジョン関係である。このように定義や特性によって，コンサルテーションとスーパービジョンを区別することができるが，実践の場においては，コンサルタントが「スーパーバイザー」という肩書きになることも散見される。

---
**事例 2**

グループコンサルテーション

　A市の保育課のワーカーである安田さん（仮名）は，障害児保育を行っている「あさひ保育園」（仮称）に，自閉症児である優くん（仮名）の保育をお願いした。ところが，彼を保育園で預かってもらうかわりに，月に1回程度保育園を訪問し，支援の相談にのってほしいという要請を受けた。そのため，2時間ほど当該保育園の保育士が優くんを保育しているのを観察してから，放課後，保育園の保育士10名ほどと，集団コンサルテーションを行うことになった。保育士の保育やかかわりについて意見を交換する話し合いである。なお，訪問の際には，公立の発達支援センターで勤務している社会福祉士・臨床心理士・保育士の資格を有する森下さん（仮名）にも同行してもらうことにした。このグループコンサルテーションは，2年間にわたって継続されている。保育士の方々は，当初は優くんに対する保育やかかわり方にとまどいを見せていたが，障害児保育の専門家がわざわざ保育園まで来て，自分たちの取り組みを直接目にし，そのかかわり方について，さまざまな助言をしてくれたり，日々の苦労話に耳を傾けてくれたりすることで，優くんとかかわることへの不安感や戸惑いなどが消失していくのを感じている。

　出所：幼稚園を訪問して聞き取りを行い筆者作成。

---

　また，コンサルテーション活動の展開方法としては，主として，定期的にコンサルタントがコンサルティのもとを訪れる方法と，コンサルティがクライエントの対応に苦慮する，いわば危機状態の時にコンサルタントが呼ばれる方法がある。特に前者のような展開方法をリエゾンと呼ぶこともある。近年，一部の医療現場で導入されている精神科医や臨床心理士によるコンサルテーション・リエゾン活動は，多職種によるチームアプローチを促進させるものとして

注目されている。その場合は，後者のような危機状態の時にかかわるよりも，定期的なコンタクトがある方が，コンサルティがコンサルタントの専門性を理解しやすく，相談しやすいとも言われている。

　コンサルティは自分の専門性を持ちつつ，その殻を自由に着脱できる柔軟性を備え，かつコンサルタントは対等な立場としてコンサルティを尊重していくことが，コンサルテーションにとって重要である。

---

コラム

**コンサルタントの専門性**

　コンサルタントは，コンサルティと友好的な関係を築き，コンサルティの専門的な力量の形成を支援することが役割となる。ただし，施設保育士であれ，保育所保育士であれ，コンサルティの立場にある者の専門的力量は個人的能力というよりは，彼らが社会的な関係の中に位置づけられていくことで発揮できるという側面がある。たとえば，コンサルティが職員集団と強調し，地域社会資源とつながりを持ち，社会的な資源を有効に利用できるということである。それゆえ，コンサルタントは，コンサルティを社会集団の中で理解し，組織としての園や地域の関連機関などについても理解することが求められる。

　　出所：東京発達相談研究会・浜谷直人編『保育を支援する発達臨床コンサルテーション』ミネルヴァ書房，2002年，19頁を参照して，筆者作成。

---

### （4）ソーシャルワーカーとコンサルテーションの関係

　スーパービジョン関係が，上司と部下，あるいは，ある意味で「支配」と「応諾(おうだく)」の関係とは違ってコンサルテーションでのワーカーとコンサルタントの関係は，任意で対等な関係と言える。ただし，契約関係にあるので，事前にどのような役割を担い，いかなる業務を負い，何を目的としてコンサルテーションを協同して行うかなどについては合意する作業が必要となる。

　スーパービジョンにおいてスーパーバイザーは，ワーカーが適切な援助をしているかどうかを評価し，直接的な指示を出すこともあり，その援助の内容に責任を持つ。しかし，コンサルテーションにおいてコンサルタントは，助言はするが，ワーカーの業務に責任を負うわけではない。むしろ，コンサルティの

抱える問題を客観的に幅広く豊かに理解し，どのような対処をしていくのかを考えるのが主題で，課題の理解と対処が中心のテーマとなる。つまり，コンサルテーションは，コンサルティの専門性を強化し，専門性を一層有効に発揮してもらうように支援するのを目的とする。

　コンサルタントの助言は，より専門的な見地から問題解決の方法を示唆するものであるが，かならずしも業務を具体的に遂行するワーカーにとって直接役に立つものであるとは限らない。つまり，クライエントの生活全般を評価した上の助言ではないので，ワーカーは，逆にその助言が役に立つものであるかどうかを評価する立場にあると言える。コンサルタントの助言を採用し，実行するかどうかについては，ワーカーの裁量に任されているということである。そして，その裁量を発揮することにスーパービジョンが必要となる。

### （5）コンサルテーションの形態と中立性

　コンサルテーションは外部講師に依頼されるケースが一般的である。また，その方が効果的であるケースが多い。その講師は，内科医，精神科医，整形外科医などの医学の専門職，臨床心理士，企業家，弁護士など必要に応じてさまざまである。しかし，社会福祉基礎構造改革以降，社会福祉領域への企業の参入が著しく，逆に社会福祉の専門職がコンサルタントとして招かれないということも多くなっている。

　コンサルタントは，会議そのものをコーディネートするために直接会議の進行役を務めたり，クライエントに対して直接相談援助を行ったり，モデルを示したりする場合もある。また，コンサルタントを個人で受ける場合も，集団あるいは組織で受ける場合もある。

　ただし，いかなる状況に置かれたとしても，コンサルタントは，当該組織の利害やコンサルティの意向に沿う支援を行うのではなく，クライエントの利益を優先するスタイルを堅持し，常に中立性を保つ支援を遂行する必要がある。コンサルテーションは，スーパービジョンと異なり，アセスメントを行うことやコンサルティの専門分野と異なる専門性をもとに助言するなどの点でそれら

とは異なる。

〈演習課題〉
1. なぜ福祉サービスや支援の質の向上をはかる必要があるのか，社会の現状をふまえて意見交換をしてみよう。
2. ケースカンファレンスの対象となる乳幼児の事例を挙げて，その必要性について意見交換をしてみよう。
3. スーパービジョンとコンサルテーションの違いについて比較検討してみよう。

〈引用・参考文献〉
第1節
岩間伸之・白澤政和・福山和女『ソーシャルワークの理論と方法Ⅱ』ミネルヴァ書房，2011年，52～54頁。
小川あゆみ「地域社会におけるワーク形成について」『社会福祉学研究』4，2011年，17～22頁。
社会福祉士養成講座編集委員会『相談援助の理論と方法Ⅱ』中央法規出版，2008年，84～85頁。
前田敏夫監修／佐藤伸隆・中西遍彦編著『演習・保育と相談援助』みらい，2011年，52～55頁。
ミネルヴァ書房編集部編『社会福祉小六法』ミネルヴァ書房，2013年，18頁。
第2節
市東賢二「対人援助におけるチームアプローチの意味に関する方法論的考察」『上田短期大学紀要』34，2011年，52～60頁。
金子努「今求められているチームアプローチのできるソーシャルワーカー」『山口県立大学学術情報　第4号　社会福祉学紀要』17号，2011年。
小路ますみ・小森直美・藤岡あゆみ・宮田喜代志・中山みどり・北山后子「看護職・他部門のコミュニケーション・リスクの構造」『静岡県立大学看護学研究紀要』5 (2)，2008年，61～65頁。
第3節
岩間伸之『援助を深める事例研究の方法』ミネルヴァ書房，2005年，15～62頁。
岩間伸之・白澤政和・福山和女『ソーシャルワークの理論と方法Ⅱ』ミネルヴァ書房，2011年，204～214頁。
社会福祉養成講座編集委員会『相談援助の理論と方法Ⅱ』中央法規出版，2009年，204～227頁。
野中猛「教育の場としてのケースカウンセリング」『精神科臨床サービス』星和書店，2005年，5 (1)，115～118頁。
林田康子「精神科作業療法におけるケースカンファレンスの組織化」『熊本大学社会文化研究』熊本大学，2005年，313～328頁。

**第4節**
岩間信之・白澤政和・福山和女『ソーシャルワークの理論と方法Ⅱ』ミネルヴァ書房，2011年，148～173頁。
植田寿之『対人援助のスーパービジョン』中央法規出版，2005年，17～21頁。
社会福祉養成講座編集委員会『相談援助の理論と方法Ⅱ』中央法規出版，2009年，182～198頁。
奈良社会福祉協議会編『ワーカーを育てるスーパービジョン』中央法規出版，2000年，3～36頁。

**第5節**
東京発達相談研究会・浜谷直人編『保育を支援する発達臨床コンサルテーション』ミネルヴァ書房，2002年，11～21頁。
仲田洋子「コンサルテーションの方法論に関する基礎研究」『駿河台大学論叢第34号』2007年，53～70頁。
仲田洋子「コンサルテーションの方法論に関する最近の研究動向」『駿河台大学論叢第35号』2008年，135～155頁。
山本和郎『危機介入とコンサルテーション』ミネルヴァ書房，2000年，118～180頁。


〈推薦図書〉
岩間伸之『援助を深める事例研究の方法』ミネルヴァ書房，2005年。
　――クライエントを支援する際に行うケースカンファレンスについて事例を活用して記述してあるので，実践に向けた学習が可能である。
東京発達相談研究会・浜谷直人編『保育を支援する発達臨床コンサルテーション』ミネルヴァ書房，2002年。
　――保育士に関するコンサルテーションをくわしく説明したものである。事例も豊富に記述されているので理解しやすい。

（田中利則）

# 第5章
# 相談援助と相談機関

　児童家庭福祉領域における相談援助活動には，さまざまな相談支援機関や施設，団体等がかかわっている。国および地方公共団体をはじめとする公的相談支援機関のみでなく，各種の児童福祉施設，学校，社会福祉協議会，民生委員・児童委員，団体等が地域を基盤として活動を行っている。今日，児童家庭福祉の展開は，児童・家庭のニーズの多様化，複雑化が進む中で，地域社会の人びととの協働による支援への取り組みに対する期待が増してきている。

　本章では，児童家庭福祉領域における各種の児童家庭福祉支援機関の組織，機能等について簡潔に説明してみる。

## 第1節　児童家庭福祉行政の相談支援機関

　児童家庭福祉行政の相談支援機関としては，児童福祉法にもとづき，都道府県（政令指定都市を含む）に児童家庭福祉中枢機関としての児童相談所が，また，社会福祉法にもとづき，都道府県および市・特別区に社会福祉行政の総合的な第一線の行政機関として，福祉事務所が配置されており，その福祉事務所には家庭児童相談室（社会福祉主事と家庭相談員）が設置されている。

（1）児童相談所による児童家庭相談援助
　1）児童相談所の設置
　児童相談所は，児童福祉法（第12条）にもとづき，各都道府県および政令指定都市に設置が義務づけられており，2004（平成16）年の児童福祉法改正により市町村が児童家庭福祉相談の第一義的な窓口として位置づけられたことにと

もない。相談業務はより高度な専門的対応が求められるものに重点化された。2013（平成25）年4月現在、全国に207か所設置されている。

　なお、これまでは、児童相談所は、都道府県や政令指定都市にのみ設置されていたが、2004（平成16）年12月に児童福祉法が改正され、中核市など人口規模の大きな市についても、児童相談所が設置できるようになった。

2）児童相談所の組織

　児童福祉法に定められている児童相談所には所長、所員として、児童福祉司、児童心理司、医師、児童指導員、保育士、心理療法担当職員などが配置されており（厚生労働省雇用均等・児童家庭局通知「児童相談所運営指針」による）、児童に関する各種の相談に応じ、専門的な観点から調査、診断、判定を行い、それにもとづいて児童やその保護者に対して必要な指導や児童福祉施設入所等の措置のほか、必要に応じて児童の一時保護を行っている。

　なお、児童相談所の体制強化については、児童虐待等の問題に適切に対応できるよう、2012（平成24）年度において児童福祉司の担当区域の見直しや地方交付税措置における増員等が行われた。

3）相談内容と相談援助活動の流れ

　相談内容は、きわめて多岐にわたっているが、おおむね次のように分類できる（厚生労働統計協会編『国民の福祉と介護の動向』、第60巻第10号、2013年より）。

①障害相談（知的障害、肢体不自由、重症心身障害、視覚障害、聴覚障害、言語発達障害、自閉症などの障害のある子どもに関する相談）

②育成相談（育児・しつけ、性格行動、適性、不登校などの子どもの養育上の諸問題に関する相談）

③養護相談（保護者の家出、失踪、死亡、離婚、入院等による養育困難児、棄児、迷子、虐待をうけた子ども、親権を喪失した親の子、後見人を持たない児童等環境的問題を有する子ども、養子縁組に関する相談）

④非行相談（虚言癖、家出、乱暴、性的逸脱等のぐ犯行為、飲酒、喫煙等の問題行動のある子ども、触法行為があった子どもに関する相談）

⑤その他

相談受付総件数は，これまで増減を見せながらも増加傾向を示し，2011（平成23）年度においては，385,555件（前年370,848件）で，これらの相談の内，もっとも多いのは障害相談で全体の48％となっており，障害相談の内，知的障害相談の件数が76％を占めている。

養護相談は，ここ数年漸増傾向を示しており，家庭環境問題が多くを占めている。また，養護相談中の児童虐待相談対応件数は，2012（平成24）年度，全国で66,807件であり，大幅に増加している。

児童相談所における相談援助活動の基本的流れは，図5－1の通りで，経路別受付件数は，家族・親戚からがもっとも多く，次いで，都道府県・市町村からとなっている。

---
用語解説

**ぐ犯少年・触法少年**

ぐ犯少年とは，少年法で刑罰法令にふれる行為をするおそれのある少年をいい，触法少年とは，14歳未満の児童で刑罰法令にふれる行為をした少年をいい，14歳以上の犯罪少年と区別している。ぐ犯少年については，少年法第3条の3に，また，触法少年については，同法第3条の2に，それぞれ規定されている。

---

### 4）援助内容

児童相談所では，相談あるいは通告によって相談を受理し，次に調査，診断，判定，援助方針会議等の所内会議を経て援助内容が決定されることになっている。対応件数の内，全体の67％を助言指導が占め，また，児童を家庭から引き離して援助を行う児童福祉施設（児童養護施設，乳児院，児童自立支援施設等）への入所措置は，全体の3％であるが，その81％が児童虐待などの養護相談によるものである（厚生労働省「福祉行政報告例」2011年度より）。

児童相談所の措置に関する援助内容は，次のようになっている（厚生労働省雇用均等・児童家庭局長通知「児童相談所運営指針の改正について」平成24年3月21日より）。

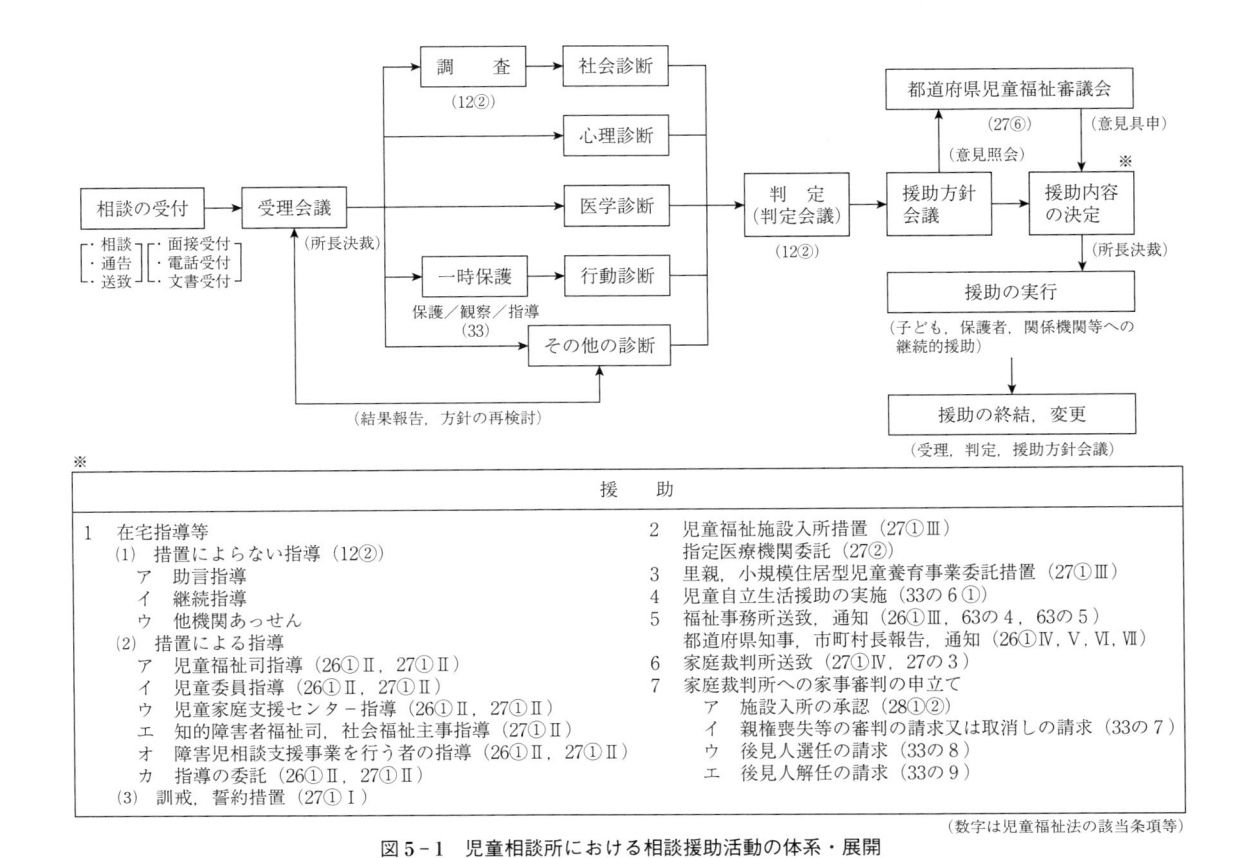

第5章　相談援助と相談機関

**図5-1　児童相談所における相談援助活動の体系・展開**

［相談の受付］
- 通告 ： 面接受付／電話受付
- 送致 ： 文書受付

↓

［受理会議（所長決裁）］

↓

［調査(12②)］ → ［社会診断］
［一時保護(33)］
　保護・観察・指導
↓
［心理診断］
［医学診断］
［行動診断］
［その他の診断］
（結果報告、方針の再検討）

↓

［判定（判定会議）(12②)］

↓

［援助方針会議(12②)］

↓（意見具申(27⑥) / 意見照会）

［都道府県児童福祉審議会］

↓

［援助内容の決定（所長決裁）］

↓

［援助の実行］
（子ども、保護者、関係機関等への継続的援助）

↓

［援助の終結、変更］
（受理、判定、援助方針会議）

※
1　在宅指導等
(1) 措置によらない指導 (12②)
　ア　助言指導
　イ　継続指導
　ウ　他機関あっせん
(2) 措置による指導
　ア　児童福祉司指導 (26①Ⅱ、27①Ⅱ)
　イ　児童委員指導 (26①Ⅱ、27①Ⅱ)
　ウ　児童家庭支援センター指導 (26①Ⅱ、27①Ⅱ)
　エ　知的障害者福祉司、社会福祉主事指導 (26①Ⅱ、27①Ⅱ)
　オ　障害児相談支援事業を行う者の指導 (26①Ⅱ、27①Ⅱ)
　カ　指導の委託 (26①Ⅱ、27①Ⅰ)
(3) 訓戒、誓約措置 (27①Ⅰ)

2　児童福祉施設入所措置 (27①Ⅲ)
3　指定医療機関委託 (27②)
4　里親、小規模住居型児童養育事業委託措置 (27①Ⅲ)
5　児童自立生活援助の実施 (33の6①)
6　福祉事務所送致、通知 (26①Ⅲ、63の4、63の5)
7　都道府県知事、市町村長報告、通知 (26①Ⅳ、Ⅴ、Ⅵ、Ⅶ)
8　家庭裁判所送致 (27①Ⅳ、27の3)
9　家庭裁判所への家事審判の申立て
　ア　施設入所の承認 (28①②)
　イ　親権喪失等の審判の請求又は取消しの請求 (33の7)
　ウ　後見人選任の請求 (33の8)
　エ　後見人解任の請求 (33の9)

（数字は児童福祉法の該当条項等）

出所：厚生労働省雇用均等・児童家庭局長通知「児童相談所運営指針の改正について」平成24年3月21日、171頁より。

1　在宅指導等
　(1)　措置によらない援助
　　　　ア　助言指導
　　　　イ　継続指導
　　　　ウ　他機関のあっせん
　(2)　措置による援助
　　　　ア　児童福祉司の指導
　　　　イ　児童委員の指導
　　　　ウ　児童家庭支援センターの指導
　　　　エ　知的障害者福祉司，社会福祉主事の指導
　　　　オ　障害児相談支援事業を行う者の指導
　　　　カ　指導の委託
　(3)　訓戒，誓約の措置
2　児童福祉施設入所の措置，指定医療機関への委託
3　里親，小規模住居型児童養育事業への委託措置
4　児童自立生活援助の実施
5　福祉事務所への送致，通知，都道府県知事，市町村長報告，通知
6　家庭裁判所への送致
7　家庭裁判所に対する家事審判の申立て
　　　　ア　施設入所の承認
　　　　イ　親権喪失等の審判の請求または取り消しの請求
　　　　ウ　後見人選任の請求
　　　　エ　後見人解任の請求
5)　一時保護

　児童相談所は，児童の安全確保などにおいて必要と認めた時，一時保護所や他の機関等に委託するなどして，児童を一時保護することができる。
　一時保護する内容としては，棄児や迷子，家出の保護など緊急的に保護が必要な場合，児童虐待や放置・放任などで一時保護を必要とする場合，他人に危

害等を及ぼすような行為の恐れがある場合等である。

年間2万人前後の児童を一時保護しており，その約7割が養護上の問題を持つ児童である。一時保護所では，単に緊急保護のみならず，適切かつ具体的な援助指針を定めるための行動観察や短期の心理療法等の入所指導などの機能を持っている。

### 6）児童虐待への対応

全国の児童相談所が2012（平成24）年度に対応したに児童虐待の相談対応件数は6万6,807件（前年度比6,888件増）で，引き続き増加の一途を辿っており，最悪の事態を防ぐ取り組みのさらなる強化が課題となっている。児童相談所に児童虐待相談件数が増加した背景には，住民の理解が進んで通報が増えたことと警察等の関係機関との連携が進んだ結果と考えられる。

従来の児童虐待防止対策は，児童相談所のみで対応する仕組みであったが，2004（平成16）年の児童虐待防止法改正により，市町村も虐待通告の通告先となり，市町村，児童相談所が二重構造で対応する仕組みとなった。

なお，虐待を防ぐため親権を最長2年間停止する制度が2012（平成24）年度から施行されることになった。

---

**用語解説**

#### 児童心理司

児童福祉法改正（2004〔平成16〕年12月）にもとづき児童相談所運営指針が改訂され，これまでの心理判定員と呼ばれていた名称が，「児童心理司」に改称された。

職務は，児童やその保護者等の相談に応じ，診断面接，心理検査，観察等によって児童やその保護者等に対し心理診断を行うこと，児童，保護者，関係者等に心理療法，カウンセリング，助言指導等の指導を行うことなどである。

学校教育法にもとづく大学において，心理学を専修する学科またはこれに相当する課程を修めて卒業した者またはこれに準ずる資格を有する者と，定められている。

#### 児童福祉司

児童福祉法第13条にもとづき都道府県および政令指定都市に設置されている児童相談所に配置が定められている児童福祉司は，都道府県知事の補助機関である職員として，人口のおおむね5万人から8万人に1人の配置を基準とし，担当区域制をとって

いる。職務は，担当区域内の児童，保護者等から児童の福祉に関する相談に応じること，必要な調査，社会診断を行うこと，児童，保護者，関係者等に必要な支援・指導を行うこと，児童，保護者等の関係調整（家族療法など）を行うことなど，である。

里　親

里親制度は，保護者のいない児童または保護者に監護させることが不適当であると認められる児童の養育を里親に委託する制度であり，1948（昭和23）年の児童福祉法が施行されてから発足した。近年，児童が委託されている里親数と委託児童数は増加傾向にあり，児童の健全な育成を図ることを目的とする有意義な制度として，今後一層の発展が望まれている。

2008（平成20）年の児童福祉法の一部改正により，社会的養護の担い手としての養育里親を養子縁組の前提とした里親と区別する等の整備が行われた。その結果，里親の種類は，養育里親，専門里親，養子縁組里親，親族里親となった。

① 養育里親：保護者のいない児童や要保護児童を保護者に代わって養育することを希望し，かつ，都道府県知事が要保護児童を委託する者として適当と認め，養育里親名簿に登録されたもの
② 専門里親：特に家庭での親密な援助を必要とする被虐待児童等に対し，家庭的な援助を提供することにより，家庭復帰を前提として問題性の改善や治療を図り，自立を支援することを目的とするもので，一定の要件を満たした上で，おおむね3か月以上の専門的な研修を受け，認定されたもの
③ 養子縁組里親：要保護児童を養育することを希望する者であって，養子縁組によって養親となることを希望するもののうち，都道府県知事が児童を委託する者として適当と認めるもの
④ 親族里親：保護者が行方不明・死亡・疾病・拘禁などの理由からその養育が期待できない時に，三親等以内の親族に対して委託を認めたもの

---

── 事　例 ──

身体的虐待

30歳代の母親と，母親と前夫との間の子どもである小学校4年生の本児（10歳男児），小学校2年生の女児（7歳），30歳代の継父，継父と母親との間の子ども（1歳）の5人家族。

本児の小学校の担任の教諭が，登校してきた本児の額に青あざがあることを発見し，本児にどうしたのかたずねたところ，本児は自宅で遊んでいたら壁に頭をぶつけたと話した。この話を不自然に思った担任の教諭は，本児を保健室に連れて行き，養護教

論とともにさらにくわしく事情を聞いた。また，本児の着用していたTシャツを脱がせて確認したところ，本児の背中に色調の異なる複数のあざ（青いあざ，赤いあざ，黄土色のあざ）があることを発見したので，担任教諭は念のため本児の承諾を得た上，本児の背中の写真を撮影した。

　それから約1か月後，担任の教諭は，登校した本児の大腿部に広範囲な熱傷があることを発見し，本児にどうしたのかたずねたところ，味噌汁をつくっていてこぼした旨話した。この話を不自然に思った担任の教諭は，校長に相談し，本児を病院に連れて行くとともに，本児が身体的虐待を受けている可能性があると判断し，児童相談所に通告した。

　児童相談所は，病院で本児を診察した医師に意見を求めた上，本児を一時保護した。

出所：日本弁護士連合会子どもの権利委員会編『子どもの虐待防止・法的実務マニュアル（第5版）』明石書店，2012年，172頁より。

## （2）福祉事務所による児童家庭相談援助

### 1）福祉事務所の設置

　福祉事務所（社会福祉法第14条に規定されている「福祉に関する事務所」）は，第一線の社会福祉行政機関（相談支援機関）として，生活保護法，児童福祉法，身体障害者福祉法，知的障害者福祉法，老人福祉法，母子及び寡婦福祉法のいわゆる福祉六法に定める援護，育成，または更生の措置に関する事務をつかさどり，都道府県および市（特別区を含む）は設置が義務づけられており，町村は任意で設置することができることとされ，2013（平成25）年4月現在，全国に1,251か所設置されている。

### 2）福祉事務所の組織

　福祉事務所には，所長のほか，査察指導員，現業員，身体障害者福祉司，知的障害者福祉司などの職員が配置されており，所員の定数は，地域の実情に応じて条例で定めることとされているが現業員の数については，社会福祉法第16条において，各福祉事務所の被保護世帯の数に応じて標準数が定められている。

### 3）児童家庭相談援助の業務内容

　福祉事務所における児童家庭相談援助の業務は，次のような内容を実施している。

①児童および妊産婦の福祉に関し，必要な実情の把握に努めること
②児童および妊産婦の福祉に関する事項について，相談に応じ，必要な調査を行い，個別的または集団的に，必要な指導を行う
③児童養護施設等への入所措置等や専門的な判断が必要な場合に，児童相談所へ送致すること
④児童または保護者を，必要がある時は，知的障害者福祉司または社会福祉主事に指導させること
⑤母子生活支援施設，助産施設への入所が適当と判断される場合については，助産や母子保護の実施または保育の実施が適当と認められる者について，それらの実施等に係る都道府県知事および市区町村の長に報告または通知すること

### 4）家庭児童相談室の設置

福祉事務所における児童家庭福祉に関する相談支援機能を充実させるために，家庭児童相談室を設置することができるとされており，家庭児童相談室には，児童家庭福祉の業務に従事する社会福祉主事と児童家庭福祉に関する相談指導業務に従事する**家庭相談員**が置かれている。

なお，2004（平成16）年の児童福祉法改正にともない，市町村の業務として，児童家庭福祉相談に応じることが明確に規定され，児童の福祉に関する相談に応じ，必要な調査や指導等を行うこととなった。

---

**用語解説**

**家庭相談員**

家庭児童相談室の家庭相談員は，厚生労働省の通知「家庭児童相談室の設置運営について」において，次のいずれかに該当する者でなければならない，と定められている。①学校教育法にもとづく大学で，児童福祉，社会福祉，児童学，心理学，教育学，もしくは社会学を専修する学科またはこれらに相当する課程を修めて卒業した者，②医師，③社会福祉士，④社会福祉主事として2年以上児童福祉事業に従事した者，⑤前各項目に準ずる者で，家庭相談員として必要な学識経験を有する者。

第5章　相談援助と相談機関

（3）市町村による児童家庭相談援助
1）市町村の業務としての児童家庭相談援助
　従来，あらゆる児童家庭相談については，児童福祉法に定める児童相談所が対応することとされてきたが，近年，児童相談所では，身近な子育て相談への対応が求められる一方，緊急かつより高度な専門的対応が求められること等により，幅広い児童家庭相談のすべてを児童相談所のみが受け止めることに困難な状況が生じることになり，その結果，市町村をはじめとする多様な相談支援機関によるよりきめ細やかで効率的な対応が求められるようになった。こうした背景をふまえ，「児童福祉法の一部を改正する法律」により，2005（平成17）年4月から，市町村が子育て支援事業の実施と児童家庭相談に関する体制の充実等を図ることが法律上明確化されることになった。
　以下，「市町村児童家庭相談援助指針について」（厚生労働省雇用均等・児童家庭局長通知，平成22年3月31日）にもとづいて市町村の児童家庭相談援助の概略を示してみる。

2）市町村の相談援助活動の基本
　市町村における相談援助活動は，すべての児童が心身ともに健やかに生まれ育ち，その持てる力を最大限に発揮することができるよう，児童福祉の理念および児童育成の責任の原理にもとづき行われる必要があり，常に児童の最善の利益を考慮し，相談援助活動を展開していくことが求められている。また，相談援助活動の実施にあたっては，市町村，都道府県（児童相談所など），その他の関係機関が連携を図りつつ，それぞれの役割を適切に果たすことが必要であり，これら機関の緊密な連携なくして，十分な活動は期待し得ないことに十分留意する必要がある。

3）市町村が行う児童家庭相談援助の業務
　市町村が行う児童家庭相談援助の業務については，児童福祉法第10条によって次に掲げる業務を行わなければならないとされている。
　・児童及び妊産婦の福祉に関し，必要な実情の把握に努めること
　・児童及び妊産婦の福祉に関し，必要な情報の提供を行うこと

・児童及び妊産婦の福祉に関し，家庭その他からの相談に応じ，必要な調査及び指導を行うこと並びにこれらに付随する業務を行うこと

他方，都道府県が行う児童家庭相談援助の業務については，同法第11条によって次に掲げる業務を行わなければならないとされている。

・市町村の業務の実施に関し，市町村相互間の連絡調整，市町村に対する情報の提供，市町村職員の研修その他必要な援助を行うこと及びこれらに付随する業務を行うこと

・児童及び妊産婦の福祉に関し，主として次に掲げる業務を行うこと
　イ　各市町村の区域を超えた広域的な見地から，実情の把握に努めること
　ロ　児童に関する家庭その他からの相談のうち，専門的な知識及び技術を必要とするものに応ずること
　ハ　児童及びその家庭につき，必要な調査並びに医学的，心理学的，教育学的，社会学的及び精神保健上の判定を行うこと
　ニ　児童及びその保護者につき，ハの調査又は判定に基づいて必要な指導を行うこと
　ホ　児童の一時保護を行うこと
　ヘ　里親につき，その相談に応じ，必要な情報の提供，助言，研修その他の援助を行うこと

### 4）児童家庭相談援助の流れ

市町村における相談援助業務の流れとしては，基本的には，①相談・通告の受付，②受理会議（緊急受理会議），③調査，④ケース検討会議，⑤市町村による援助，児童相談所への送致等，⑥援助内容の評価，援助方針の見直しおよび相談援助の終結のための会議，という過程を経て展開されている。

### 5）児童家庭相談援助の職員体制

児童家庭相談に的確に対応できるよう，必要な職員を確保するとともに，児童家庭相談を担当する職員及び組織としての責任を明確にしておくことが望まれる。具体的には，児童家庭相談担当や要保護児童対策地域協議会の調整機関に児童福祉司たる資格を有する職員や保健師，助産師，看護師，保育士，教員，

児童指導員等の専門職を配置することが望まれている。
### 6）関係機関の連携
市町村の児童家庭相談援助活動の実施に当たっては，幅広い各種の関係機関の取り組みが必要であり，各種の関係機関の相互の連携がきわめて重要である。要保護児童等の適切な保護及び援助を図るため，各種の関係機関等により構成され，要保護児童等に関する情報の交換や援助内容の協議を行う要保護児童対策地域協議会の活用などを通じて，各種の関係機関の連携を深めていくことが求められる。連携を進めるにあたっては，各種の関係機関が，相談援助活動に関する深い理解を持ち，自らの立場や果たし得る役割を明確にし，そうした役割や考え方を相互に共有することが重要である。

## （4）要保護児童対策地域協議会による児童家庭相談援助
### 1）要保護児童対策地域協議会の設置
2004（平成16）年の「児童福祉法の一部を改正する法律」により，それまでの児童虐待防止ネットワークから要保護児童等に関する関係者間での情報の交換と支援の協議や家庭への支援などを行う機関として「要保護児童対策地域協議会」が法的に位置づけられるとともに，その運営の中核となる調整機関を置くことや要保護児童対策地域協議会の構成員には守秘義務が課せられることになった。地方公共団体の設置については，2007（平成19）年の児童虐待防止法と児童福祉法の改正より，設置の努力が義務化され，設置の促進が図られている。また，2008（平成20）年の児童福祉法の改正により，2009（平成21）年4月から，要保護児童対策地域協議会における協議の対象を，養育支援が特に必要である児童やその保護者，妊娠期からの子育て支援に拡大するとともに，その調整機関に児童福祉司たる資格を有する職員や保健師，助産師，看護師，保育士，教員，児童指導員等の専門職を配置する努力義務が課せられた。
### 2）要保護児童対策地域協議会の業務
要保護児童対策地域協議会の業務としては，要保護児童等に関する情報その他要保護児童の適切な保護または支援を図るために必要な情報の交換を行うと

ともに，要保護児童等に対する支援の内容に関する協議を行うことであり，個別の要保護児童等に関する情報交換や支援内容の協議を行うことを念頭に，調整機関や要保護児童対策地域協議会の構成員に対する守秘義務が設けられており，個別の事例について担当者レベルで適宜検討する会議（個別ケース検討会議：個別の要保護児童等について，直接かかわりを有している担当者や今後かかわりを有する可能性がある関係機関等の担当者により，当該要保護児童等に対する具体的な支援の内容等を検討するために適宜開催される）を積極的に開催することはもとより，構成員の代表者による会議（代表者会議：要保護児童対策地域協議会の構成員の代表者による会議であり，実際の担当者で構成される実務者会議が円滑に運営されるための環境整備を目的として，年に1～2回程度開催される）や実務担当者による会議（実務者会議：実際に活動する実務者から構成される会議であり，会議における協議事項としては，すべてのケースについて定期的な状況のフォロー，主担当機関の確認，援助方針の見直し等である）を開催することが期待されている。

### 3）要保護児童対策地域協議会の構成員

要保護児童対策地域協議会の構成員は，児童福祉法第25条の2第1項に規定する「関係機関，関係団体及び児童の福祉に関連する職務に従事する者その他の関係者」であり，具体的には，児童福祉関係（児童相談所，福祉事務所，保育所，児童家庭支援センター，児童館，主任児童委員，民生・児童委員，社会福祉協議会等），保健医療関係（市町村保健センター，保健所，医療機関，医師会，歯科医師会，看護協会等），教育関係（教育委員会，幼稚園，小学校，中学校，高等学校等），警察・司法関係（警察，弁護士会，弁護士等），人権擁護関係（法務局，人権擁護委員等），配偶者からの暴力関係（配偶者暴力相談支援センター等），その他（NPO，ボランティア，民間団体等）などであり，これらに限らず，地域の実情に応じて幅広い者を参加させることが可能である。

### 4）児童家庭相談援助の流れ

個別の相談，通報から支援に至るまでの具体的な流れについては，地域の実情に応じてさまざまな形態により運営されることとなるが，一つのモデルを示すと，相談，通報受理→緊急度判定会議（緊急受理会議）の開催→調査→個別

ケース検討会議の開催→関係機関等による支援→定期的な個別ケース検討会議の開催となっている。

## 第2節　児童家庭福祉の専門相談支援機関

　児童家庭福祉領域の相談支援機関としては，行政機関としての児童相談所，福祉事務所等以外に，専門相談支援機関として児童家庭支援センター，児童発達支援センター，発達障害者支援センター，配偶者暴力相談支援センター等が設置されている。

### (1) 児童家庭支援センターによる児童家庭相談援助
#### 1) 児童家庭支援センターの設置
　1997 (平成9) 年の児童福祉法の改正により新たに創設され，地域の児童家庭福祉に関する各種の問題につき，児童，ひとり親家庭，その他の家庭，地域の住民その他からの相談に応じ，児童相談所等の関係機関と連携しつつ，地域に密着したきめ細かな相談支援を行う児童福祉施設として定められており，相談指導に関する知見や夜間・緊急時の対応にあたっての施設機能を活用する観点から，乳児院，母子生活支援施設，児童養護施設，情緒障害児短期治療施設，児童自立支援施設に附置されている。

#### 2) 児童家庭支援センターの業務
　児童家庭支援センターの業務は，①地域の児童の福祉に関するさまざまな問題に関する相談，必要な助言，②継続的指導が必要な児童やその家庭に対する児童相談所長の委託にもとづく指導，③訪問等の方法による要保護児童及び家庭にかかわる状況把握，④児童相談所，福祉事務所，児童福祉施設，民生委員・児童委員，母子相談員，母子福祉団体，公共職業安定所，婦人相談員，保健所，市町村保健センター，学校など関係機関との連携・調整，⑤要保護児童及び家庭にかかわる援助計画の作成，⑥その他児童またはその保護者などに対する必要な援助となっており，職員としては，相談・支援職員，心理療法職員

等が配置されている。

 3）子ども家庭支援センターの設置（東京都）

 東京都では，地域住民が身近なところで，どのようなことも気楽に相談でき，適切な援助やサービスが利用できる体制の構築を目的に，1995（平成7）年10月から独自に「子ども家庭支援センター事業」を開始し，その設置促進（区市町村）を図っており，センター職員については，子どもおよび保護者に対して心理的側面も含めて支援を行い，かつ関係機関間を調整していく重要な役割を担うため，経験（福祉事務所におけるケースワーク業務，保健所・保健センターにおける保健師業務，児童相談機関における相談業務等），資格（社会福祉士，臨床心理士等心理学専攻者，保健師，児童の処遇もしくは児童の相談業務の経験が豊富な者等）等を有する職員の配置が望ましいとしている。

 子ども家庭支援センターは，児童福祉法で定める要保護児童対策地域協議会の調整機関となっており，福祉，保健，医療，教育等の関係機関と連携しながら，子育て支援や児童虐待の予防や早期発見，早期対応，見守りの実施等を行っている。また，子ども家庭総合ケースマネジメント事業，地域組織化事業，要支援家庭サポート事業，在宅サービス基盤整備事業等も行っている。

（2）児童発達支援センターによる児童家庭相談援助

 2012（平成24）年4月より，児童福祉法の改正による新たな障害児施設・事業体系が施行されることになり，児童福祉施設の一つとして「児童発達支援センター（福祉型・医療型）」が創設された。児童発達支援センターは，施設の有する専門機能を活かし，障害児通所支援のほかに身近な地域の障害児支援の拠点として，地域にいる障害児やその家族への相談支援，地域の障害児が通う施設に対する支援（保育所等訪問支援）を実施するなどの地域支援を実施している。また，関係機関等との連携を図りながら重層的な支援を提供するとともに，児童発達支援事業との支援ネットワークを形成するなど，地域支援体制の強化も図っている。

 なお，児童発達支援センターには，利用障害児に対して地域の関係機関等と

連携しながら適切な支援を提供するため，**児童発達支援管理責任者**が配置されている。

---
**用語解説**

**児童発達支援管理責任者**

　児童発達支援管理責任者は，障害児支援に関する専門的な知識・経験があって，個別支援計画の作成・評価などの知見や技術があることが必要と考えられていることから，障害者総合支援法のサービス管理責任者の要件と同じく，一定の実務経験と児童発達支援管理責任者研修及び相談支援従事者初任者研修（講義部分）の修了を要件としている。

---

### （3）配偶者暴力相談支援センターによる児童家庭相談援助

　近年，配偶者からの暴力が深刻な社会問題となってきたことから，2001（平成13）年4月に「配偶者からの暴力の防止及び被害者の保護に関する法律（DV防止法）」が成立した。同法において，婦人相談所は，DV防止法上の「配偶者暴力相談支援センター」としての機能を果たすこととされ，暴力被害女性の相談や援助を行うほか，必要な場合には一時保護を行うことになっている。

　婦人相談所においては，暴力被害女性に対する支援体制を推進するために，次のような施策を講じている。

- 暴力被害女性に関するさまざまな問題についての相談，婦人相談員や他の相談機関の紹介
- 暴力被害女性の心身の健康を回復させるための医学的，心理学的な指導など
- 暴力被害女性と同伴する家族の緊急時における安全の確保と一時保護
- 暴力被害女性が自立して生活できるように，就業の促進，住宅の確保，援護等に関する制度やその他の制度の利用などについての情報提供，助言，関係機関との連絡調整など
- 保護命令制度の利用についての情報提供，助言，関係機関への連絡調整など

・暴力被害女性を居住させて保護する施設の利用についての情報提供，助言，関係機関との連絡調整など

さらに，支援体制の充実強化を図るために，次のような施策を講じている。

・休日・夜間電話事業の実施
・関係機関とのネットワークの整備
・職員に対する専門研修
・心理療法担当職員の配置
・夜間警備の実施
・母子生活支援施設，民間シェルターなどへの一時保護委託
・一時保護所への同伴児童の対応を行う指導員の配置
・弁護士等による法的な調整や援助を得る事業
・就職や民間賃貸住宅の契約時における身元保証人を確保する事業の実施等

なお，2004（平成16）年12月および2008（平成20）年1月に，「配偶者からの暴力の防止及び被害者の保護に関する法律（DV防止法）」の一部が改正施行された（第1次改正DV防止法，第2次改正DV防止法）。後者の第2次改正DV防止法においては，市町村基本計画の策定，市町村の配偶者暴力相談支援センター設置努力義務，同センターの業務として暴力被害女性の緊急時における安全の確保，保護命令制度の拡充などが規定された。

### （4）障害児相談支援事業者による児童家庭相談援助

障害者自立支援法の施行にともない2006（平成18）年10月からは，障害者相談支援事業が市町村の必須事業となり，知的，精神，身体の3障害に対応した一般的な相談支援を実施するほか，都道府県の広域・専門的相談支援として障害児等療育支援事業が実施されるようになった。また，2012（平成24）年4月から，新たな障害児相談支援事業者が児童福祉法によって規定された。

障害児を対象とした施設・事業等の法的な福祉サービスは，障害者総合支援法による居宅サービス，児童福祉法による通所サービス（障害児通所支援：児童発達支援，医療型児童発達支援，放課後等デイサービス，保育所等訪問支援）と入所

サービス（障害児入所支援：福祉型障害児入所施設，医療型障害児入所施設）に大別することができる。

　障害者総合支援法による居宅サービスの利用の場合，居住地の市町村に支給申請を行い，サービス等利用計画（案）を経て，支給決定を受けた後，利用する施設と契約を結ぶことになっている。その際の相談支援（計画相談支援：サービス利用支援，継続サービス利用支援）は，障害者総合支援法にもとづき設置されている「指定特定相談支援事業者」が行っている。

　また，児童福祉法による通所サービスの利用の場合には，居住地の市町村に支給申請を行い，障害児支援利用計画（案）を経て，支給決定を受けた後，利用する施設と契約を結ぶことになっている。その際の相談支援（障害児相談支援：障害児支援利用援助，継続障害児支援利用援助）は，児童福祉法にもとづき設置されている「指定障害児相談支援事業者」が行っている。

　なお，障害児の相談支援においては，障害者総合支援法と児童福祉法の2つの法律にもとづく福祉サービスを総合的・一体的に提供できるという観点から，指定特定相談支援事業者は，障害児相談支援事業者の指定を受けることが望ましいとされている。

### （5）発達障害者支援センターによる児童家庭相談援助

　発達障害の明確な定義と理解の促進，地域における一貫した支援の確立等を目的とした「発達障害者支援法」が2004（平成16）年12月に成立し，翌年の2005（平成17）年4月から施行された。

　同法では，発達障害児・者やその家族の相談に応じ，また発達支援や就労支援を行うとともに，医療，保健，福祉，教育などの関係機関への情報提供や研修の実施等を行う「発達障害者支援センター」が支援拠点として位置づけられ，早期発見，早期支援の促進と，児童から成人期までの一貫性ある支援を行っている。

　発達障害者支援法における発達障害とは，「自閉症，アスペルガー症候群その他の広汎性発達障害，学習障害，注意欠陥多動性障害その他これに類する脳

機能の障害であってその症状が通常低年齢において発現するものとして政令で定めるものをいう」(同法第2条1項)とされている。また，発達障害児とは，発達障害者のうち18歳未満のものをいい，発達障害者とは，発達障害を有するために日常生活又は社会生活に制限を受ける者，と定めている。

　なお，2010(平成22)年12月に成立した「障がい者制度改革推進本部等における検討を踏まえて障害保健福祉施策を見直すまでの間において障害者等の地域生活を支援するための関係法律の整備に関する法律」により，発達障害も「障害者自立支援法」(2013〔平成25〕年4月より「障害者総合支援法」と名称が変更された)の対象であることが明記された。

　発達障害者支援センターの相談支援事業は，大きく3つに分けることができる。1つ目は，相談支援で，児童から成人に至る発達障害児・者とその家族等を対象に，日常生活に関するさまざまな相談，保健，医療，福祉，教育，就労等の各種の制度や関係機関等の紹介に関する情報提供を行っている。特に，発達障害に関する専門的な医療機関や発達支援を行う専門指導機関等の紹介を行っている。2つ目は，児童の発達支援や生活問題の軽減支援で，児童の状況を把握した上で，児童が通う保育所，幼稚園，学校，施設等の関係者と連携してその児童に適した保育・教育がなされるように調整を行い，また，必要に応じて児童やその家族と相談して，療育プログラムの作成等も行っている。3つ目は，就労支援で，就労希望者やすでに就労しているが諸問題を抱えている者に対して，就労上の問題や課題等を整理し，改善のための支援を就労関係機関と連携して行っている。同時に，発達障害者を雇用している事業所からの各種の相談にも応じている。

### (6) 母子福祉センターによる児童家庭相談援助

　「母子及び寡婦福祉法」に定められた母子福祉センターは，母子家庭等に対する福祉を目的として，無料や低額の料金で母子家庭等に対し，生活全般にわたるさまざまな相談に応じるとともに生活の指導や技能の習得支援，就労に関する相談，指導等を行うために設けられた施設であり，相談事業，各種講演

会・講習会事業，情報サービス事業等を実施することで，母子家庭等の生活の安定を支援するとともに，地域における母子家庭等の援助活動が活性化されるよう地域拠点施設としての役割を果たしている。

母子福祉センターの具体的な業務としては（川崎市母子福祉センターの場合），就労相談・プログラム策定事業，就業支援講習会，無料職業紹介所，生活支援講習会，エンゼルパートナー制度（一時的に育児・家事が困難な場合に家庭生活支援員を派遣する），法律相談，貸室等である。

なお，2003（平成15）年度から，都道府県・政令指定都市・中核市において，就業相談，就業支援講習会の実施，就職情報の提供など一貫した就業支援サービスを行う「母子家庭等就業・自立支援センター事業」が開始され，さらに，2008（平成20）年度には，都道府県等以外の地方公共団体においてもセンター事業と同様の事業ができるよう新たに一般市等就業・自立支援事業が創設された。

---

コラム

### 障害の発見・相談にかかわる主な機関

文部科学省と厚生労働省が作成した「障害のある子どものための地域における相談支援体制整備ガイドライン（試案）」（2008〔平成20〕年3月）の中の「障害の発見や相談・支援にかかわる主な機関とその役割」では，市町村保健センター，保健所，福祉事務所，児童相談所，児童福祉施設，発達障害者支援センター，特別支援学校（盲学校，聾学校，養護学校），特別支援教育センター，公共職業安定所（ハローワーク），地域障害者職業センターのそれぞれの機関の役割等が簡潔に紹介されている。

なお，ガイドライン策定の背景として，「障害のある子どもに生涯を見通した適切な支援を行うためには，早期にその障害を発見し，子どもやその保護者の相談に応じ，適切な支援を行うことがもっとも重要です。

このことは，子どもの支援者の一人としての保護者の不安や負担を軽減することになり，子どもの障害の状態の改善・克服や望ましい成長・発達，自立や社会参加を促すためにも必要なことです。

障害のある子どもやその保護者に対して適切な相談・支援が行われるようにするためには，地方自治体を中心に，乳幼児から学校卒業後のそれぞれの段階にわたって，医療，保健，福祉，教育，労働等の支援が適切に受けられるよう，関係部局・機関あるいはそれらの関係者が連携して，一貫した支援体制を整備する必要があります」等

を挙げている。

## 第3節　児童福祉施設の専門職による相談援助

### (1) 児童指導員による相談援助

　児童福祉施設に配置されている専門職は，所属する組織，職種にかかわらず，児童の健全な発達と自立への支援，家庭養育等へ支援する役割を担っており，それぞれの職種は，「児童福祉法」，「児童福祉施設の設備及び運営に関する基準」，「児童福祉法に基づく指定知的障害児施設等の人員，設備及び運営に関する基準」等で，その職務と資格要件が定められている。

　この内，児童指導員は，各種の児童福祉施設に配置されており，その主な業務は，児童の自主性を尊重し，基本的生活習慣を確立するとともに豊かな人間性や社会性を養い，児童の自立を支援するとともに，児童の家庭の状況に応じて，その家庭環境を調整することのみならず，自立支援計画の作成，施設内部の連絡調整，関係機関・施設との連絡調整，保護者支援などといった多様な業務を担っており，保育士等と連携を密に取りながら，こうした職務を遂行している。

　なお，資格要件については，**児童福祉施設の設備及び運営に関する基準**において，「地方厚生局等の指定する児童福祉施設の職員を養成する学校その他の養成施設を卒業した者，社会福祉士の資格を有する者等」と定められている。

---
**用語解説**

**児童福祉施設の設備及び運営に関する基準**

　児童福祉法第45条の規定にもとづき制定されていた児童福祉施設最低基準が2011（平成23）年に，「児童福祉施設の設備及び運営に関する基準」に改められ，児童福祉施設の体系化が見直され，障害児入所施設，児童発達支援センター等の新たな名称も生まれた。また，専門職種についても，児童発達支援管理責任者等の新たな役割が定められた。

## （2）母子支援員による相談援助

　母子生活支援施設に配置されている母子支援員は，個々の母子の家庭生活および稼働の状況に応じ，就労，家庭生活および児童の養育に関する相談，助言，指導ならびに関係機関との連携調整等を行うことをその業務としており，資格要件については，「児童福祉施設の設備及び運営に関する基準」において，「地方厚生局等の指定する児童福祉施設の職員を養成する学校その他の養成施設を卒業した者，保育士の資格を有する者等」と定められている。

## （3）家庭支援専門相談員による相談援助

　入所した子どもの保護者への支援を行い，早期の家庭復帰と里親への支援を行う体制を強化する目的で，1999年（平成11）年度から，乳児院に，家庭支援専門相談員（ファミリーソーシャルワーカー）が配置されるようになった。その後，「乳児院等における早期家庭復帰等の支援体制の強化について」（厚生労働省雇用均等・児童家庭局長通知，2004〔平成16〕年）により，児童養護施設，情緒障害児短期治療施設，児童自立支援施設にも常勤職員として配置が定められた。

　家庭支援専門相談員の主たる業務は，入所した子どもの保護者に対して，早期の家庭復帰を目指すための相談・養育指導，施設職員への助言・指導および支援会議への出席，里親の開拓と相談・養育指導，養育里親における養子縁組のための業務，地域の子育て支援，児童相談所など関係機関との連絡・調整などである。

　家庭支援専門相談員の資格要件は，「児童福祉施設の設備及び運営に関する基準」において，「社会福祉士もしくは精神保健福祉士の資格を有する者，当該施設において養育または指導の業務に5年以上従事した者等」と定められている。

## （4）心理療法担当職員および心理療法指導担当職員による相談援助

　乳児院，母子生活支援施設，児童養護施設，児童自立支援施設等に配置されている心理療法（指導）等を行う専門職員であり，「児童福祉施設の設備及び

運営に関する基準」において,「学校教育法の規定による大学の学部で,心理学を専修する学科もしくはこれに相当する課程を修めて卒業した者であって,個人及び集団心理療法の技術を有するものまたはこれと同等以上の能力を有すると認められる者とする」と定められている。

(5) 児童自立支援専門員による相談援助

　不良行為をなし,またはなすおそれのある児童や家庭環境その他の環境上の理由により生活指導等を必要とする児童を入所または通所させて,個々の児童の状況に応じて必要な指導を行い,その自立を支援し,あわせて退所した者について相談その他の援助を行うことを目的とする児童自立支援施設において児童の自立支援等を行う中核的専門職員であり,児童自立支援専門員の資格要件については,「児童福祉施設の設備及び運営に関する基準」において,「医師であって精神保健に関して学識経験を有する者,社会福祉士の資格を有する者等」と定められている。

(6) 児童生活支援員による相談援助

　児童自立支援施設において,児童自立支援専門員と同様に中核的役割を果たし,主に児童の生活支援を行う者が,児童生活支援員であり,資格要件については,「児童福祉施設の設備及び運営に関する基準」において,「保育士の資格を有する者,社会福祉士の資格を有する者等」と定められている。

(7) 児童の遊びを指導する者による相談援助

　児童厚生施設は,児童福祉施設の一種であって児童館,児童遊園など児童に健全な遊びの場を与え,その健康を増進し,情操を豊かにすることを目的とする施設で,児童の遊びを指導する者が置かれ,その施設の所在する地域社会との連携を密にし,母親クラブ,子ども会などの児童福祉のための地域組織活動の拠点としての機能を持っている。

　児童の遊びを指導する者は,「児童福祉施設の設備及び運営に関する基準」

において,「地方厚生局等の指定する児童福祉施設の職員を養成する学校その他の養成施設を卒業した者,保育士の資格を有する者,**社会福祉士の資格を有する者等**」と定められている。

---
**用語解説**

**社会福祉士**

　福祉人材の確保と資質向上を目的とした社会福祉専門職の国家資格として1987(昭和62)年に「社会福祉士及び介護福祉士法」が制定され,その後,社会経済状況の激変により専門職としての社会福祉士に対する国民や社会の期待が高まり,その対応のために,2007(平成19)年12月に法改正が行われた。社会福祉士とは,「社会福祉士の名称を用いて,専門的知識及び技術をもって,身体上若しくは精神上の障害があること又は環境上の理由により日常生活を営むのに支障がある者の福祉に関する相談に応じ,助言,指導,福祉サービスを提供する者又は医師その他の保健医療サービスを提供する者その他の関係者との連絡及び調整その他の援助を行うことを業とする者をいう」(社会福祉士及び介護福祉士法第2条)と規定されている。

---

## 第4節　その他の児童福祉領域の専門職による相談援助

　児童家庭福祉行政の実施機関や児童福祉施設に配置されている児童福祉専門職以外にも,以下のような児童家庭福祉に関する専門職や専門職に準ずる職種があり,それぞれ一人ひとりの児童の最善の利益を守ってさまざまな面で相談援助活動を行っている。

### (1) 児童委員,主任児童委員による相談援助

　児童委員は,児童福祉法にもとづき地域社会の児童福祉を増進することを目的として市町村の区域に置かれている民間の奉仕者であり,民生委員を兼ねており,厚生労働大臣の委嘱により任命される。

　その職務は,市町村区域内の児童や妊産婦について,①その生活を取り巻く環境の状況を適切に把握すること,②その保護,保健その他の福祉に関し,サービスを適切に利用するために必要な情報の提供その他の援助および指導を

行うこと，③児童および妊産婦にかかわる社会福祉を目的とする事業を経営する者，または児童の健やかな育成に関する活動を行う者と密接に連携し，その事業または活動を支援すること，④児童福祉司または福祉事務所の社会福祉主事の行う職務に協力すること，⑤児童の健やかな育成に関する気運の醸成に努めること，⑥必要に応じて，児童および妊産婦の福祉の増進を図るための活動を行うことなど，である。

なお，複雑多様化する児童家庭福祉問題により適切に対応するため，1994（平成6）年1月から，児童委員に関する事項を専門的に担当する主任児童委員が設置され，2001（平成13）年12月の児童福祉法の一部改正において，法律上の機関としての位置づけの明確化が図られた。

主任児童委員は，児童の福祉に関する相談支援機関と地域担当の児童委員との連絡調整を行うとともに，区域担当の児童委員の活動に対する支援・協力を行うことを職務としている。児童委員，主任児童委員の任期は3年で，2011（平成23）年度末現在，民生委員（児童委員）の数は229,510人で，主任児童委員の数は21,225人である。

## （2）地域子育て支援を含む児童家庭福祉領域の民間団体等の支援者による相談援助

高齢者福祉を含めた社会福祉領域においては，福祉サービスを提供するNPO法人等の民間団体や地域住民による主体的な活動が増加しており，それらの実践活動を推進している支援者等には，資格の有無を要件としていない場合が多く，そのことは，地域子育て支援領域においても同様で，民間団体や地域住民による支援活動が徐々に増加しており，実践活動をしている支援者等は有資格者である必要はあまり問われていない場合が多い。

具体的な例を挙げてみると，これまで，保育所等において育児不安について専門的な相談ができる地域子育て支援センター事業や子育て親子が気軽に集い，交流ができるつどいの広場事業により，子育て支援の拠点づくりが推進されてきたが，2007（平成19）年度からは，地域子育て支援センター事業やつどいの

広場事業とともに児童館の活用も図り，新たに地域子育て支援拠点事業（ひろば型，センター型，児童館型）として再編されることになった。その事業の実施主体は，市町村であり，社会福祉法人，NPO法人，民間事業者などへの委託が可能であり，センター型の従事者に対する要件としては，保育士などが挙げられているが，ひろば型や児童館型においては，「子育て親子の支援に関して意欲があり，子育ての知識と経験を有する専任の者等」と定められており，「適切に事業が実施できると認められるのであれば，資格の有無は要件としていない」とも定められている。

今後，地域子育て支援を含む児童家庭福祉領域では，専門職種がNPO法人等の地域住民による主体的活動の実践者との積極的な連携や協力を図り，それらの活動を支援することなどが重要な役割として求められる。なお，2013（平成25）年度より，地域子育て支援拠点事業の充実強化が図られるようになった（一般型，連携型，地域機能強化型）。

### （3）社会福祉協議会の専門職による相談援助

社会福祉協議会は，社会福祉法第108条にもとづき，地域福祉の推進を図ることを目的に組織されている非営利の民間団体で，全国，都道府県，市区町村に一つずつ設立されている。

社会福祉法では，市区町村社会福祉協議会は，①社会福祉を目的とする事業の企画及び実施，②社会福祉に関する活動への住民の参加のための援助，③社会福祉を目的とする事業に関する調査，普及，宣伝，連絡，調整及び助成を行うことにより，地域福祉の推進を図ることなどを主な役割として挙げている。

児童家庭福祉領域としては，障害児支援，学齢障害児余暇支援事業，地域子育て支援事業，不登校・引きこもり支援事業，権利擁護相談支援事業等を行っている社会福祉協議会もある。

社会福祉協議会は，地域住民だけでなく地域の自治会，町内会，子ども会などさまざまな地域の団体等とかかわっており，地域特性を活かした児童家庭福祉領域の多様な活動を進める役割が期待されている。

## 第5節　保健所・市町村保健センターによる相談援助

### (1) 保健所および市町村保健センターの設置

　保健所は，地域保健法に規定されている公衆衛生の第一線機関で，地域住民の健康の保持・増進，疾病の予防や地域の生活環境，公衆衛生の向上と増進等において重要な役割を担っており，職員としては，医師，歯科医師，薬剤師，診療放射線技師，臨床検査技師，保健師，助産師，管理栄養士などが配置されている。また，1994（平成6）年の地域保健法制定において法定化され，市区町村の保健活動の拠点としての役割を担うことになった市区町村保健センターでは，地域住民に対する健康相談や保健指導，健康診査などの保健サービスを総合的に提供しており，中でも乳幼児に関する保健サービスとしては，乳幼児健康診査，訪問指導，予防接種，健康相談，食育相談，子育て支援，乳児家庭全戸訪問事業等を行っている。保健所や市町村保健センターで保健指導を専門的に行うのが保健師であり，2001（平成13）年に「保健師助産師看護師法」と改題され，看護婦・看護士が看護師に，保健婦・保健士が保健師に統一された。

　なお，市の設置する保健センターにおいては，福祉事務所と一体化して，福祉保健センター，福祉健康センター等の名称で設置しているところが増えている。市町村保健センターは，2008（平成20）年10月現在，全国に2,726か所が設置されている。

### (2) 保健所の業務

　地域保健法において，保健所は地域における公衆衛生の向上と増進を図るために設置されたものであり，次に掲げる事項についての指導等を行うこととされる。

　・地域保健に関する思想の普及と向上に関する事項
　・人口動態統計その他地域保健に係る統計に関する事項
　・栄養の改善と食品衛生に関する事項

- 住宅，水道，下水道，廃棄物の処理，清掃その他の環境の衛生に関する事項
- 医事と薬事に関する事項
- 保健師に関する事項
- 公共医療事業の向上と増進に関する事項
- 母性，乳幼児，老人の保健に関する事項
- 歯科保健に関する事項
- 精神保健に関する事項
- 治療方法が確立していない疾病その他の特殊の疾病により長期に療養を必要とする者の保健に関する事項
- エイズ，結核，性病，伝染病その他の疾病の予防に関する事項
- 衛生上の試験と検査に関する事項
- その他地域住民の健康の保持と増進に関する事項　等

### (3) 保健所および市町村保健センターの児童家庭福祉に関する主な業務

　児童家庭福祉に関する保健所および市町村保健センターの児童家庭福祉に関する主な業務とは，以下のような内容である。

　　a．保健所の児童家庭福祉に関する主な業務
- 未熟児の訪問指導
- 養育医療
- 児童や妊産婦の保健について正しい知識の普及を図る
- 身体に障害のある児童の療育について指導を行う
- 疾病により長期にわたる療育が必要な児童の療育について指導を行う
- 児童福祉施設に対し，栄養の改善その他衛生に関し必要な助言・指導を行う
- 市町村に対する支援
- 児童の健康相談，健康診査，保健指導，等

　　b．市町村保健センターの児童家庭福祉に関する主な業務

・妊産婦，乳幼児に対する保健指導
・妊産婦，乳幼児に対する訪問指導
・乳児健康診査，1歳6か月児健康診査，3歳児健康診査などの乳幼児健康診査
・未熟児の訪問指導
・児童虐待の予防，早期発見，早期対応　等

## 第6節　教育相談専門機関による相談援助

　都道府県，政令指定都市，市区町村には，教育相談所，教育相談センター，教育研究所，教育相談室等の名称で，教育相談専門機関が設置されており，不登校，いじめ，体罰，心理的問題，非行，性格・問題行動など，さまざまな教育問題について相談に応じている。

　近年の学校は，不登校，いじめ，ひきこもりなど深刻で複雑な問題を抱え，学校関係者だけでは，対応しきれない状況がある中で，不登校児童の比率は，増加傾向を示している。

　不登校児童等の増加に対しては，スクールカウンセラー活用事業，スクーリング・サポート・ネットワーク事業，ひきこもり・不登校児童福祉対策事業などの実施を通して，教育分野と福祉分野等が連携し，相談援助活動の強化が進められている。

　これまで，学校現場では教育相談の中で教員による学校カウンセリングが行われていたが，文部科学省のスクールカウンセラー事業（「スクールカウンセラー活用調査研究委託事業」，1995〔平成7〕年度から）が開始されてからスクールカウンセラーという言葉が広くいきわたり，教育現場にスクールカウンセラーが配置されることになった。スクールカウンセラーの配置の目的は，「学校を取り巻く諸環境の変化などを背景とするいじめや登校拒否など，児童生徒の問題等の実態がますます複雑化・深刻化しつつある中で，学校におけるカウンセリング等の機能の充実を図るため，高度に専門的な知識・経験を有するスクー

ルカウンセラーの活用,効果等に関する実践的な調査研究を行う学校数を大幅に拡充する」ことである。具体的な職務内容としては,「①児童生徒へのカウンセリング,②カウンセリング等に関する教職員及び保護者に対する助言・援助,③児童生徒のカウンセリング等に関する情報収集・提供,④その他の児童生徒のカウンセリング等に関し,各学校で適当と思われるもの」などである。

---
コラム

### スクールソーシャルワーカー

　不登校やひきこもりの早期対応や学校,家庭,地域に働きかけながら問題解決を支援するスクールソーシャルワーカーが導入され始めている。

　埼玉県所沢市では,1981(昭和56)年からスクールソーシャルワーカーの取り組みが始められ,以降,埼玉県,神奈川県,兵庫県,香川県,茨城県,千葉県,大阪府,愛知県などにおいてもスクールソーシャルワーカーが導入されることになったが,2008(平成20)年度に文部科学省が「スクールソーシャルワーカー活用事業」を実施することを通して,教育機関等にスクールソーシャルワーカーが導入されることが本格化した。

　スクールソーシャルワーカーは,社会福祉士や精神保健福祉士などの資格のほか,教育と福祉の両面に関して,専門的な知識・技術を有するとともに,過去に教育や福祉の分野において活動経験の実績等がある者の内から選考され,その主な職務内容は,①問題を抱える児童生徒が置かれた環境への働きかけ,②関係機関等とのネットワークの構築,連携・調整,③学校内におけるチーム体制の構築,支援,④保護者,教職員等に対する支援・相談・情報提供,⑤教職員への研修活動などである。

---

## 第7節　人権に関する相談援助

### (1) 人権擁護委員による相談援助

　人権擁護委員は,市町村(特別区を含む)の区域で人権擁護活動を行う。人権擁護委員法にもとづいて法務大臣から委嘱された民間人であり,同法第2条によると,「人権擁護委員は,国民の基本的人権が侵犯されることのないように監視し,若し,これが侵犯された場合には,その救済のため,すみやかに適切な処置を採るとともに,常に自由人権思想の普及高揚に努めることをもつて

その使命とする」と規定されており，また，その職務については，同法第11条で，「①自由人権思想に関する啓もう及び宣伝をなすこと，②民間における人権擁護運動の助長に努めること，③人権侵犯事件につき，その救済のため，調査及び情報の収集をなし，法務大臣への報告，関係機関への勧告等適切な処置を講ずること，④貧困者に対し訴訟援助その他その人権擁護のため適切な救済方法を講ずること，⑤その他人権の擁護に努めること」と定められている。

なお，1994（平成6）年度から子どもの人権問題を主体的，重点的に取り扱うために，新たに「子ども人権専門委員」が設置されることになった。その職務内容は，①子どもの人権侵犯事件の調査処置および人権相談を受けること，②子どもの人権擁護に関する啓発活動（講演会，映画会等）の企画・立案をすること，③子どもの人権擁護をより効果的・効率的に推進するため，PTA・子ども会・婦人会等地域住民および学校等教育機関・家庭裁判所・児童相談所・福祉事務所・警察等子どもの人権に関係のある機関との連携を深めること，④子どもの人権またはこれにかかわる環境整備について意見を述べること，⑤以上の活動を通じ，さらには子どもに対するアンケートを実施し，子ども自身から情報を収集する等，子どもの人権問題に関する情報の収集に努めることなどである。

（2）保護司による相談援助

保護司とは，保護司法にもとづいて法務大臣より委託され，法務大臣が定めている保護区に所属して保護観察官と協力して，保護観察や犯罪予防活動等に従事している。保護司法の第1条には，「保護司は，社会奉仕の精神をもって，犯罪をした者及び非行のある少年の改善更生を助けるとともに，犯罪の予防のため世論の啓発に努め，もって地域社会の浄化をはかり，個人及び公共の福祉に寄与することを，その使命とする」と定められている。

保護司は，次の4つの条件を備えている人の中から，法務大臣によって委嘱されており，その任期は2年間だが，再任は妨げないことになっている。①人格および行動について，社会的信望を有すること，②職務の遂行に必要な熱意

および時間的余裕を有すること、③生活が安定していること、④健康で活動力を有すること。

保護司の役割については、保護司法第8条の2で、地方更生保護委員会（仮出獄の許可・取消・仮退院および退院の許可などに関する事務を行っている法務省の地方支分局）または保護観察所（保護観察を実施している法務省の機関）の長から指定を受けて事務に従事する。そのほか、保護観察所の所長の承認を得た保護司会の計画の定めるところにしたがって、犯罪をした者の改善および非行のある少年の改善更生を助けまたは犯罪の予防を図るための啓発および宣伝の活動、犯罪をした者の改善および非行のある少年の改善更生を助けまたは犯罪の予防を図るための民間団体の活動への協力などの事務に従事することが、定められている。

### (3) 家庭裁判所調査官による相談援助

最高裁判所、高等裁判所、地方裁判所とならぶ裁判所の1つに家庭裁判所があり、家庭裁判所が取り扱う事件は、家事審判法にもとづく家事事件（夫婦関係問題、子どもの親権問題、遺産相続問題、後見制度問題等）と少年法にもとづく少年保護事件（未成年者が起こした犯罪やぐ犯事件等）と人事訴訟事件である。

家庭裁判所調査官は、裁判所法にもとづいて各家庭裁判所および高等裁判所に配置され、家庭裁判所における家事事件の審判および家事調停に必要な調査、少年保護事件の審判に必要な調査、面接などを行っている。

近年、家事審判や少年保護事件はますます複雑化、困難化を呈する傾向にあり、家庭裁判所調査官に期待される役割も高まってきている。

家庭裁判所の少年保護事件については、少年法第8条によると、「通告又は報告により、審判に付すべき少年があると思料するときは、事件について調査しなければならない」とされており、その調査は、家庭裁判所調査官が中心になって行われるが、必要に応じて警察官、保護観察官、保護司、児童福祉司、児童委員などに援助させることができるようになっている。

家庭裁判所調査官になるためには、最高裁判所が実施している家庭裁判所調

査官補採用Ⅰ種試験に合格し，家庭裁判所調査官補に採用された後，約2年間の家庭裁判所調査官研修所で養成研修を受け，その後，家庭裁判所調査官に任命され，全国の家庭裁判所に配属されることになっている。

---
**コラム**

### 子どもの権利ノート

　多くの自治体では，『子どもの権利ノート』を作成し，児童福祉施設（児童養護施設等）に入所する際に，児童に配布している。たとえば，東京都の『子どもの権利ノート』の中には，子どもは，一人ひとり大切にされます。施設のこと，家族のこと，わからないことは，どんなことでも聞くことができます。ないしょにしたいことは，まもられます。ぶたれたり，いじめられたり，いやだと思うことはされません。けんこうで元気よくくらすことは，大切にされます。などの項目を立てて，わかりやすい表現で説明している。

　また，神奈川県川崎市においては，「川崎市子どもの権利ノート事務取扱要綱」が定められており，その中では，児童相談所職員は，児童養護施設等で，定期的に権利ノートの内容を子ども本人に説明し，活用について周知しなければならないとされている。

---

〈演習課題〉

1. 児童相談所に配置されている児童福祉司の具体的な職務について調べてみよう。
2. 新たな児童福祉施設の一つとして児童発達支援センターが創設されたが，具体的にどのような内容の地域支援を実施しているのか調べてみよう。
3. 障害児の相談支援体系の中で，指定障害児相談支援事業者が，それぞれの地域の中で，どのような役割を担っているのか調べてみよう。
4. 保健所や市町村保健センターが行う児童家庭福祉領域の新たな相談援助活動について調べてみよう。
5. それぞれの地域の中で，児童家庭福祉領域の専門相談支援機関がどのように連携協力を行っているのか調べてみよう。

第 5 章　相談援助と相談機関

〈引用・参考文献〉
伊藤嘉余子『相談援助』青踏社, 2013年。
大嶋恭二・金子恵美編著『相談援助』建帛社, 2011年。
川崎二三彦『児童虐待——現場からの提言』岩波新書, 2006年。
厚生労働統計協会編『国民衛生の福祉の動向2013/2014』第60巻第9号, 2013年。
厚生労働統計協会編『国民の福祉と介護の動向2013/2014』第60巻第10号, 2013年。
現代の社会福祉士養成シリーズ〔新カリキュラム対応〕 鈴木真理子・大溝茂編著『改訂　児童や家庭に対する支援と児童・家庭福祉制度』久美, 2010年。
小林育子・小舘静枝・日高洋子『保育者のための相談援助』萌文書林, 2011年。
小林正幸・嶋﨑政男編『三訂版　もう一人で悩まないで！　教師・親のための子ども相談機関利用ガイド』ぎょうせい, 2012年。
坂本洋一『図説　よくわかる障害者総合支援法』中央法規出版, 2013年。
社会福祉士養成講座編集委員会編『新・社会福祉士養成講座15　児童や家庭に対する支援と児童・家庭福祉制度（第2版）』中央法規出版, 2011年。
社会福祉学習双書2012『社会福祉学習双書』編集委員会編『児童家庭福祉論』第5巻, 全国社会福祉協議会, 2012年。
日本弁護士連合会子どもの権利委員会編『子どもの虐待防止・法的実務マニュアル（第5版）』明石書店, 2012年。
橋本真紀・山縣文治編『やわらかアカデミズム・〈わかる〉シリーズ　よくわかる家庭支援論』ミネルヴァ書房, 2011年。
馬場茂樹監修／和田光一・横倉聡・田中利則編著『保育の今を問う児童家庭福祉』ミネルヴァ書房, 2013年。
福祉臨床シリーズ編集委員会編／植木信一責任編集『社会福祉士シリーズ15　児童や家庭に対する支援と児童・家庭福祉制度』引文堂, 2009年。
山縣文治編『やわらかアカデミズム・〈わかる〉シリーズ　よくわかる子ども家庭福祉（第8版）』ミネルヴァ書房, 2012年。

〈推薦図書〉
川崎二三彦『児童虐待——現場からの提言』岩波新書, 2006年。
　　——児童相談所に勤務し数々の相談に対応してきた著者が, 自らの体験をもとにしながら, 児童虐待の実態や解決の手がかりなどを述べている。
小林育子・小舘静枝・日高洋子『保育者のための相談援助』萌文書林, 2011年。
　　——簡潔でしかも平易な事例が随所に挿入されており, 相談援助の理論と実践がわかりやすく解説されている。
小林正幸・嶋﨑政男編『三訂版　もう一人で悩まないで！　教師・親のための子ども相談機関利用ガイド』ぎょうせい, 2012年。
　　——子どもの心理的な問題（こころの問題, からだの問題, 学校不適応問題, 非行問題, 障害問題, 学校・家庭の問題等）で困っている教師や保護者に向けて, どの相談機関を利用したらよいかを案内したガイドブックであり, わかりやすく解説されている。
厚生労働統計協会編『国民の福祉と介護の動向2013/2014』第60巻第10号, 2013年。

──わが国における広範な社会福祉および介護の現状と動向について，精度の高い最新の統計データと多様な関係資料にもとづき解説されている。社会福祉領域の各種の相談援助機関についても，最新の資料にもとづいて解説されている。

坂本洋一『図説　よくわかる障害者総合支援法』中央法規出版，2013年。
　　──障害児の相談支援体系は，障害者総合支援法および児童福祉法にまたがっており，複雑化を呈しているが，本書においては，平易にしかも簡潔に障害児の相談支援体系にもふれている。

（横倉　聡）

# 第6章
# 相談援助と専門職

　相談援助機関にはさまざまな専門職種が配置されている。

　本章では，児童福祉にかかわるさまざまな機関や施設で活躍する相談援助の専門職について学ぶ。また，子どもを取り巻く諸問題の解決や支援に携わる地域の人びとにも目を向けてみよう。

## 第1節　専門職の成立と資格

　日本の近代的な児童福祉は，第2次世界大戦後の戦災孤児の救済と生活保護を中心に始まったとされる。当時は専門職と呼ばれる職種はほとんど存在しなかったが，高度経済成長とともに日本の社会福祉は急速に発展し，1970（昭和45）年の「社会福祉施設緊急整備5か年計画」による社会福祉施設の増加にともなって，そこで働く職員の養成が急務となった。こうした状況を受けて，社会福祉に携わる職員の養成が推進され，大学や短大，専門学校などで専門職の養成が盛んに行われるようになった。

　現在，児童福祉に従事する専門職は，国や地方公共団体の行政機関，児童福祉施設，民間団体などで幅広く活躍しており，その業務も，行政担当職，相談・指導担当職，専門技術職から管理職まで多岐にわたる。

　これらの専門職には，国家試験やそれに準ずる検定試験に合格したり，所定の養成施設を修了して得る資格によるものから，役所などで職務に任用されて初めて効力を発揮するもの，行政から委嘱されるもの，あるいは民間組織の認定によるものなどさまざまである。

　社会福祉の専門職を志すためには，まず，これら資格の違いを知っておく必

要がある。

---
用語解説

**社会福祉施設緊急整備5か年計画**

　1970（昭和45）年に厚生省（現在の厚生労働省）が，社会福祉施設の不足を解消することを目的として策定した総合的施設整備計画。
　昭和30年代末以降の日本の急速な経済成長は，産業構造の変化，人口の都市集中と地域間格差，家族形態の変化などをもたらした。少子高齢化と核家族化の進行により，子どもや高齢者を取り巻く環境が変化し，福祉のニーズが急速に拡大していった。
　こうした状況を受け，厚生省は，特別養護老人ホームや障害者施設，保育所の整備を推進し，社会福祉施設の量的整備を進めるとともに施設種類の細分化により専門性の向上を図った。これにより，戦後から2000（平成12）年の社会福祉法成立までの日本の近代的社会福祉制度は施設収容を中心とするものとなった。

---

## （1）国家資格

　国の法律にもとづいて各種の分野における個人の能力や知識が判定され，行政の権限によって特定の職業に従事することが証明される資格である。国家試験に合格したり，所定の養成施設を修了した者に与えられる。
　国家資格は，「業務独占資格」と「名称独占資格」とに大きく分けられる。

### 1）業務独占資格

　特定の業務について，特定の資格を持つ者だけが従事することができる，言いかえれば，資格がなければその業務を行うことが禁止されているのが業務独占資格である。たとえば，医師や看護師の免許を持たない者が医業を行うことは禁じられている。
　医師，看護師，助産師，薬剤師，弁護士などがこれにあたる。

### 2）名称独占資格

　資格を持たない者が，その資格を持つものが名乗る呼称を利用することが法令で禁止されている資格である。たとえば，保育士の資格を持たない者が，保育所で子どもの保育に携わっているという理由で保育士を名乗ることはできない。業務独占資格は名称独占資格でもあることが多いが，単に名称独占資格と

いった場合には業務独占性のないものを指す。

児童福祉に関連の深い主な名称独占資格に、保育士、社会福祉士、介護福祉士、精神保健福祉士、保健師、調理師、栄養士、管理栄養士などがある。

## （2）任用資格

特定の資格を取得すれば名乗ることができるのではなく、該当する任用資格を取得した後、行政機関などに就職し、その職務に任用・任命されてはじめて効力を発揮する職種である。たとえば、大学や短大、専門学校などで社会福祉主事の資格に必要とされる科目を履修して卒業しても、民間の施設や一般企業に就職した場合は「社会福祉主事」を名乗ることはできない。地方公務員試験に合格し、関連部署に配属されて初めて社会福祉主事として働くことができる。こうした職種の資格を任用資格という。

児童福祉に関連の深い主な任用資格は、児童福祉司、社会福祉主事、児童指導員、児童厚生員、家庭相談員、児童自立支援専門員、児童生活支援員、母子指導員、母子自立支援員、生活支援相談員などである。

## （3）民間資格

法的根拠によらず、民間の企業や業界団体、任意団体、スクールなどが、独自の審査基準を設けて任意で与える資格である。

児童福祉に関連の深い主な民間資格に、臨床心理士、臨床発達心理士、学童心理福祉士、ベビーシッターなどがある。

## （4）子どもの福祉に携わるその他の人びと

その他、特定の資格を持たないが、行政からの委嘱によるボランティアや民間のボランティアとして、地域の児童福祉に貢献する人びとがいる。

民生委員、児童委員、主任児童委員、里親、人権擁護委員などは、行政からの委嘱を受けた民間の篤志家（志に篤く、公共の福祉などに熱心に協力する人びと）によるボランティアである。また、近年では、児童福祉に関するさまざまな

NPO法人（特定非営利活動法人）が地域福祉の増進に貢献している。

　全国的な規模での地域福祉推進を担う民間組織である全国社会福祉協議会の内部には，全国児童養護施設協議会，全国保育協議会，全国母子生活支援施設協議会，全国乳児福祉協議会，全国民生委員児童委員協議会などが設けられており，市区町村の社会福祉協議会では，子育てボランティアの育成などに取り組んでいる。

## 第2節　子どもの福祉に関する相談援助の専門職

　相談援助の主な担い手と，相談援助業務の拠点となる主な職場を大きくまとめたものが表6-1である。

　表6-1では，子どもの福祉に関する相談援助の専門職を把握するために，福祉の領域におけるごく代表的な職種と職場のみを挙げているが，実際には同じ職種が，さまざまな機関や施設において多くの役割や機能を担いつつ働いている。また，福祉の専門家だけでなく，医療や教育領域の専門職種とも連携しながら相談援助業務にあたっている。

　このことの理解のために，相談援助機関ごとに，そこで働く主な専門職種と職務内容をまとめたものが174～175頁の表6-2である。

　以下，表6-1にしたがって，相談援助の各専門職について述べていくが，表6-2も適宜参照の上，相談援助の現場では，福祉・医療・教育の各領域にわたる多くの専門職が相互に連携しつつ働いていることを理解いただきたい。

### （1）行政機関の専門職

　児童福祉に関する相談業務を担う主な行政機関には，児童相談所，福祉事務所，地方自治体の福祉課などがある。これらの行政機関で働く専門職にはどのようなものがあるだろうか。

表6-1 相談援助専門職と主な職場

| 機関・施設の領域 | 相談援助専門職の主な職種 | 相談援助専門職の主な職場 |
|---|---|---|
| 行政機関 | 児童福祉司，児童心理司，社会福祉主事，家庭児童福祉主事，家庭相談員など | 児童相談所，福祉事務所（家庭児童相談室），地方自治体の福祉課など |
| 児童福祉施設／母子福祉施設 | 保育士，児童生活支援員，児童自立支援専門員，ベビーシッター，児童指導員，児童の遊びを指導する者（児童厚生員），職業指導員，児童自立支援専門員，心理判定員，心理療法担当職員，母子指導員，少年指導員，母子自立支援員，婦人相談員など | 保育所，児童館，児童家庭支援センター，社会福祉協議会，乳児院，児童養護施設，児童自立支援施設，障害児入所支援（福祉型施設・医療型施設），障害児通所支援（児童発達支援・医療型児童発達支援・放課後等デイサービス，保育所等訪問支援），母子生活支援施設，母子福祉センター，母子休養ホームなど |
| 教育機関 | スクールソーシャルワーカー，スクールカウンセラーなど | 児童相談所，教育委員会，小学校，中学校，高等学校，特別支援学校など |
| 健全育成・更生施設 | 家庭裁判所調査官，法務教官，保護観察官，保護司など | 児童相談所，家庭裁判所，保護観察所，少年鑑別所，少年院など |

出所：筆者作成。

## 1) 児童福祉司
### ①仕事の内容

児童福祉司は，児童相談所で中核的な位置を占める専門職である。子どもの福祉全般に関する相談や指導を担い，相談に来た保護者や子どもへの面接，家庭訪問，必要な調査，関係機関との連絡調整，相談援助などを行っている。

職務の内容は，児童福祉法により次のように定められている。「児童福祉司は，児童相談所長の命を受けて，児童の保護その他児童の福祉に関する事項について，相談に応じ，専門的技術に基づいて必要な指導を行う等児童の福祉増進に努める」（児童福祉法第13条第3項）。

児童福祉司は，受理した相談について，さまざまな専門職と連携して調査や判定を行い，援助方針を決定する。援助の内容は，自らによる相談援助のほか，児童福祉施設や里親などへの措置，他機関への送致や指導委託などである。さらに，それらの援助の結果の追跡調査や援助方針の検証を行い，新たな援助方

針の作成を進めることも児童福祉司の役割である。

②資格の要件

児童福祉司の任用資格としては，以下の者が挙げられる（児童福祉法第13条第2項）。

1．厚生労働大臣の指定する児童福祉司若しくは児童福祉施設の職員を養成する学校その他の施設を卒業し，又は厚生労働大臣の指定する講習会の課程を修了した者
2．学校教育法に基づく大学又は旧大学令に基づく大学において，心理学，教育学若しくは社会学を専修する学科又はこれらに相当する課程を修めて卒業した者であつて，厚生労働省令で定める施設において1年以上児童その他の者の福祉に関する相談に応じ，助言，指導その他の援助を行う業務に従事した者
3．医　師
3の2．社会福祉士
4．社会福祉主事として，2年以上児童福祉事業に従事した者
5．前各号に掲げる者と同等以上の能力を有すると認められる者であつて，厚生労働省令で定めるもの

児童福祉司として採用されるためには，都道府県または政令指定都市の実施する公務員試験に合格しなければならない。また，福祉職として採用される場合と，専門職採用を実施していない自治体の場合は，行政職で採用され，配属される場合とがある。

③児童福祉司をめぐる状況

児童虐待の増加や発達障害児への支援など，子どもや家庭を取り巻く問題が複雑多様化する中で，児童福祉司が担当するケースは増加している。その社会的役割が重要性を増す一方で，都道府県における設置状況はかならずしも十分とは言えず，増加するケースに対する人員不足が生じている。

## 2）児童心理司
### ①仕事の内容

児童福祉司とならんで，児童相談所における中核的な役割を担うのが，児童心理司である。児童相談所における子どもや保護者の相談に応じ，心理判定などを行う専門職で，2005（平成17）年の児童相談所運営方針の改訂にともなって心理判定員から名称変更された資格である（ただし，児童相談所以外に「心理判定員」の配置が求められる「身体障害者更生相談所」，「知的障害者更生相談所」などでは「心理判定員」の呼称が使われている）。

職務の内容は，①子ども，保護者等の相談に応じ，診断面接，心理検査，観察等によって子ども，保護者等に対し心理診断を行うこと，②子ども，保護者，関係者等に心理療法，カウンセリング，助言指導等を行うこと，とされている（児童相談所運営方針第2章第4節17）。

### ②資格の要件

児童心理司の任用要件は，「大学において，心理学を専修する学科又はこれに相当する課程を修めて卒業した者」，「又はこれに準ずる資格を有する者」とされている（児童相談所運営指針第2章第5節1〔3〕）。臨床心理士，一部では臨床発達心理士の資格取得者であることが重要視されることも多く，高度な専門性を求められる任用資格の一つである。

### ③児童心理司をめぐる状況

児童相談所運営指針では，児童心理司とは別に心理療法担当職員を置くことが求められているが，実際には児童心理司が兼務していることも多い。また，大学での現場実習の経験のみで採用されるケースも少なくなく，こうした場合，採用後の研修や現任訓練（OJT：on-the-job training）によって臨床心理のノウハウを身につけていくことになる。

現在，児童心理司には，心理面からの援助方針の策定や施設入所後のケアの評価などにも積極的にかかわることが求められている一方で，福祉の関連領域に関する研修や訓練は十分とは言えない状況にある。今後，心理学に関する知識や技術だけでなく，福祉の領域に関するさまざまな知識や経験を修得するた

めの研修や現任訓練が重要な課題となってくる。

### 3）社会福祉主事
#### ①仕事の内容

社会福祉主事は，福祉事務所などの都道府県や市区町村の行政機関で相談援助にあたる者である。生活保護に関する業務を中心に，助産施設・保育所・母子生活支援施設などの入所に関する相談や手続き，各種手当（児童手当，児童扶養手当，特別児童扶養手当，障害児〔者〕福祉手当など）の受給手続き，児童相談所との連携にもとづく指導など，子どもや母子に関する福祉の業務も多く担っている。

社会福祉主事の職務は「福祉六法」と呼ばれる法律にもとづいており，福祉六法とは，生活保護法，児童福祉法，母子及び寡婦福祉法，知的障害者福祉法，老人福祉法，身体障害者福祉法を指す。

#### ②資格の要件

社会福祉主事は任用資格であり，「都道府県知事又は市町村長の補助機関である職員とし，年齢が20歳以上の者であって，人格が高潔で，思慮が円熟し，社会福祉の増進に熱意があり，かつ，次のいずれかに該当するもの」とされている（社会福祉法第19条より一部要約）。

1．学校教育法（昭和22年法律第26号）に基づく大学，旧大学令（大正7年勅令第388号）に基づく大学，旧高等学校令（大正7年勅令第389号）に基づく高等学校又は旧専門学校令（明治36年勅令第61号）に基づく専門学校において，厚生労働大臣の指定する社会福祉に関する科目を修めて卒業した者
2．厚生労働大臣の指定する養成機関又は講習会の課程を修了した者
3．社会福祉士
4．厚生労働大臣の指定する社会福祉事業従事者試験に合格した者
5．前各号に掲げる者と同等以上の能力を有すると認められる者として厚生労働省令で定める者

社会福祉法第18条にもとづいて，都道府県，市，福祉事務所を設置する町村には配置が義務づけられており，福祉事務所を設置していない町村は任意に配

置することができる。

③社会福祉主事をめぐる状況

社会福祉主事の養成課程については，福祉・保育系の養成校が増加し，社会福祉士や精神保健福祉士などの資格が創設される中で，それら新たな資格との関係や，社会福祉主事創設当時の状況との相違が議論されるようになっている。

社会福祉主事はすでに，児童福祉司，身体障害者福祉司，知的障害者福祉司，老人福祉指導主事，家庭児童福祉主事などの専門的福祉法令職の基礎要件となっていることから，今後，主事資格の改善を図った上で，社会福祉領域の専門職の基礎資格として位置づけることも検討されている。

4）家庭児童福祉主事

福祉事務所の多くは，地域に密着した相談機関として，事務所の内部に家庭児童相談室を設置している。家庭児童相談室には，家庭児童に関する業務を担う社会福祉主事1名と，相談業務に携わる相談員1〜2名が配置され，日々持ち込まれる相談に関する援助を行っている。家庭児童相談にかかわる社会福祉主事を家庭児童福祉主事と言う。

家庭児童福祉主事の任用要件は市町村がそれぞれに定める家庭児童相談室設置条例により異なるが，社会福祉主事の資格を持ち，かつ児童福祉司の資格を有する者，または児童福祉事業に2年以上従事した経験を有する者とされるケースが多い。

5）家庭相談員

家庭児童相談室で相談業務に携わる相談員を家庭相談員という。

業務の内容は，家庭での子どもの養育に関するさまざまな相談に応じ，問題を抱える保護者に対して助言・指導を行うことである。相談の内容は，児童の不登校や学校での人間関係，家族関係，性格・生活習慣の問題，発達や言葉の遅れ，非行など多岐にわたり，面談のほか，電話や手紙などによる相談にも応じる。児童相談所，保健所，学校，警察，その他の関連施設や団体と連携して，子どもの福祉の向上に努めることも重要な役割である。

家庭相談員の資格は，厚生労働省の通知により以下のように定められている。

1．学校教育法に基づく大学で児童福祉，社会福祉，児童学，心理学，教育学もしくは社会学を専修する学科又はこれらに相当する課程を修めて修了した者，社会福祉士
2．医師の免許を有する者
3．社会福祉主事として2年以上児童福祉の仕事に従事した者
4．上記1～3に準ずる者で，家庭相談員の業務に必要な学識経験を有する者

　近年，家庭相談員のかかわる相談内容は，軽微な養育上の悩みから，虐待などにより深刻な問題が増加の傾向にある。一方，近年では常勤の相談員も増えてきているものの，多くの相談員は非常勤職員であるため，児童虐待のように重大で緊急性の問われる問題に対して十分な支援体制をとることがむずかしいという状況がある。自治体によっては勤務年数を制限しているところもあり，今後は，関連機関と緊密に連携しつつ，継続的な支援にあたることのできる人材の育成が課題となっている。

## （2）児童福祉施設・母子福祉施設の専門職

　児童福祉施設の専門職は，仕事の目的によって大きく4つに分類される。
　第1は，子どもの日常生活を支援する職員である。代表的な職種は，保育士，児童生活支援員である。
　第2は，子どもや保護者の相談・指導にあたる職員である。児童指導員，母子指導員などがこれにあたり，相談・指導系職員とも呼ばれる。
　第3は，専門的な技術や職能をもって子どもや保護者のケアにあたる職員である。心の問題を扱う心理指導・心理療法担当職員，看護師，医師，栄養士などがこれにあたる。
　第4は，施設長，事務職員，作業員など，施設の管理や運営を行う職員である。
　上記の内，第1～第3の職種は，子どもや保護者に直接かかわって援助を行うことから「直接支援職員」，第4の管理・運営に携わる職種は，子どもの福

祉を間接的に支えるという意味から「間接支援職員」と呼ばれることもある。
　これらの内，代表的な専門職について見ていこう。
1）保育士
①仕事の内容
　児童福祉施設で働く職員の内，もっとも多数を占めるのが保育士である。保育所，乳児院，児童養護施設，障害児福祉施設など，ほとんどの児童福祉施設に配置されているが，そのほとんどが保育所で働いている。
　職務の内容は施設により異なり，子どもの生活を直接援助することが多いが，近年では保護者や地域の住民への育児支援や相談援助業務も保育士に期待されるようになっている。児童養護施設や障害児の入所施設では，洗濯や掃除，調理，子どもの学習指導なども行うことがある。
②資格の要件
　保育士資格は，2001（平成13）年の児童福祉法改正により国家資格となった。児童福祉法では，保育士は「登録を受け，保育士の名称を用いて，専門的知識及び技術をもつて，児童の保育及び児童の保護者に対する保育に関する指導を行うことを業とする者」と定義され（児童福祉法第18条の4），業務内容も，子どもの保育だけでなく保護者への保育指導を含むものとなっている。
　国家資格化にともなって，都道府県知事の指定する登録名簿への記載（登録制）が義務づけられると同時に，以下のような規定が設けられた。
1．保育士は，保育士の信用を傷つけるような行為をしてはならない〔信用失墜行為の禁止〕（児童福祉法第18条の21）
2．保育士は，正当な理由がなく，その業務に関して知り得た人の秘密を漏らしてはならない〔秘密保持の原則〕（児童福祉法第18条の22）
3．保育士でない者は，保育士又はこれに紛らわしい名称を使用してはならない〔名称独占〕（児童福祉法第18条の23）
　保育士資格は，厚生労働大臣の指定する保育士を養成する学校その他の施設で所定の課程・科目を履修し卒業した者，または保育士試験に合格した者のどちらかに与えられる。前者の「厚生労働大臣の指定する保育士を養成する学

校」を指定保育士養成施設といい，これらの大学，短大，専門学校で所定の科目の単位をすべて取得し，保育園と児童福祉施設の実習を修了して卒業すると，国家試験を受けずに保育士の資格を取得することができる。後者の国家試験の受験資格は，短大卒業程度の学歴が必要とされているが，1991（平成3）年4月1日以降の受験資格の引き上げにあたっての経過措置として，1991（平成3）年3月31日以前に高等学校を卒業した者にも受験資格がある。

③保育士をめぐる状況

待機児童解消のための施策として行政が進めている保育所の増設により，都市部をはじめ，保育所や認可外保育施設（無認可保育所）の新設が進んだ地域では保育士の人材不足が深刻化している。

保育士の配置数は施設ごとに異なっており，保育所の配置基準は，「児童福祉施設の設備及び運営に関する基準」により「乳児おおむね3人につき1人，1歳～3歳未満の幼児おおむね6人につき1人，3歳～4歳未満の幼児おおむね20人につき1人，4歳以上の幼児おおむね30人につき1人」と定められている。[1]認可保育所は地方自治体（市区町村）が運営しているため，各市区町村がこれと異なる配置基準を定めることも可能である。

実際には，この配置基準では十分な保育ができないことも多いため，配置基準の1.5～2倍程度の保育士を配置している保育所も少なくない。また，認可外保育施設の場合は，保育士の配置基準が守られていないことも多い。

2011（平成23）年に厚生労働省が民間企業に委託して行った調査によると，全国約180の自治体の内約76％が「保育士不足」と答えている。また，保育士資格を持ちながら就職しない人に理由を聞くと，勤務時間や賃金など労働条件の低さを挙げる人が目立ち，実際の現場でも，低賃金長時間労働を理由に短期間で辞職する職員も少なくない。全国保育団体連絡会の調査では，2012（平成24）年の保育士の平均月収は約21万円であり，その他の主要な産業の平均より10万円以上も低い。平均勤続年数は7～8年にとどまる。

今後，保育士の人材不足がますます加速することが予想される中で，保育士の待遇の改善と向上が急務となっている。

## 2）児童生活支援員

児童生活支援員は，児童自立支援施設に固有の職種で，児童自立支援専門員とともに入所児童の生活・学習・職業指導または家庭環境の調整などを行う者である。

具体的には，非行の経歴や非行の恐れのある児童，または養育に適さない家庭環境にある児童が入所する宿舎（小舎制で家庭舎とも呼ばれている。伝統的な小舎夫婦制もある）に住み込み，一般の家庭に近い小集団の中で児童と寝食をともにしながら，親代わりとなってさまざまな指導を行う。また，医師や教員と連携し，退所後の支援も行う。かつては女子に限定されており「教母」と呼ばれていたが，1997（平成9）年の児童福祉法の改正にあわせて名称変更されると同時に，女子規定が廃止され，現在は男性もこの職種に就くことが可能となっている。

児童生活支援員の任用要件は，以下のいずれかの項目に該当することとされている。

1．保育士の資格を有する者
2．児童自立支援事業での3年以上の実務経験があり，厚生労働大臣または都道府県知事が認定した者

## 3）児童自立支援専門員

児童自立支援専門員は，児童生活支援員と同様，児童自立支援施設に固有の職種である。児童生活支援員とともに入所児童の生活・学習・職業指導や家庭環境の調整などを行う。

児童自立支援専門員は任用資格であり，任用要件は次のいずれかに該当していることである。

1．地方厚生局長の指定する児童福祉施設の職員を養成する学校，またはその他の養成施設を卒業した者
2．大学の学部で心理学，教育学，または社会学を修め学士を得た者
3．高校，または中等教育学校などを卒業し，2年以上児童福祉事業に従事したことがある者

4．小学校，中学校，高等学校，または中等教育学校の教諭の資格を持ち，厚生大臣，あるいは都道府県知事が適当と認めた者
5．3年以上児童福祉の事業に従事し，厚生大臣あるいは都道府県知事が適当と認めた者

### 4）ベビーシッター

ベビーシッターは，保護者が仕事や急用等で家庭を不在にする間，契約にもとづいて子どものケアを行う者である。家庭内で保育を行う在宅保育のかたちをとることが多いが，保育園・幼稚園への送迎や外出に同行したり，病院や企業内の保育所などで子どもの世話をすることもある。ベビーシッターとして働く人びとの中には，育児・保育・看護・教育の経験者や専門家も少なくなく，最近では，子どもの世話以外に，産後の家事援助を中心とするものや，家庭教師を兼ねるものなど，サービスの多様化が見られるようになっている。

欧米では広く普及しているが，日本では保育所での預かり保育を中心に育児支援が制度化されてきたため，ベビーシッターは認可外の制度として位置づけられている。

ベビーシッターは民間の団体により提供されるサービスであり，公的な資格要件はない。しかし，女性の社会進出や核家族化などを背景に利用者数は急増しており，1991（平成3）年には公益社団法人全国保育サービス協会（当時は㈳全国ベビーシッター協会）が設立され，協会による資格認定制度を導入している。

### 5）児童指導員

児童指導員は，児童養護施設や障害児施設などほとんどの児童福祉施設に配置されており，0歳～18歳までの児童の成長を援助するとともに，基本的な生活習慣や学習の指導などを行う者である。子どもに直接かかわる業務以外に，家庭や学校，児童相談所との連携など，ソーシャルワーカーとしての業務を担うことも多い。

児童福祉施設で子どもたちを直接援助する職種（直接支援職員）に就こうとする場合，児童指導員任用資格か保育士資格のいずれかが必須となっている場合が多い。児童指導員の任用要件は，以下のいずれかに該当していることであ

る。
1. 4年制大学で福祉・社会・教育・心理のいずれかに関する学部・学科・専攻を卒業した者
2. 小学校・中学校・高等学校のいずれかの教諭の免許状を取得した者（学校種や教科は不問）
3. 厚生労働大臣が指定する児童指導員養成校を卒業した者
4. 児童福祉施設での実務経験者（高卒以上は2年，その他は3年以上）で厚生労働大臣または都道府県知事が適当と認めた者

### 6）児童の遊びを指導する者（児童厚生員）

　児童の遊びを指導する者とは，児童館をはじめとする児童厚生施設において児童の遊びを指導する職員である。従来の「児童厚生員」が，1999（平成11）年4月に「児童の遊びを指導する者」として改められ，現在，児童福祉の現場では両方の名称が用いられている。

　児童の遊びを指導する者は　児童館や児童センターなどの児童厚生施設で遊びを中心とした子どもの指導を行う。具体的には，図工や絵画などの製作活動，音楽，劇，紙芝居や映画の上映などの活動を催すほか，地域の高齢者や障害者との交流やボランティア活動の企画運営なども行う。また，地域の子ども会や母親クラブなど，子どもをめぐる地域の組織活動を支援することも大切な役割のひとつである。

　児童厚生施設は公立が多数を占めていることから，児童の遊びを指導する者は，基本的に地方公務員である。児童の遊びを指導する者の任用要件は，次のいずれかに該当していることである。

1. 厚生労働大臣の指定する児童福祉施設の職員を養成する学校，その他の養成施設を卒業した者
2. 保育士の資格を有する者
3. 高校卒業後2年以上児童福祉の仕事に従事した者
4. 小学校，中学校，高等学校，幼稚園の教諭となる資格を有する者
5. 大学で心理学，教育学，社会学，芸術学，体育学のいずれかの課程を修

めて卒業した者

### 7）母子指導員／少年指導員

母子指導員は，母子生活支援施設において，母親への就労援助や日常の育児・家事などの相談に応じたり，前夫や親族との関係改善を主に精神的な面から支援し，法的手続きや関係機関との調整を行う者である。

少年指導員は，同じく母子生活支援施設で子どもの日常生活の援助を中心とした業務に携わる者である。子どもに学習や基本的な生活習慣が身につくよう指導したり，親子関係や友人関係を良好に保てるよう援助する。

母子生活支援施設は職員数が少ないところが多く，母子指導員，少年指導員は他のスタッフと協力しながら，子どもが退所年齢である18歳（最長で20歳）になるまでに自立できるよう，母子双方に対して支援を行っている。

母子指導員，少年指導員とも任用資格であり，公立の施設の場合は，地方公務員試験に合格する必要がある。少年指導員の任用要件では，先に述べた児童指導員任用資格の取得を条件にされることが多い。

母子指導員になるためには，次のいずれかに該当していることが必要となる。

1．厚生大臣の指定する児童福祉施設の職員を養成する学校，その他の養成施設を卒業した者
2．保育士の資格を有する者
3．高校を卒業後2年以上児童福祉の仕事に従事した者

### 8）母子自立支援員

母子自立支援員は，主に各都道府県の福祉事務所において，母子家庭や寡婦に対して生活全般の相談に応じ，母子の自立に必要な支援・指導を行う者である。相談援助の内容は，母子家庭の生活・教育・経済面の多岐にわたっており，母親の就職や子どもの教育，母子福祉資金・寡婦福祉資金の貸付などである。

以前は「母子相談員」と呼ばれていたが，母子及び寡婦福祉法の改正により，2003（平成15）年4月から「母子自立支援員」へと名称が改正された。

母子自立支援員は地方公務員であり，委嘱に関しては，「母子自立支援員は社会的な信望があり，かつ母子および寡婦に対する相談・指導業務を行うのに

必要な熱意と識見をもっている者のうちから，都道府県知事，市長（特別区の区長を含む）および福祉事務所を管理する町村長が委嘱する」とされている。各都道府県に設置された福祉事務所に約1,000人が従事しており，福祉事務所の担当区域ごとに業務にあたっている。

母子及び寡婦福祉法により，原則として非常勤であるが，母子および寡婦の相談・指導の職務に相当の知識経験がある者は常勤とすることができるとされている。

任用に必須とされる資格はないが，常勤の場合には，社会福祉主事，児童福祉司の経験を求められるのが一般的である。

### 9）婦人相談員

婦人相談員とは，売春を行っている，あるいは売春を行うおそれのある女性（要保護女子）を発見して一時保護や相談・指導を行い，婦人保護施設への入所の必要性を判定する保護更生や，関係機関への連絡，報告などを行う者である。また，売春をなくすための広報・宣伝活動なども行っている。

売春防止法にもとづく職業であり，婦人保護事業の中心的な機関である婦人相談所や福祉事務所を主な職場としている。近年は売春だけでなく，借金，ドメスティック・バイオレンス，家庭不和など，一般女性や家庭の多様な問題に対応するための業務も増えている。

婦人相談員は地方公務員であり，原則として非常勤であるが，近年は常勤職員も多くなっている。婦人相談員の任用に必須とされる資格はないが，都道府県の設置規定では「社会的な信望，豊かな熱意と識見のある者から都道府県知事または市長が任命する」とされており，豊かな人望と熱意，学識，社会経験などが必要とされる。

## （3）関連領域の専門職

子どもを取り巻く問題に関する相談援助に関連の深い，その他の専門職について見てみよう。

表6-2 児童福祉の相談援助機関における主な専門職種と職務内容

| 機関・施設名 | 専門職種 | 職務内容 |
|---|---|---|
| 児童相談所 | 児童福祉司，児童心理司，児童指導員，保育士，児童虐待対応協力員，医師（精神科医，小児科医，小児科医を含む），保健師，理学療法士（言語治療担当職員を含む），臨床検査技師，心理療法担当職員，受付相談員，電話相談員など | 相談業務全般，児童福祉施設の機能・連携の強化，虐待通報の初期対応など |
| 福祉事務所 | 社会福祉主事，母子自立支援員，家庭相談員など | 児童福祉領域に関連の深いものとして，生活保護制度全般の運用，乳幼児や母子家庭への医療費助成，児童扶養手当，児童手当，母子貸付など，母子寮（母子生活支援施設）や保育所，保育施設，緊急一時保護施設等の紹介。子どもの問題行動，虐待，不登校などの相談など |
| 保育所 | 保育士，嘱託医，看護師，調理員など | 乳幼児の一般的保育，病児・障害児等の特別保育，保育相談支援，地域交流，地域の関係機関との連携強化など |
| 児童厚生施設（児童館，児童遊園など） | 児童厚生員（児童の遊びを指導する者） | 遊びの指導，健全育成活動，健康増進，保護者等との連携強化，地域活動育成など |
| 母子生活支援施設 | 母子指導員，嘱託医，少年指導員，心理療法担当職員，調理員など | 母子家庭の保護，生活指導，保育，自立支援，関係機関との連携強化，退所後支援など |
| 児童家庭支援センター | 相談・支援担当職員，心理療法等担当職員など | 相談，助言，指導，関係機関との連絡調整など |
| 乳児院 | 医師，看護師，栄養士，調理員，保育士，児童指導員，家庭支援専門相談員，心理療法担当職員など | 乳児（幼児）の養育，家族・家庭問題への援助，退所後支援など |
| 児童養護施設 | 児童指導員，保育士，栄養士，調理員，職業指導員，心理療法担当職員，嘱託医，家庭支援専門相談員など | 児童の養育，生活指導，学習指導，職業指導，心理療法，自立支援，家庭環境の調整，関係機関との連携強化，退所後支援など |

第6章　相談援助と専門職

| 施設 | 職員 | 職務内容 |
|---|---|---|
| 児童自立支援施設 | 児童自立支援施設長、児童自立支援専門員、児童生活支援員、医師または嘱託医、栄養士、調理員、職業指導員、家庭支援専門相談員、心理療法担当職員など | 自立支援、生活と職業の指導、学習指導、心理学的・精神医学的ケア、家庭環境の調整、関係機関との連携強化、退所後支援など |
| 知的障害児施設、知的障害児通園施設 | 嘱託医、嘱託歯、保育士、栄養士、調理員、職業指導員など | 知的障害児の介護・介助・治療、生活・作業・職業の訓練と指導、保護者等との連携強化、心理学的・精神医学的診査とケア、地域ケアなど |
| 自閉症児施設 | 【第1種】医療法に規定する病院職員、児童指導員、保育士、看護師<br>【第2種】児童指導員、嘱託医、保育士、看護師 | 自閉症児の治療、療育、生活指導など |
| 盲ろうあ児施設 | 嘱託医、児童指導員、保育士、栄養士、調理員、職業指導員、看護師など | 盲児またはろうあ児の介護・介助、生活・作業・職業の訓練と指導、保護者等との連携強化など |
| 難聴幼児通園施設 | 嘱託医、児童指導員、保育士、栄養士、調理員、言語機能訓練担当職員など | 強度の難聴児の介護と介助、聴能訓練、言語訓練、生活・作業の訓練と指導など |
| 肢体不自由児施設、肢体不自由児通園施設 | 医療法に規定する病院、診療所職員、児童指導員、看護師、理学療法士、作業療法士など | 肢体不自由児の治療、療育、機能訓練、生活・職業の訓練と指導、保護者等との連携強化など |
| 重症心身障害児施設 | 嘱託医、児童指導員、保育士、看護師、栄養士、調理員、職業指導員など | 肢体不自由児の治療、療育、生活指導、健康診断など |
| 重症心身障害児施設 | 医療法に規定する病院職員、児童指導員、保育士、児童指導員、心理指導担当職員、理学療法士、作業療法士など | 重症心身障害児の介護、治療、介助、生活指導、機能訓練など |
| 情緒障害児短期治療施設 | 医師、心理療法担当職員、児童指導員、保育士、看護師、栄養士、調理員、家庭支援専門相談員など | 情緒障害児の治療、生活指導、家庭環境の調整、関係機関との連携強化、退所後支援など |

注：障害児関係施設については、現在は知的障害児施設等の名称は使用されていないが施設機能面による職務内容説明から旧名称で記載した。
出所：大島侑監修『シリーズ・はじめて学ぶ社会福祉③ 児童福祉論』ミネルヴァ書房、2006年、173頁。／成清美治・曽田里美編著『現代児童福祉概論』学文社、2003年、をもとに筆者改訂。

175

1）スクールソーシャルワーカー／スクールカウンセラー

　文部科学省が2008（平成20）年から開始した事業に「スクールソーシャルワーカー活用事業」がある。いじめ，不登校，暴力行為，非行といった問題行動の背景となる子どもの心の問題をケアするため，文部科学省は1995（平成7）年から臨床心理の専門家であるスクールカウンセラーの導入を進め，全国の公立中学校に配置するとともに小学校への配置も進めてきた。

　しかし，子どもの問題行動の背景には，心の問題だけでなく，家庭や学校，友人，地域社会など子どもを取り巻く環境の問題が複雑に絡みあっているため，学校だけでは解決困難なケースについては，関係機関と連携した対応が求められる。こうした状況を受けて，香川県や大阪府など一部の地方自治体が配置を試みていたスクールソーシャルワーカーの存在が注目され，文部科学省の主導のもと全国に配置されることとなった。

　スクールソーシャルワーカーの仕事の内容は，文部科学省により次のように定義されている（文部科学省「スクールソーシャルワーカー実践活動事例集」）。

　1．問題を抱える児童生徒が置かれた環境への働き掛け
　2．関係機関等とのネットワークの構築，連携・調整
　3．学校内におけるチーム体制の構築，支援
　4．保護者，教職員等に対する支援・相談・情報提供
　5．教職員等への研修活動　等

　具体的には，児童相談所をはじめとする行政機関や社会資源などの外部機関と教育機関との連携環境の構築，生活面で特に重大な困難や福祉的援助の必要性が認められる家庭への自立支援相談が主な職務となる。

　一方，スクールカウンセラーは，教育機関において心理相談業務に従事する専門職であり，学校カウンセラーとも呼ばれる。子どもの不登校や学内・学外での種々の問題行動などに関して，心理学や心理援助の専門的知識をもって相談にあたる。スクールカウンセラーの仕事の内容は，文部科学省により以下のように定められている。

　1．児童生徒へのカウンセリング

2．カウンセリング等に関する教職員および保護者に対する助言・指導
3．児童生徒のカウンセリング等に関する情報収集・提供
4．その他の児童生徒のカウンセリング等に関し，各学校で適当と思われるもの

スクールソーシャルワーカーとスクールカウンセラーは，ともに子どもと保護者，教職員に専門的知識を持ってかかわる点は同じであるが，スクールカウンセラーが対象者「個人」の理解を起点として問題に対応するのに対し，スクールソーシャルワーカーは「個人」と「環境」との関係に注目して問題に対応する。

スクールソーシャルワーカーの資格要件は，社会福祉士および精神保健福祉士の国家資格を基礎資格としながらも，2008（平成20）年以降の活用事業展開後は人材不足が生じており，臨床心理士や，過去に教育や福祉の分野において活動経験がある者を含む多様なものとなっている。2009（平成21）年には，社団法人日本社会福祉養成校協会がスクールソーシャルワーク教育課程認定事業を立ち上げ，スクールソーシャルワーカーの養成課程と認定要件を定めている。

一方，スクールカウンセラーの資格要件は以下の通りである。

1．臨床心理士
2．精神科医
3．大学教員（児童・生徒の臨床心理に関して高度に専門的な知識および経験を有し，学校教育法第1条に規定する大学の学長，副学長，教授，准教授または講師〔常時勤務をする者に限る〕の職にある者，またはあった者）

― 事 例 ―

**相談援助とカウンセリング**

カウンセリングは「相談」と訳されることも多いが，ソーシャルワーカーが行う「相談援助」と心理の専門職が行う「カウンセリング」とでは，援助の立場がやや異なっている。両者の本質的な違いは，「カウンセリング」が人の心理に焦点をあて，個人の変容を目的とする治療診断的なアプローチであることに対して，「相談援助」すなわちソーシャルワークは，人と環境との関係に焦点をあて，その関係性を調整・

改善することにより問題解決をはかろうとするケアマネジメントとしての視点に立っている。

このことから，児童福祉の現場では，ソーシャルワーカーと心理の専門職が協働して問題解決にあたるケースも少なくない。福祉の専門職である児童福祉司と，心理専門職である児童心理司との双方が配置されている児童相談所の業務や，スクールソーシャルワーカーとスクールカウンセラーとの協働などがその例である。たとえば，虐待の可能性のある児童の対応について介入の依頼が行われた場合，スクールソーシャルワーカーとスクールカウンセラーの行う業務とでは，表 6-3 のような違いがある。

スクールソーシャルワーカー，スクールカウンセラーともに，わが国では誕生して間もない新しい専門職であることから，現場では，両者の業務の共通性と違いにとまどいを覚える声も少なくない。上に述べたような福祉と心理の専門職それぞれの立脚点の違いを活かし，相互に協働的で調和的なパートナーシップを構築することが重要である。

出所：筆者作成。

表 6-3　相談援助とカウンセリング
──スクールソーシャルワーカーとスクールカウンセラーの業務を例に──

| | スクールソーシャルワーカー（SSWr）<br>【社会福祉士／精神保健福祉士ほか】 | スクールカウンセラー（SC）<br>【臨床心理士／精神科医／大学教員】 |
|---|---|---|
| 子どもへの主な対応 | ・家庭環境のヒアリング<br>・社会福祉的アセスメント（生活面，経済面などから問題の背景を診断）<br>・環境の調整による状況の改善<br>※個人の変容を促す心理カウンセリング・心理的治療は専門外 | ・家庭環境のヒアリング<br>・臨床心理学／精神医学的分析・考察（心理面，発達面など）<br>・心理カウンセリング<br>※治療および本人の認知・行動の改善をはかることを目的とする |
| 保護者への主な対応 | ・養育状況等のヒアリング<br>・福祉生活相談（家庭の経済状況，就労状況など）<br>・自立支援相談（社会保障，生活保護など） | ・養育状況のヒアリング<br>・心理カウンセリング<br>・心理コンサルテーション（養育に関する臨床心理学・精神医学的助言） |
| 教職員への主な対応 | ・事例検討会の導入<br>・外部機関からの情報収集と共有 | ・心理コンサルテーション（事例に関する臨床心理学・精神医学的助言） |
| 外部機関への主な対応 | ・教育委員会，児童相談所，専門社会資源（医療機関を含む）等との連携・仲介 | ・教育委員会・児童相談所との連携<br>・専門医療機関の受診促進 |

出所：文部科学省「スクールカウンセラーについて」2004 年，「スクールソーシャルワーカー実践活動事例集」2008 年からの引用をもとに筆者改訂。

第6章 相談援助と専門職

## 2) 家庭裁判所調査官

家庭裁判所調査官(以下,「調査官」と言う)は,家庭裁判所において,**家事事件**(家庭内の紛争など家庭に関する事件)の審判,調停や少年の保護事件の審判などに必要な調査,相談援助などを行う者である。法律的な解決をはかるだけでなく,問題や事件の背景や環境,人間関係などを十分に把握した上で問題解決に臨むために,調査官は,心理学,教育学,社会学,社会福祉学など人間科学諸領域の専門的知識を活用し,必要な調査や相談,時にはカウンセリングや心理検査を行い,その結果を裁判官に報告する。裁判官は,これらの情報を参考に処分を決定する。

家庭裁判所に送致された少年事件の調査は調査官が中心となって行うが,調査にあたり,児童福祉司や保護観察官,保護司や警察官などとの連携が重要である。また,家庭裁判所が処分を決定するために必要があると認める時は,相当の期間,調査官が試験観察として経過を見ることもある。

調査官は国家公務員のため,その職に就くためには最高裁判所が実施する家庭裁判所調査官補Ⅰ種試験に合格する必要がある。この試験に合格して調査官補に採用されると,家庭裁判所調査官研修所に入所して約2年間の研修を受け,研修を修了した時点で,家庭裁判所調査官として全国の家庭裁判所に配属される。

---
**用語解説**

**家事事件**

家事事件とは,家庭内の紛争など家庭に関する事件を指す。家庭内の紛争は家族間の感情的な対立が背景にあることが多いため,これを解決するには,法律的な観点からの判断だけでなく,相互の感情的な対立を解消することが求められる。また,個人のプライバシーに十分配慮する必要がある。そのため,家庭内の紛争やその他法律で定める家庭に関する事件については,家庭裁判所が,それにふさわしい非公開の手続きで,家庭や親族の間で起きた諸問題の円満な解決を最優先に,妥当性を図りながら処理する仕組みになっている。

### 3）法務教官

　法務教官は，非行を犯した少年に対して社会に対する不適応の原因を取り除き，心身ともに健全な少年として社会復帰できるよう援助を行ったり，少年の資質鑑別に役立てるための面接や行動観察を行う者である。

　少年院で働く法務教官の主な仕事は，在院者の生活全般を通して健全な思考力や行動規範を身につけるための生活指導，職業知識教育，および特別活動などである。少年鑑別所の法務教官の主な仕事内容は，家庭裁判所から送致されてきた少年の資質鑑別のための面接・助言などで，少年の身柄の保護や心身の安定を図ることも大切な職務である。

　法務教官は，法務省矯正局所管の国家公務員であり，以前は国家公務員採用Ⅱ種試験の行政区分から採用されていたが，1989（平成元）年以降，法務教官採用試験に合格することが資格要件となっている。

### 4）保護観察官

　保護観察官は，非行や犯罪を行った者が健全な社会人として円滑に社会復帰できるよう援助する者である。

　援助の対象は以下の通りである。

1．家庭裁判所の決定により保護観察に付された者
2．少年院からの仮退院を許された者
3．刑務所からの仮釈放を許された者
4．裁判所の決定で刑の執行を猶予され保護観察に付された者
5．婦人補導院からの仮退院を許された者

　保護観察官は，これらの対象者が健全な社会生活を営めるように指導監督するとともに，本人の自発的な更生意欲を喚起しつつ就職・就学等に関する補導援護を行う。

　実際の保護観察は，保護観察官と，後に述べる保護司とが協働して行っている。具体的には，保護観察官が，対象者との面接や資料等を通じて具体的な支援方針を立て，その方針にもとづいて保護司が対象者と面接や電話連絡を行い，保護観察官に報告する。

保護観察官の職に就くためには、国家公務員試験に合格した後に、法務省保護局や地方更生保護委員会、または保護観察所に法務事務官として採用された後、一定期間、法務事務官として法務省に勤務する必要がある。その後、保護観察官として地方更生保護委員会や保護観察所に配属される。

### 5）保護司

保護司は、保護観察官と協働して非行や犯罪を行った者が健全な社会人として円滑に社会復帰できるよう援助する者である。保護司法にもとづいて法務大臣から委嘱を受けた非常勤の国家公務員で、民間、特に地域の事情にくわしい地元の篤志家によるボランティアである。

保護司は、保護観察所長が保護司選考会の意見を参考に推薦した者の内から法務大臣が委嘱する。必要とされる資格はないが、次の条件を備えていることが必要である。

1．人格及び行動について、社会的信望を有すること
2．職務の遂行に必要な熱意及び時間的余裕を有すること
3．生活が安定していること
4．健康で活動力を有すること

保護司は決まった施設などに勤務するのではなく、定められた保護区内で自宅を拠点に活動を展開しており、地域社会における非行や犯罪を予防することも大切な役割のひとつである。保護司の任期は2年であるが再任されることも多い。

## 第3節　相談援助に携わるその他の人びと

地域のつながりの稀薄化や共働き家庭の増加、核家族化の進行により、わが国の子育て支援は、これまでのように保育所を中心とした施設対策では対応しきれない状況を迎えている。2000（平成12）年の社会福祉構造改革により、高齢者、障害者、児童の生活上の問題は、地域福祉の推進によって解決していくことが方向づけられ、社会福祉の実施に関する規制が大幅に緩和された。この

ことによって，近年では社会福祉を担う人びとに変革が起こり，社会福祉以外の法人やさまざまなボランティアが，地域社会の福祉に大きな役割を果たすようになっている。

ここでは，これまで見てきた相談援助の専門職以外に，社会奉仕の精神をもって子どもの福祉を担っている人びとを見てみよう。

### (1) 民生委員・児童委員・主任児童委員

民生委員は，民生委員法にもとづいて各市区町村に配置されているボランティアであり，地域社会の福祉に関する全般的な活動を行っている。1917（大正6）年に岡山県に設置された「済世顧問制度」，1918（大正7）年に大阪府で始まった「方面委員制度」が始まりとされ，行政が委嘱するボランティアの中でも長い歴史を持つ。

主な職務の一つに地域住民の生活状態の把握があり，社会調査，相談，情報提供，連絡調整，支援体制づくり，意見具申などを行う。

民生委員は，児童福祉法にもとづく児童委員を兼務しており，児童，妊産婦，母子家庭などへの相談援助業務も行っている。しかし，近年の少子高齢化にともなって，民生委員の活動の5割以上が高齢者問題にあてられるようになり，子どもの問題は1割程度という状況を迎えたため，1994（平成6）年には子どもの福祉に関する事項を専門に担当する児童委員を新たに設置することとなった。これを主任児童委員と呼ぶ。

民生委員，児童委員には特定の資格要件はなく，学識経験者，教育関係者，社会福祉関係者などで構成される各市区町村の民生委員推薦会と都道府県知事が，以下の要件を満たす者を民生委員として推薦し，厚生労働大臣が委嘱する。

1. 当該市区町村の議員の選挙権がある者
2. 人格識見が高く，広く社会の事情に通じている者
3. 社会福祉の増進に熱意のある者
4. 児童委員として適当である者

なお，主任児童委員は，民生委員協議会[(2)]ごとに最低2名配置され，その推薦

にあたっては，以下の事項が定められている。
1．児童福祉に関する理解と熱意を有し，次に例示する者など専門的知識及び経験を有し，地域における児童健全育成活動の中心となり，積極的な活動が期待できる者を選出すること。①児童福祉施設等の施設長，児童指導員若しくは保育士等として勤務した経験がある者，②学校等の教員の経験を有する者，③保健師，助産師，看護師，保育士等の資格を有する者，④子ども会活動，少年スポーツ活動，少年補導活動，PTA活動等の活動実績を有する者
2．女性の選出について
主任児童委員の選出に当たっては，1地区につき少なくとも1人は女性を選出するよう努めること

## （2）子どもの人権専門委員（子どもの人権オンブズパーソン）

1994（平成6）年に，わが国は子どもの権利に関する条約を批准し，児童の人権を保障する行政上の措置の一つとして子どもの人権専門委員が導入された。通称，子どもの人権オンブズパーソン，または子どもの人権オンブズマンなどと呼ばれる。

子どもの人権専門委員の仕事の内容は，いじめ，不登校，体罰，虐待などにより子どもの人権が侵害されないよう監視を行ったり，相談に応じたりすることである。

主な活動内容は，以下の3つである。
1．子どもの人権に関する情報の収集と整理
2．子どもの人権侵害事件の調査・処理及び人権相談
3．子どもの人権を守るための啓発活動の企画・立案

上記に加えて，実際に子どもの人権侵害があった場合，もしくは子どもの人権が侵害されている恐れのある場合には，その救済のため法務局職員と連携して措置をとるなどの活動も行っている。一方で，活動の財源や他の機関との関係性や独立性，また，実効性のある監視や支援を行うための権限の欠如などの

課題も指摘されており，今後，諸外国の制度も視野に入れた体制の整備が望まれる。

　子どもの人権専門委員を含む人権擁護委員は，人権擁護法にもとづき法務大臣によって委嘱され，配置されている市町村（特別区を含む）の区域内において活動を行っている。任期は3年であるが，任期満了後も後任者が委嘱されるまでの間，その職務を行うこととされている。

### （3）里　親

　里親は，児童福祉法による「里親制度」にもとづく制度であり，親の離婚や死亡等により保護者不在の子どもや，保護者がいても保護者の障害や虐待などにより，養育上不適当な環境にある子どもを自宅に引き取り，親に代わって子どもを育てる者である。親子関係の形成や子育てに関しては，児童福祉司が援助・指導にあたることとなっている。

　里親制度は，乳児院や児童養護施設などの児童福祉施設に比べて，社会的養護の中でもっとも歴史が古い。

　里親に資格要件はないが，厚生労働省令に認定要件が定められており，里親となることを希望する場合は，都道府県知事または政令指定都市の市長に申請し，認定を受ける必要がある。里親には，「養育里親」，「親族里親」，「養子縁組里親」，「専門里親」の4種類があり，それぞれの認定要件は以下の通りである。

【養育里親の基本要件】
1．心身ともに健全であること
2．児童の養育についての理解及び熱意並びに児童に対する豊かな愛情を有していること
3．児童の養育に関し，虐待等の問題がないと認められること
4．児童福祉法（昭和22年法律第164号）その他関係法令等が適用になること
5．申込者又は同居家族が，次の各号のいずれかに該当していないこと
　　ア　成年被後見人又は被保佐人（同居人にあっては除く）

イ　禁錮以上の刑に処せられ，その執行を終わり，又は執行を受けることがなくなるまでの者
ウ　児童福祉法及び児童買春，児童ポルノに係る行為等の処罰及び児童の保護等に関する法律（平成11年法律第52号）その他国民の福祉に関する法律で政令で定めるものの規定により罰金の刑に処せられ，その執行を終わり，又は執行を受けることがなくなるまでの者
エ　児童虐待の防止等に関する法律第二条に規定する児童虐待又は被措置児童等虐待を行った者その他児童の福祉に関し著しく不適当な行為をした者
6．世帯の収入額が生活保護基準を原則として上回っていること
7．委託児童との養子縁組を目的としないものであること

【親族里親】
養育里親の基本要件に加えて，当該児童の三親等内の親族であることなど

【養子縁組里親】
養育里親の基本要件に加えて，委託児童との養子縁組を目的とするものであること

【専門里親（専門養育家庭）】
養育里親の基本要件に加えて，次のいずれかに該当する者
1．里親名簿に登録されている者であって，養育里親として3年以上の委託児童の養育の経験を有する者
2．3年以上児童福祉に従事した者で，都道府県知事が認めた者
3．都道府県知事が1または2と同等の能力を有すると認定した者
4．専門里親研修の課程を修了している者であることなど

(4) その他の人びと
　社会奉仕の精神をもって子どもの福祉に携わるその他の人びととして，児童福祉施設におけるボランティアや病院ボランティア，各種NPO法人（特定非

営利活動法人）のボランティア，地域のスポーツ指導員，自治会（子ども会）役員などがある。また，行政の委嘱により青少年の健全育成に関する活動に取り組む人びとに，少年警察協力員，少年補導委員，少年補導員，社会教育指導員，体育指導委員，社会教育委員，婦人少年室共助員などがある。

　これらの人びとが果たしている役割の多くは，都市への人口集中や核家族化が進行する以前の日本では，地域社会の相互扶助や自治活動の一環として行われていたことにも留意したい。山縣文治（2010）が述べているように，わが国では，特定の名称や肩書を持たない地域住民相互の自発的で相互的な見守りや働きかけが，子どもたちの健やかな育成に大きな役割を果たしてきた。

　戦後の施設収容中心の社会福祉制度を経て，地域福祉の重要性が見直されているいま，こうした地域社会の活性を培い活かしていくことも，社会福祉を担う専門職に課せられた大切な役割であろう。

〈演習課題〉

1. あなたが興味を持った相談援助の専門職について，さらにくわしく調べてみよう。①その職種の成り立ちや現在に至るまでの経緯，②現在，全国で何人くらいの人びとが，どのような職場でその職に従事しているのか，③その職種をめぐる課題は何かなどを調べ，まとめてみよう。
2. あなたが住む地域では，どのような人びとが子どもの福祉を支えているだろうか。行政機関，児童福祉施設，また機関や施設以外で子どもの福祉を担っている人びとについても調べてみよう。
3. 日本の社会福祉分野における国家資格の多くは名称独占であり，業務独占ではないため，資格を持たない者も福祉の現場で働くことができる。このことのメリットとデメリットについて考えてみよう。また，そのメリットを活かしつつデメリットを克服していくために，今後，わが国の社会福祉にどのような制度が必要か考えてみよう。

第6章　相談援助と専門職

〈注〉
(1) 認定こども園の保育所では，この配置基準の内，3歳～4歳未満の幼児が「短時間利用児の場合，おおむね35人につき1人，長時間利用児の場合，おおむね20人につき1人」，4歳以上の幼児が「短時間利用児の場合，おおむね35人につき1人，長時間利用児の場合，おおむね30人につき1人」とされる。
(2) 民生委員法第20条において規定される民生委員の組織。市部においてはおおむね小学校区，町村部においてはおおむね町村全体で1か所を設けているところが多い。児童委員を兼ねていることから，民生・児童委員協議会と呼ばれることも多い。

〈引用・参考文献〉
大島侑監修『シリーズ・はじめて学ぶ社会福祉③　児童福祉論』ミネルヴァ書房，2006年，173頁。
成清美治・曽田里美編著『現代児童福祉概論』学文社，2003年。
文部科学省「スクールソーシャルワーカー実践活動事例集」2008年。
山縣文治編『よくわかる子ども家庭福祉（第8版）』ミネルヴァ書房，2012年。

〈推薦図書〉
柏女霊峰『現代児童福祉論（第8版）』誠信書房，2007年。
――「児童とは何か」という本質的な問いから，児童福祉の構造と理念，法体系，実施体制，そして近年の課題と対策までを総合的に扱っている。第Ⅲ部「児童福祉の制度」～第Ⅳ部「児童福祉の方法」を学ぶことで，現代児童福祉の実施体制と，そこで働く専門職について，俯瞰的な視野を得ることができる。
山縣文治編『よくわかる子ども家庭福祉（第8版）』，ミネルヴァ書房，2012年。
――第Ⅸ章～第Ⅹ章において，子どもの福祉を支える専門機関や専門職を，わかりやすい整理と丁寧な解説で紹介している。本文と同一のページ内に，専門用語の解説や各種の図表，統計データ等がわかりやすく示されている点も理解の助けとなる。
遠藤久江監修・編著／大友信勝・北川誠一監修『子どもの生活と福祉――児童福祉入門』講座「私たちの暮らしと社会福祉」第2巻，中央法規出版，2000年。
――見出しと図表が適切に配置されているため，児童福祉の専門的な内容を視覚的に把握する上で有効な書である。児童福祉の専門職については，第12講「児童福祉活動の担い手」において，根拠法令，施設と職種との関係，資格要件などの一覧表とともに紹介している。

（八木玲子・大塚良一）

# 第7章
# 相談援助と連携（ネットワーク）

　本章では，幼稚園・保育所との連携について説明する。その中でまず，現在保育現場で注目されている子どもたちやその現状について理解した上で，実際，幼稚園・保育所がその他の機関とどのようなネットワークを築くことが求められているのか，また連携を通じて保育者の役割はどのようなものかということを自らで考え，学ぶことを目的とする。

## 第1節　保育・教育相談とさまざまな連携

　近年，少子化，共働き夫婦の増加の時代により，社会が幼稚園・保育所に求めるものが変化してきている。また幼稚園・保育所だけではなく，保育者の役割についても保護者からの期待が変化しているため，対応できる力を養うことが求められる。幼稚園・保育所における保育・教育相談は主に保育者が行うが，それ以外の専門機関や専門家と連携を図ることで，さまざまな視点から，子どもの発達支援をサポートすることができるようになる。また，一つの機関で問題に取り組むよりも，複数の機関の連携により対応した方がいく通りかの解決策が生み出される。本章では，相談援助と連携を理解するためにも，まず保育現場の最新の状況について述べたい。その後，保育や教育相談の視点から，さまざまな機関に関する連携と相談業務について言及する。

第7章 相談援助と連携（ネットワーク）

## 第2節 保育現場の最新の状況

### （1）保育者の役割

　子どもは幼稚園・保育所という集団生活を通じて、生きる力を身につけていく。したがって、幼児期の過ごし方がその後の成長に大きく影響するのである。最近では幼少期に近所に同年代の子どもがいないために、家でミニカーやプラレール、テレビゲームなどの室内遊びを中心とする家庭の子どもも増えている。また保護者（主に母親）が、人づきあいが苦手なために、公園で他児とかかわる経験がなかったり、ママ友を介した大人や子どもとのかかわりを持つことができない子どもも増えている。このように、幼少期に他児とのかかわりがほとんどなく、遊びを通じて同年代の友だちとのかかわりを学べなかった場合には、就学後に友人関係を築くことが困難になるのである。したがって子どもが健やかに成長するためには、幼少期にどのような経験をしたかがきわめて重要になる。そのために、保育者は、子どもたちが幼少期のさまざまな経験を通じて、自分で生きていく力を身につけさせるための支援をすることが大きな役割といえる。また子どもの育ちを支援するためには、子どもへの働きかけではなく、保護者との協力体制も必要になるであろう。要するに、保育者は、幼児期にある今の子どもの姿だけを見るのではなく、将来その子どもを自立させるために必要なことは何かを見きわめるというライフサイクルから見た縦断的な視点が求められる。

### （2）現代の子どもたちの現状

　最近、幼稚園・保育所では気になる子どもが増えている。2012（平成24）年に幼児期の子どもを持つ保護者を対象に実施した「子どもの行動・社会性・友達関係」に関する調査では、図7-1に示すようにおよそ20％の子どもを気になる子どもであると保護者は回答している[1]。それでは具体的にどのような子どもたちが、気になる子どもとして注目されているのかを述べることにする。

気になる子ども
21.3%

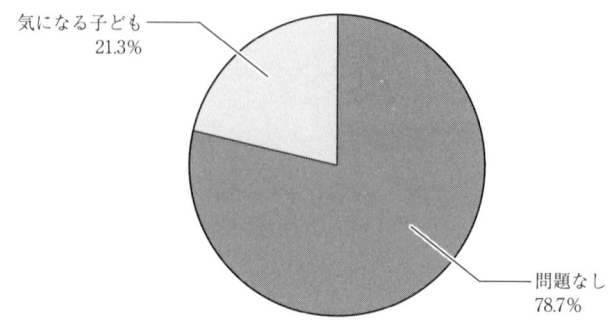

問題なし
78.7%

図7-1　神奈川県内の保育所と幼稚園で実施した気になる
子どもの割合

出所：金井智恵子「子どもの行動特性，保護者の心理的な側面および子育て支援について」『日本発達心理学会抄録集』日本発達心理学会，2013年。

（3）気になる子どもたち

1）発達障害：自閉症スペクトラム障害（Autism Spectrum Disorder：ASD）

　ASDとは，社会性・コミュニケーションの障害，常同行動・こだわりの2領域において，ASDの症状が幼少期の早い段階で現れる。たとえば，視線があわない，ひとり遊びが多い，言葉が遅れている，オウム返し，会話が一方的である，青い服しか着ない，いつもの道順が変わるとパニックになるなどの特徴が挙げられる。その症状は連続的であり，軽度から重度まで存在する。また生涯にわたってASDの特徴が継続する。ASDは，さまざまな原因が絡みあって発症すると考えられている。現在のところ，はっきりとした原因は特定されていないというのが実情である。また，ASDの有病率（ある時点における，ASDの全人口に対する割合）は1％前後で，性差については，男子の方が女子に比べて多いことが海外の研究で報告されている。

　今のところ，治療は薬物療法と心理療法を用いることが一般的である。多くは乳幼児健診で自閉症状や言葉の遅れを指摘された後に，診断を受けるケースが多い。ASDの診断を受けた子どもは心理療育を通じてその子どもの発達を促す。また子どもによっては，就学したが，授業中椅子に座っていられないな

ど集中困難がある場合や，自傷行為が激しい場合には，薬物治療を行う。

### 2）発達障害：注意欠陥多動性障害（Attention Deficit Hyperactivity Disorder：ADHD）

　ADHDは，小学校低学年ぐらいまでに，多動・衝動性，不注意の特徴がある。たとえば，多動・衝動性の場合であれば，授業中や絵本の時間など，自分の席に着くことが求められている時に席を立ってしまうことや，走ってはいけないところを走り回ったり，高いところに上ることなど，じっとしていることができず，終始落ち着きのない行動や発言をする。不注意については，宿題など最後までやり遂げることができない，不注意な間違いが多く，約束を忘れてすっぽかす，プリントの提出を忘れるなどが挙げられる。

　ADHDは，多動─衝動性優勢タイプ，不注意優勢タイプ，混合タイプの3つのタイプに分けられる。多動─衝動性優勢タイプの方は男子に多く，小学校高学年頃から，行動が落ち着いてくる傾向がある。一方，不注意優勢タイプの方は，女子に分類されることが多く，幼少期～児童期の頃は気づかれないまま，成人になってしまうことがある。

　ADHDの有病率は3～7％であり，小学校の1クラスに1～2人の割合ということになる。また，性差についても女性に比べて男性の方が4：1となり多いとされている。小児期のADHDの薬物治療については，現在，中枢神経刺激薬メチルフェニデート徐放剤（商品名：コンサータ）が有効とされている。これは，ADHDの症状である多動性・衝動性・不注意さのすべてに効果を現すと考えられているが，副作用もあるので，保護者と医師との適切な情報交換が必要になる。また，薬物療法と並行して，決められた時間に座っていられたら，ご褒美をあげるなどの行動療法，ソーシャル・スキルズ・トレーニング（social skills training：SST），社会生活技能訓練，親プログラムも有効である。その他，家族や保育所，小学校へのアドバイスや保護者の養育指導も行いながら，治療を進めていく。

　発達障害の子どもでは，学習障害や発達性協調運動障害（運動発達の著明な遅れ〔不器用〕があり，学業や日常生活に影響を及ぼす程度である）などのさまざまな

障害が併発し，グレーゾーンも少なからず存在するため，診断を持つ子どもが同じ特性を兼ね備えているとは限らない。したがって，保育者はそれぞれの子どもの特性を見きわめて，その子どもに合った保育を展開することが求められる。

### 3）生活習慣の問題

これまで生活習慣病は成人の疾患と考えられてきたが，近年子どもたちの間にも生活習慣に関する問題が広がっている。基本的生活習慣とは，子どもが心身ともに健康に育つために生活の基盤となるもので，日常生活の基本となる食事・睡眠・排泄・清潔・衣服の着脱の5つの生活習慣のことを意味する。その中でも，最近では，子どもの食生活，睡眠，体力に関する問題が注目されている。

まず「食生活」についてであるが，幼児期は，発育・発達の重要な時期であるにもかかわらず，栄養素摂取の偏り，朝食の欠食などが指摘されている。全国の幼児6,875名を対象とした2000（平成12）年の調査によると，朝食の状況については，1～6歳において，"週に1～2回しか食べない"子どもがおよそ2％である。また"週に1～2回抜く"，"週に3～4回抜く"をあわせるとおよそ10％であることから，朝食の欠食の問題は低年齢化している。[2]

もちろん，栄養素の偏りには偏食の問題が影響する。偏食は幼児期から増加している。[3] これは，幼児期の子どもが野菜や豆類などを嫌がる傾向が反映されている。この時期の食生活は子どもの成長にとってたいへん重要であるので，幼児期には朝食を毎日欠かさず摂り，好き嫌いをせずに食べることが望まれる。

また子どもの発育・発達過程において，心と身体の健康な状態を確保することは基本である。しかし，子どもの食生活の現状で挙げられた偏食や朝食欠食を，無理に直そうとする過度な親の期待や強制は子どもの心に負担を感じさせ，意欲の欠如，消極性，低い自己価値観の源となる。特に，心の健康のためには，安心感や基本的信頼感のもとにできることを増やし，達成感や満足感を味わいながら，自分への自信を高めていくことが重要となる。よって，不健全な食生活が子どもの精神・身体発達に悪い影響をもたらすなどの食に関する正しい知

識を，保護者や子ども自身が理解することが必要である。たとえば，朝食や休日はできるだけ家族そろってご飯を食べるように保護者が心がけるなどをすることで，子どもの精神発達が安定する。また幼稚園・保育所では，栄養士を招いた講演会を開催したり，子どもたちにはパネルシアターや絵本を使って食事の大切さを伝えることが大切である。

次に「睡眠」についてであるが，わが国は世界的にも睡眠時間が少ない国の1つであり，生活が夜型化していることが問題視されている。そこで，わが国では，1歳～未就学児5,097人を対象に「平成22年度幼児健康度調査」を実施した。(4) その結果，就寝時刻は午後9時台がもっとも多く，全体の49％を占め，次いで午後10時が23％と多かった。また，午後10時以降に就寝する児の割合は，1歳児で28％，1歳6か月児で30％，2歳児で35％，3歳児で31％，4歳児で26％，5～6歳児で25％とどの年齢も30％前後となった。つまり，現代の子どもたちは夜ふかしの傾向が明らかである。この背景には，保護者の夜ふかしに対する問題意識の薄れや社会環境の変化が関係している。

また，毎日の就床時刻・起床時刻に1.5時間以上ばらつきがあると，保育者はその子どもを「気になる子ども」としてエピソードを挙げることが多い。(5) たとえば，無表情で自分の気持ちを表すことが苦手，こだわりが強く人の気持ちに無関心，理由もなく攻撃性を示すといったことである。具体的には，遊具をだれかにとられても何もせずに立っている，目の前にミニカーを並べるがだれもテリトリーには入れない，友だちが泣いていたら指をさして笑って喜ぶ，もしくは何も感じないなどの事例が報告された。つまり，睡眠と覚醒リズムのばらつきは日々の保育活動の中で，子どもの情緒の安定に影響を及ぼしていることから，睡眠と心の健康は密接に関係していると言えるだろう。

さらに，「体力」については，近年文部科学省が実施した「体力・運動能力調査」によると，子どもの体力・運動能力は，1985（昭和60）年頃から現在まで低下傾向が続いている。(6) また，今の子どもの世代と親世代を比較すると，子どもの世代の方が，体格が向上しているにもかかわらず，体力・運動能力が低下している。これらは，身体能力の低下が深刻な状況であることを示している。

また，最近の子どもたちは，靴のひもを結べない，スキップができないなど，自分の身体を操作する能力の低下も指摘されている。子どもの体力の低下は，将来的に国民全体の体力低下につながり，生活習慣病の増加やストレスに対する抵抗力の低下などを引き起こすことが懸念され，社会全体の活力が失われるという事態に発展しかねない。

　また体を動かすことと心身の発達は密接に関連しており，体力の向上は精神面に良い影響を及ぼす。つまり体がよく動くことが意欲を高めるように，体力の向上は，気力，意欲，精神ストレスに対する強さや思いやりの心などの精神的な面にプラスの効果をもたらす。したがって，保育現場においても，すべての子どもの体力向上や健やかな成長を保証するために，運動が苦手な子どもも楽しんで参加できるような身体活動を積極的に取り入れることで，心身の発達に働きかけることが重要である。

### 4）虐　待

　児童虐待の定義として，身体的虐待，性的虐待，ネグレクト，心理的虐待の4つの種別が定められている。現在は児童虐待に対してさまざまな防止策が講じられているものの，年々増加の一途をたどっている。全国の児童相談所における児童虐待相談対応件数は，2011（平成23）年では59,919件となり過去最高の件数を記録している[7]。これは児童虐待を防止するためにつくられた「児童虐待の防止などに関する法律」が施行された2000（平成12）年の約3倍の数値である。

　幼児期に虐待を受けた子どもと心の問題は密接に関係している。虐待者または虐待を防ぐことができなかった大人に対する怒り，罪悪感や恥，虐待が生じたことに対する自責の念などである。また，虐待で受けた身体的な傷は治療によって回復するが，心の傷は治りにくく治療しても完治するとは限らない。心の傷が大人になっても残っていることが原因で，被虐待児が親になった時に自分の子どもに虐待を行うという"虐待の連鎖"も実際に起こっている。これらの現状を理解した上で保育者は被虐待児や保護者とかかわっていくことが求められる。

第7章　相談援助と連携（ネットワーク）

5）過保護

　過保護に育てられた子どもの養育環境の要因については，一人っ子であったり，子育てが孤立していたり，仕事のため父親不在の母子家庭のような家族関係が挙げられる。またその他の要因としては，障害を含めた子どもの気質によるものが考えられる。過保護というのは，保護者と子どもの関係が密着しすぎるため，共依存の状態に置かれることになる。このような状況下では，子どもは自分の足で立って物事を判断する能力が発達しないために，自立が困難になる。その場合，子どもは以下のような特徴を持つ可能性がある。まず自分の思いが通らなければ，自己中心的な主張を繰り返すようになり，やさしさや思いやりの気持ちが育たなくなる。また，すべての問題に対して責任を取らずに，その問題の原因は自分以外にあると考えるようになる。さらに，不安が強くなり，困難に立ち向かう力が育たないため，失敗や葛藤から自分を守ることを最優先にする。したがって，成長してもいつまでも自分が世界の中心となり，他者の存在に目を向けて理解することは困難になる。保育者は，生涯を通じた子どもの健やかな成長をサポートするために，まずは子育てについて保護者と一緒に考え，寄り添うところから始めることが求められる。

　上記で述べた気になる子どもに対する働きかけについては，かならず保護者との連携が求められる。たとえば，保護者に子どもの障害特性を理解してもらうことで，幼稚園・保育所だけでなく，家庭においても子どもに合った支援が可能になる。また，これまで朝食を摂る習慣がなかった家庭の保護者が朝食の大切さを認識することで，家族で朝食を摂るように意識するようになった。このように，子どもの育ちを見守り，サポートするためには，保護者の協力が必要である。

## 第3節　小学校との連携

（1）幼児教育と小学校教育の連携について

　近年になって，特に幼児教育と小学校教育の連携が注目されている。その背

景には，まず小学校低学年の子どもたちに**小1プロブレム**が顕著になり，これは幼児期の教育に問題があると批判が起きたことや，幼児教育と小学校教育のつながりが悪いことが指摘されたことが影響している。特に，最近では小学校に入学した子どもたちが小学校という新しい環境になじめないために，さまざまな問題が深刻化している。また少子化やテレビゲームの影響により，近所に住む異年齢の子ども同士が外で遊ぶかかわりが減少したことが挙げられる。

　連携には主に3つのことを念頭に置くことが必要である。1つ目は「子ども同士の交流の場」である。つまり異年齢の子どもたちが交流する機会を設けるようにする。たとえば，小学校で園児と給食をとることや，園児と小学生が一緒になってハロウィンパーティをするなど。2つ目は「教師同士の交流の場」である。それぞれの教育方針や内容について相互理解を深めるために，研修会や授業見学日を設けたり，子どもの発達特性を把握するために，合同会議を開き，子どもがよりよい生活を送るために必要な知識や対応について情報を共有するようにする。実際の保育や授業を参観することがむずかしい場合には，保育研修教材ビデオを見て，子どもの育ちについて考えることも有効である。3つ目は「カリキュラムの連携」である。幼児教育での遊びによる学びや生活体験が，小学校教育での教科学習につながるようにしなければならない。小学校では2011（平成23）年より新学習要領が実施されており，たとえば生活科では，幼児教育から小学校への円滑な接続を図る一環として，児童が自らの成長を実感できるように，低学年の児童が幼児と一緒に学習活動を行うことなどの配慮が求められている。[8]

---
**用語解説**

**小1プロブレム**

　小学校に入学したばかりの児童が，授業中に座っていられなかったり，集団行動がとれなかったりといった状態が続くことである。生活の中心が「遊び」から「学び」に変わるギャップの大きさが要因の一つとされる。10年以上前から問題として取り上げられ，各地で園児と小学生の交流や年長児の小学校体験といったさまざまな取り組みが進んでいる。

第7章　相談援助と連携（ネットワーク）

（2）小学校との段差

　小学校へのつながりをなめらかにするということは，単に小学校が幼稚園・保育所の生活にあわせるのではなく，その逆の意味でもない。それぞれの段差をなくすのではなく，ある程度のところまで段差を低くして，その段差を子どもたちの力で乗り越えていくことが重要である。子どもたちが自らでその段差を乗り越えた後には，本人の自信につながり大きな成長となる。また幼・保・小の連携では，保育者と教員がお互いに幼児期から児童期への発達と教育について共通理解をし，どのような「段差」であれば，子どもの成長になるかを理解しておくことが大切である。

（3）連携のための情報伝達方法

　1）要　録

　幼・保・小をなめらかなつながりにするための伝達手段として，要録（認定こども園こども要録・保育所児童保育要録・幼稚園幼児指導要録）がある。これは今後，小1プロブレム，低年齢化の学級崩壊，発達障害や気になる子どもの増加を考えると，幼児期の基本的な情報を得て，しっかりと受け入れの態勢を整えなければならない。就学前の子どもの情報がない場合には，教師は一からその子どもの特性を理解し，対応を考える必要があるため，子どもへの適切なかかわりを理解するまでに時間がかかる。この状況では子ども，教師，保護者にとっても不利益になる可能性が高くなる。要録を通じて子どもの情報を伝えるようにし，さらに情報が不十分と感じられる子どもに対しては，保育者と教師による話しあいの場も必要になる。

　要録には，主に4つの役割が挙げられる。

　①子ども：あらかじめ子どもの特性や配慮事項を把握できるため，子どもは小学校生活へスムーズに移行できる。

　②保護者：自分では伝えきれない幼稚園・保育所でのわが子の様子や発達状況を小学校の先生へ伝えてもらうことが可能になる。

　③小学校教諭：子どもの特性や配慮事項を知ることで，一人ひとりの子ども

への理解が深まり，より良い対応が可能になる。
　④保育者：自分の保育を振り返ることで，保育の質を高めることが可能になる。

**2）要録の記述内容のポイント**

　要録は「基本的な情報（氏名，性別など）」と大きく3つの項目「子どもの育ちにかかわる事項」，「養護（生命の保持および情緒の安定）にかかわる事項」，「教育（発達援助）にかかわる事項」から構成されている。幼稚園・保育所などでは，その子の様子や姿を小学校教諭が理解しやすいように意識して書くことが必要である。

　幼稚園幼児指導要録には，抄本と記録（学籍等に関する記録，指導および保育に関する記録）がある。抄本とは，園で保管するものではなく，子どもの進学先の小学校へ送る書類である。抄本は，要録に記入した後，改めて書くものではなく，要録に記載したことをもとに，その内容から特に重要だと思われることを抜粋して書くこととなる。

　要録は以下を参考にして書くとよい。

　①子どもの入園時から現在までの成長過程と子どもの姿を記入する。

---
　例1）2歳より入園。自分の思いを言葉にして表現することが苦手だったので，無口であったが，保育者がゆっくりと話を聞くというようなかかわりをすることで，少しずつ自己主張ができるようになった。子どもの変化を認めながらも，今後も大人の助けが必要である。
　→小学校で引き継いでほしい点が明らかになっている。
　例2）3歳より入園。入園当初から元気で明るい。外遊びが大好きなので，よく子どもたちの中心になって他の子どもたちを引っ張っている。友だちが転んだ時も「大丈夫」と声がけができるなどやさしい子どもである。
　→小学校でもリーダー的存在になる可能性が読みとれる。

---

　②生命の保持・情緒の安定について書く

　発達の心配な面やアレルギーなどの持病があれば記入し，パニック時の対処

法や緊急時の対応などを記入する。

> 例1）牛乳や卵の食物アレルギーがあるため，アレルギーを除去することが必要である。またアトピー性皮膚炎のため，暇を持てあますと体を掻きむしるため出血することがある。必要に応じてかかりつけの病院に連絡する。
> →小学校でもどのようなことを配慮すべきかについて理解できる。
> 例2）両親が仕事の関係上，夜型の生活スタイルになっている。園でも午前中の活動では集中力や注意力を維持することが困難なことがある。なかのよい友だちと遊ぶ時は元気で楽しそうである。
> →小学校でも家庭と一緒に子どもの育ちを支援する必要性が理解できる。

③健康状態について書く

かかりやすい病気や健康維持に関することを記入する。

> 例1）小児ぜんそくがあり，入院経験あり。現在薬を服用している。
> →保護者と連絡を取りあうことや，体育への出席の配慮が必要となることがわかる。

④子どもの特性を書く

5領域（健康・人間関係・環境・言葉・表現）にもとづき，最終年度の子どもの姿やその特性について記入する。子どもの得意としていることや気になっていることが伝わるように記入する。

> 例1）外遊びでは自己主張を通そうとするため，クラスの子どもとけんかになることがあったが，徐々にまわりとあわせる気持ちが芽生えてきた。
> →これからの成長が期待できることが読みとれる。
> 例2）マイペースであるため，少人数で遊ぶことを好むようであるが，鬼ごっこなどの集団でする遊びでも，楽しそうに参加することができる。
> →子どもの姿がイメージでき，クラス運営のヒントになる。
> 例3）歌やリトミックなどの好きな活動には積極的な姿勢が見られるが，制作活動では集中することがむずかしい。しかし苦手な活動時に声がけをすれば継続することができる。
> →小学校でも苦手な科目に関しては個別対応が必要になることが読みとれる。

表7-1 認定子ども園こども要録（学籍等に関する記録）

| 区分＼年度 | | | | |
|---|---|---|---|---|
| 学　　級 | | | | |
| 整理番号 | | | | |

| 子ども | ふりがな<br>氏　名 | 平成　　年　　月　　日生 | 性　別 | |
| --- | --- | --- | --- | --- |
| | 現住所 | | | |

| 保護者 | ふりがな<br>氏　名 | |
| --- | --- | --- |
| | 現住所 | |

| 入　園 | 平成　　年　　月　　日 | 入園前の状況 |
| --- | --- | --- |
| 退　園 | 平成　　年　　月　　日 | |
| 修　了 | 平成　　年　　月　　日 | 進学・就学先等 |
| 幼稚園<br>に在籍し<br>た期間 | 平成　　年　　月　　日<br>〜平成　　年　　月　　日 | |

| 園名および所在地 | | | | |
| --- | --- | --- | --- | --- |
| 年度および入<br>園・進級時の幼児<br>の年齢 | 平成　　年度<br>　歳　　か月 | 平成　　年度<br>　歳　　か月 | 平成　　年度<br>　歳　　か月 | 平成　　年度<br>　歳　　か月 |
| 認定こども園の長<br>　氏　　　　名 | | | | |
| 学級担任者<br>　氏　　　名 | | | | |

出所：文部科学省・厚生労働省幼保連携推進室。

第 7 章　相談援助と連携（ネットワーク）

## 表 7-2　認定こども園こども要録（指導および保育に関する記録）

| ふりがな | | | 平成　年度 | 平成　年度 | 平成　年度 | 平成　年度 |
|---|---|---|---|---|---|---|
| 氏名 | | 養護（子どもの健康状態等） | | | | |
| 　　　平成　年　月　日生 | | | | | | |
| 性別 | | | | | | |
| 子どもの育ちにかかわる事項 | | | | | | |
| | ねらい（発達を捉える視点） | 指導の重点等 | （学年の重点） | （学年の重点） | （学年の重点） | （学年の重点） |
| 健康 | 明るく伸び伸びと行動し、充実感を味わう。 | | (個人の重点) | (個人の重点) | (個人の重点) | (個人の重点) |
| | 自分の体を十分に動かし、進んで運動しようとする。 | | | | | |
| | 健康、安全な生活に必要な習慣や態度を身につける。 | | | | | |
| 人間関係 | 園生活を楽しみ、自分の力で行動することの充実感を味わう。 | 教育　指導上参考となる事項 | | | | |
| | 身近な人と親しみ、かかわりを深め、愛情や信頼感を持つ。 | | | | | |
| | 社会生活における望ましい習慣や態度を身につける。 | | | | | |
| 環境 | 身近な環境に親しみ、自然と触れ合う中でさまざまな事象に興味や関心を持つ。 | | | | | |
| | 身近な環境に自分からかかわり、発見を楽しんだり、考えたりし、それを生活に取り入れようとする。 | | | | | |
| | 身近な事象を見たり、考えたり、扱ったりする中で、物の性質や数量、文字などに対する感覚を豊かにする。 | | | | | |
| 言葉 | 自分の気持ちを言葉で表現する楽しさを味わう。 | | | | | |
| | 人の言葉や話などをよく聞き、自分の経験したことや考えたことを話し、伝え合う喜びを味わう。 | | | | | |
| | 日常生活に必要な言葉が分かるようになるとともに、絵本や物語などに親しみ、先生や友達と心を通わせる。 | | | | | |
| 表現 | いろいろなものの美しさなどに対する豊かな感性を持つ。 | | | | | |
| | 感じたことや考えたことを自分なりに表現して楽しむ。 | | | | | |
| | 生活の中でイメージを豊かにし、さまざまな表現を楽しむ。 | | | | | |

| 出欠状況 | | 年度 | 年度 | 年度 | 年度 | 備　考 | | | | |
|---|---|---|---|---|---|---|---|---|---|---|
| | 教育日数 | | | | | | | | | |
| | 出席日数 | | | | | | | | | |

注：養護：子どもの生命の保持および情緒の安定に関わる事項について記載すること。また，子どもの健康状態について，特に留意する必要がある場合は記載すること。
　　学年の重点：年度当初に，教育課程及び保育課程にもとづき長期の見通しとして設定したものを記入。
　　個人の重点：一年間を振り返って，当該子どもの指導について特に重視してきた点を記入。
　　指導上参考となる事項：次の事項について記入すること。
　　　①1年間の指導および保育の過程と子どもの発達の姿について以下の事項を踏まえ記入すること。
　　　　・幼稚園教育要領第2章「ねらい及び内容」に示された各領域のねらい及び保育所保育指針第3章「保育の内容」「(1)保育のねらい及び内容」「(2)教育に関わるねらい及び内容」に示された各領域のねらいを視点として，当該子どもの発達の実情から向上が著しいと思われるもの。その際，他の子どもとの比較や一定の基準に対する達成度についての評定によって捉えるものではないことに留意すること。
　　　　・認定こども園での生活を通して全体的，総合的に捉えた子どもの発達の姿。
　　　②次の年度の指導に必要と考えられる配慮事項について記入すること。
出所：文部科学省・厚生労働省幼保連携推進室。

### 表7-3　保育所児童保育要録（様式の参考例）

| ふりがな | | 性　別 | | 就 学 先 | |
|---|---|---|---|---|---|
| 氏　　名 | | | | 生年月日 | 平成　　　年　　　月　　　日生 |
| 保育所名および所在地 | （保育所名） | | （所在地）〒　　　－ | | |
| 保育期間 | 平成　年　月　日　～　平成　年　月　日　（　　年　　か月） | | | | |

| 子　ど　も　の　育　ち　に　か　か　わ　る　事　項 | |
|---|---|
| | |
| 養護（生命の保持および情緒の安定）にかかわる事項 | （子どもの健康状態等） |
| | |

第7章 相談援助と連携（ネットワーク）

| 項　目 | 教　育　（発達援助）　に　か　か　わ　る　事　項 | |
|---|---|---|
| 健康 | ・明るく伸び伸びと行動し，充実感を味わう。 | |
| | ・自分の体を十分に動かし，進んで運動しようとする。 | |
| | ・健康，安全な生活に必要な習慣や態度を身につける。 | |
| 人間関係 | ・生活を楽しみ，自分の力で行動することの充実感を味わう。 | |
| | ・身近な人と親しみ，かかわりを深め，愛情や信頼感を持つ。 | |
| | ・社会生活における望ましい習慣や態度を身につける。 | |
| 環境 | ・身近な環境に親しみ，自然とふれあう中でさまざまな事象に興味や関心を持つ。 | |
| | ・身近な環境に自分からかかわり，発見を楽しんだり，考えたりし，それを生活に取り入れようとする。 | |
| | ・身近な事物を見たり，考えたり，扱ったりする中で，物の性質や数量，文字などに対する感覚を豊かにする。 | |
| 言葉 | ・自分の気持ちを言葉で表現する楽しさを味わう。 | |
| | ・人の言葉や話などをよく聞き，自分の経験したことや考えたことを話し，伝えあうよろこびを味わう。 | |
| | ・日常生活に必要な言葉がわかるようになるとともに，絵本や物語などに親しみ，保育士や友だちと心を通わせる。 | |
| 表現 | ・いろいろなものの美しさなどに対する豊かな感性を持つ。 | |
| | ・感じたことや考えたことを自分なりに表現して楽しむ。 | |
| | ・生活の中でイメージを豊かにし，さまざまな表現を楽しむ。 | |
| 施　設　長　名　　　　　　　　　　　㊞ | 担当保育士名　　　　　　　　　　　　㊞ | |

注：「子どもの育ちにかかわる事項」は，子どもの育ってきた過程を踏まえ，その全体像を捉えて総合的に記載すること。
　「養護（生命の保持および情緒の安定）にかかわる事項」は，子どもの生命の保持および情緒の安定にかかわる事項について記載すること。
　また，子どもの健康状態等について，特に留意する必要がある場合は記載すること。
　「教育にかかわる事項」は，子どもの保育を振り返り，保育士の発達援助の視点等をふまえた上で，主に最終年度（5，6歳）における子どもの心情・意欲・態度等について記載すること。
　子どもの最善の利益をふまえ，個人情報保護に留意し，適切に取り扱うこと。
出所：厚生労働省．

表7-4　幼稚園幼児指導要録（様式の参考例）

| 幼児 | ふりがな | | 性別 | |
|---|---|---|---|---|
| | 氏　名 | 　　　年　　月　　日生 | | |
| | 現住所 | | | |

203

| 保護者 | ふりがな 氏　名 | | | | | | | | | |
|---|---|---|---|---|---|---|---|---|---|---|
| | 現住所 | | | | | | | | | |
| 入　園 | | 年　月　日 | | 転入園 | | 年　月　日 | | 修　了 | | 年　月　日 |
| 幼稚園名 および所在地 | | | | | 園　長 氏　名　印 | | | | | |
| ねらい （発達を捉える視点） | | | | | | | | 指導上参考となる 事　　項 | | |
| 健 康 | 明るく伸び伸びと行動し，充実感を味わう。 | | | | | | | | | |
| | 自分の体を十分に動かし，進んで運動しようとする。 | | | | | | | | | |
| | 健康，安全な生活に必要な習慣や態度を身につける。 | | | | | | | | | |
| 人 間 関 係 | 幼稚園生活を楽しみ，自分の力で行動することの充実感を味わう。 | | | | | | | | | |
| | 身近な人と親しみ，かかわりを深め，愛情や信頼感を持つ。 | | | | | | | | | |
| | 社会生活における望ましい習慣や態度を身につける。 | | | | | | | | | |
| 環 境 | 身近な環境に親しみ，自然と触れ合う中でさまざまな事象に興味や関心を持つ。 | | | | | | | | | |
| | 身近な環境に自分からかかわり，発見を楽しんだり，考えたりし，それを生活に取り入れようとする。 | | | | | | | | | |
| | 身近な事象を見たり，考えたり，扱ったりする中で，物の性質や数量，文字などに対する感覚を豊かにする。 | | | | | | | | | |
| 言 葉 | 自分の気持ちを言葉で表現する楽しさを味わう。 | | | | | | | | | |
| | 人の言葉や話などをよく聞き，自分の経験したことや考えたことを話し，伝えあうよろこびを味わう。 | | | | | | | | | |
| | 日常生活に必要な言葉がわかるようになるとともに，絵本や物語などに親しみ，先生や友だちと心を通わせる。 | | | | | | | | | |
| 表 現 | いろいろものの美しさなどに対する豊かな感性を持つ。 | | | | | | | | | |
| | 感じたことや考えたことを自分なりに表現して楽しむ。 | | | | | | | | | |
| | 生活の中でイメージを豊かにし，さまざまな表現を楽しむ。 | | | | | | | | | |
| 出欠 状況 | 教育日数 | | 日 | 備　考 | | | | | | |
| | 出席日数 | | 日 | | | | | | | |

出所：文部科学省。

## （4）スタートカリキュラム

　小1プロブレムを予防するために，子どもたちが学校生活に慣れるための指導が必要になっている。スタートカリキュラムとは，遊びを中心とした幼稚園・保育所の生活から，教科学習や時間割による小学校の学習生活になめらか

に接続できるように工夫された指導計画のことを意味する。したがって，4～5月の間に，子どもたちが新たな生活環境に慣れるために，どのような指導を展開したらよいか構想する必要がある。

　スタートカリキュラムには主に3つの役割がある。1つ目は，学校生活への適応をどのように進めるかということである。たとえば，チャイムが鳴ったら授業が開始する，登校したら学校内は上履きに履き替えるなどが挙げられる。2つ目は，新しい友人をつくるなど，対人関係を身につけることである。3つ目は，国語や算数などの教科学習に対して，子どもたちが興味を持つ授業をどのように展開すればよいかということである。

（5）エピソード
　1）幼稚園と小学校「お弁当交流」
　隣接する幼稚園児30名を招いて校内でお弁当を食べる機会を設けた。この交流会を通じて，普段は下級生である小学校1年生が，園児にお茶を運ぶなど，面倒を見るというような微笑ましい場面が見られた。このように「お世話される，お世話する」というふれあいの輪が広がった。

　2）保育所と小学校「広報誌交流」
　地方の小さな町にある保育所は小学校から徒歩1時間かかるところにある。そのため，物理的にも頻繁に交流会を開くことは困難であった。したがって，それぞれで発行している「小学校だより」を保育所に，「園だより」を小学校に配布した。情報誌から双方での取り組みが伝わった。

　3）幼稚園と保育所と小学校「カリキュラムに関する交流」
　小学校進学に向けて，幼稚園と保育所の園長，副園長，教諭と，小学校の校長，副校長，スタートカリキュラム委員でカリキュラムについて話しあった。小学校では教科書にもとづいて授業を展開するが，幼稚園・保育所では，5領域にもとづいた遊びや活動が中心になる。そのため，以前から小学校教諭らは園での活動内容に関心があった。幼稚園では子どもたちは英語の歌が大好きなので，英語教育を取り入れている。小学校でも取り入れるとよいとの意見があ

った。また保育所では、毎日の日課としてリトミックを実施している。したがって、小学校の音楽の時間では、想像力を養い、運動機能の向上にもつながる活動を行うとよいという意見が出された。それらの意見をふまえて、小学校では、スタートカリキュラムに、幼児期からの活動内容の連続として、幼稚園で実施した英語と保育所で実施した音楽の内容を深めることを検討した。

4) 幼稚園と小学校「研修会」

相互に教育活動や授業を公開し、教育目標などの意見交換を実施する。また年に数回の教員を対象にした研修会も行い、相互の取り組みについての理解が深まり、またお互い知りあうきっかけになったりするため、よりスムーズな連携につながった。

〈演習課題〉

現在私たちが住んでいる地域の小学校と幼稚園・保育所ではどのような連携を行っているか調べてみよう。

## 第4節　大学との連携

保育者は発達が気になる子どもを担当した場合には、このかかわり方であっているのか自信を持てずに過ごすことが多くなる。また保護者とのかかわりの中で、どのように対応すればいいのか日々悩んでいる。このように問題を一人で抱え込むようになると、保育に負担を感じたり、自信がなくなったり、保育者のメンタルヘルスにマイナスの影響を及ぼす。保育に関するさまざまな問題については、一人で抱え込むのではなく、職員全体で問題に取り組むことが何よりも重要である。

幼・保・大の連携としては、大学が幼稚園・保育所に「子どもの発達」について講演を行ったり、保育・教育実習の学生が幼稚園・保育所で子どもたちとふれあったり、栄養学専攻の学生による給食を学生と子どもたちが一緒に食べるなどの活動がある。最近では、地域貢献および大学教育という視点により、

子育て支援センターや心理相談室を設置している大学が多い。また臨床発達心理学専門の大学教員が附属および地域の幼稚園・保育所に巡回することも多い。

(1) 巡回相談

　幼稚園・保育所への巡回指導では以下のような流れで実施するとよい。

　①年度初めに発達の気になる子どもをリストアップし，簡単なアセスメントを行う。

　②会議は少なくとも年に3回は実施する。初回は，臨床発達心理学の専門の大学教員に担当保育者が，子どもの行動で気になる点や保護者の情報を伝えるようにする。

　③巡回指導の実施される日には，大学教員が教室の中で普段の子どもの様子を観察すると同時に，保育者からも困っていることや心配になることについて説明する。その後，対応を一緒に考えたり，アドバイスをもらう。必要に応じて，保護者に連絡を取りながら，子どもを支援する。保護者との対応が困難な場合には，大学の子育て支援センターや心理相談室につなげたり，大学教員から子どもの様子を伝えてもらうようにする。

　④巡回指導でアドバイスをもらったことを参考にしてその子どもと実際にかかわる。この時，保育者が子どもへの対応について自らで考えること，また，学びたいという積極的な姿勢が求められる。

　その他，教育支援への移行をスムーズに進めるために，以下の取り組みが参考になる。

　・年長になる前に，第1回就学ガイダンスを開催することで，保護者も就学に対してとまどうこともなく，就学相談を早めに実施することが可能になる。また春に行われる小学校での公開日にも，就学の明確な目的を持って参加することができる。

　・巡回指導や大学の子育て支援センターで実施された発達検査の結果や子どもの経過報告などの資料を保護者に手渡すことにより，学校生活でも課題が予測される情報が伝わるため，就学以降の子どもの特性理解や指導に役立つ。

・専門の大学教員を交えて就学支援会議を実施する。支援会議では，子どもの能力を伸ばすために，適切な教育が受けられる就学先の審議を行う。会議では，これまでの幼稚園・保育所での経過，他の子育て支援センターでの子どもの様子，必要に応じて家庭の様子や保護者の意向などの詳細な情報提供が可能になるので，子どもによって適正な就学先の審議につながる。

## （2）子育て広場（こぐまクラブ）

　神奈川県にある相模女子大学子育て支援センターでは，地域の幼稚園・保育所に通う子どもと保護者に対して，インクルーシブ保育の視点を取り入れた子育て広場を開催している。インクルーシブ保育とは，障害の有無にかかわらず，すべての子どもが一緒に保育を受け，その環境やかかわりにおいて，子どもを分け隔てなく包み込む（include）状態での保育のことである。こぐまクラブでは，子どもは幼児が対象であるが，年齢はさまざまであり，発達レベルについても問題のない子どももいれば，発達が気になる子どもも参加している。したがって，こぐまクラブでは，以下の点に留意している。

　①まずは1対1の濃密なかかわりを通じて，子どもたちが信頼感を獲得し，他者への関心を高めるというねらいから，活動を行う時には子ども1人に対し，かならず学生を1人つけるという担当制を導入している。

　②子どもたちとのかかわりを通じて，お互いをよく知り，理解しあい，成長していく集団となっていく。

　③すべての子どもを活動に強制的に参加させるのではなく，それぞれの子どもに合った活動の場も用意する。

　④子どもたちの安全面については，棚にひもや布を掛けカバーをするなど，刺激物を排除し，活動に集中できるような環境構成を行っている。

　⑤発達に心配のある子どもを含めたそれぞれの子どもたちの特性にあわせたサポートを行っている。具体的には，子どもたちが活動内容を理解しやすいように，絵カードなどの視覚情報を呈示することにより活動の流れを明確にする。

　⑥音楽に関心を持つ子どもたちが多いため，ピアノによる演奏を取り入れる

第 7 章　相談援助と連携（ネットワーク）

**図 7-2　こぐまクラブの流れを示した絵カード**
出所：相模女子大学子育て支援センター（子ども教育学科の学生が作成）。

ことで，子どもたちの集中力を高めたり，一人ひとりが活動を楽しみながら参加できるように工夫している。

⑦こぐまクラブの活動終了後には全員で反省会を開き，子どもたちの対応，環境構成，学生メンバーの行動の振り返りを行っている。

その他，大学は教育や研究機関であるために，教育面では学生が子どもとふれあうことでかかわりを学ぶことを目的としている。一方，研究面では，子育て広場が参加者にどのような影響を及ぼすのかについて，定量的な方法で検討している。

こぐまクラブの 1 年間の計画は表 7-5 の通りである。年間予定は参加者の意見も参考にして企画・立案している。

表7-5 こぐまグループの年間予定

|  | こどもグループ | 親グループ |
|---|---|---|
| 4月 | こんにちは会 | 自己紹介 |
| 5月 | お母さんの似顔絵を書こう | 子育てについて |
| 6月 | てるてるぼうずをつくろう | 地域の情報交換 |
| 7月 | 親子活動 | 親子活動 |
| 10月 | ハロウィン | ストレス解消法 |
| 11月 | 親子活動 | 親子活動 |
| 12月 | クリスマス会 | 就園・就学について |
| 2月 | 親子活動 | 親子活動 |
| 3月 | お別れ会 | 子どもとの遊び，コミュニケーションについて |

出所：相模女子大学子育て支援センター。

図7-3 こぐまグループの子どもグループ
出所：相模女子大学子育て支援センター。

第7章　相談援助と連携（ネットワーク）

── コラム ──

### 参加している学生へのインタビュー

　こぐまクラブ（子どもグループ）では，主に子どもが他の大人や子ども同士のかかわりについて学ぶことや，子どもが楽しいと感じてくれる活動にすることを目的としています。毎月，約20組の親子が参加します。その約半数が発達に心配のある子どもたちです。初回に参加した子どもたちは見慣れない学生や新しい環境にとまどっている様子でした。しかし，回数を重ねるごとに子どもたちの笑顔が見られるようになり，自ら学生や他の子どもたちに対しても積極的にかかわるようになってきました。私はこぐまグループのグループリーダーをしていますが，4月から比べると，子どもたちの成長が目覚ましいものだと実感しています。またこぐまクラブではさまざまな子どもに対応できるように集団保育を展開していますので，普段は発達が気になる子どもとされている子どもたちも，こぐまクラブに入れば，私の話に一生懸命耳を傾けてくれますし，活動にも楽しんで参加してくれているように感じます。

　これからもこぐまクラブの活動を通して，少しずつ子どもたちが他者とのかかわりを深められるような活動を展開することで，子どもにとって居心地がよく，また成長できる場所になるように支援を行っていきたいと思います。

（子どもグループ担当学生）

　こぐまグループ（親グループ）では，子育てについて分かちあう，仲間づくりの場にする，有意義であったり，楽しい時間を過ごす，地域の情報交換をすることを目的に活動をしています。その中で，子育てについて楽しいこと・困っていることを話しあう機会がありました。楽しいことの意見では子どもに癒される，かわいい，成長を見るのが楽しいなど，子育てを経験しているからこそ味わえる楽しさが見受けられました。しかし，楽しいことの背景には，困っていることがたくさんあることがわかりました。

　保護者の方から「雑談のように話せたのが楽しかった」，「夫に対する素直な意見が聞けてよかった」，「なかなか楽しく子育てをしている実感がないまま毎日が過ぎていくので，改めて小さな出来事が大切なのだと思った」という感想があり，気軽に話すことのできるコミュニティづくりの必要性を感じました。お父さん方も前回よりたくさんお話をされていて，子育てについて真摯に取り組もうとしている姿は素敵だと思いました。今回の活動を通して子育てについて楽しいことを改めて考える機会になってよかったです。子育てについて同じような悩みを持っている人が多く，悩みを共有することの大切さを実感しました。子どもの成長とともに保護者が自身の成長も実感できるような活動にしていきたいです。また，保護者と心を合わせて協力し，一緒に子どもの育ちを支えていける保育者になりたいです。

（親グループ担当学生）

図7-4 こぐまグループの親グループ
出所:相模女子大学子育て支援センター。

---

コラム

保護者へのインタビュー

　以前から発達がゆっくりだったので心配をしていました。幼稚園でもお友だちと遊ぶことが苦手だったため,幼稚園以外でも他の子どもたちとかかわる機会をつくりたくて参加しました。特に一人っ子なので,異年齢の子どもたちと活動することが,娘の成長にも良いのではと思いました。
　娘は場所見知りが激しいため,初めての場所に行くと泣いてしまうことが多いのですが,こぐまクラブには最初から泣かずに参加しています。学生の方が,門の所から出迎えてくれたり,その日の活動にちなんだ飾りつけ（6月はてるてる坊主など）をしたりして,子どもの気持ちを楽しく盛り上げてくれているからでしょうか。「今度はいつ行くの」と,娘はこぐまクラブの活動の日を楽しみにしています。
　子どもが活動している間は,親同士は話しあいの時間です。育児の悩みや楽しみを話しあったりして,「悩んでいるのは自分だけじゃないんだ」と気持ちが楽になりました。こぐまクラブの後は気持ちに余裕ができて,子どもに対して穏やかに接する事ができている気がします。こぐまクラブは,子どもにとっても親にとっても,月に一度の楽しみな時間になっています。

（保護者:母親）

> こぐまクラブへの参加は妻がホームページで見つけてきて申し込みました。発達が少し遅れている4歳の娘に少しでも刺激になればという思いからです。
> 　活動は子どもグループと親グループに分かれて行われますが，保育経験のある学生さんに対応していただけるので，ちょっとしたことでパニックになりやすい娘も安心して預けることができます。1時間強の歌や工作の活動ですが，娘はとても楽しんでおり，終了後は興奮気味で，会場となっている大学のキャンパスを元気に走り回って帰ります。娘には良い刺激になり，私にどんなことが楽しかったかを話してくれますので，良いコミュニケーションになりました。
> 　一方，親グループの活動も私にとっても良い刺激になりました。普段，子育てについて真剣に話しあうのは妻とだけで，会社の同僚や友人とは当たりさわりのない子育ての話題くらいしか話しません。こぐまクラブでは，子育てに真剣に悩んでいる他の母親の意見を聞くことができ，とても勉強になります。妻との会話では出てこない意見・考え方が新鮮であり，他の母親の悩みを客観的に聞き，考えることで，子育てについて新たな「気づき」も得られています。こぐまクラブは子どもにとっても親にとっても，新しい「気づき」が得られる良い活動であり，楽しんで参加させていただいています。
>
> 　　　　　　　　　　　　　　　　　　　　　　　　（保護者：父親）

　大学の専門性を活かした活動を通じて，子どもの育ちを見守り支援することは，社会全体で子どもを支えることにつながる。また子育て中の保護者を社会から孤立させないこと，また育児はいろいろな人とのつながりが広がり，楽しいと思える環境をつくる手助けをすることも，大学との連携において重要な役割である。

## 第5節　保健所・医療との連携

### （1）保健所と保健センター

　保健所および保健センターは，地域保健法によって設置されている。「保健所」は広域的・専門的なサービスを実施し，住民に身近な保健サービスは市区町村の「保健センター」において実施されている。

　保健所は都道府県，政令指定都市，中核都市などに設置されており，医師，看護師，栄養士などの専門職が配置されている。主に，母子保健では，低出生

体重児（2,500g未満）の届出を保護者などから受理し，出生児の状況，家庭環境その他により，養育上必要な場合に，保健師などが家庭訪問を行っている。また小児がんなど小児慢性特定疾患にかかっている児童に対して訪問を行い，家庭看護，福祉制度の紹介などの指導を行う。

　一方，市区町村には保健センターが設置されており，母子保健に関する多くのサービスを受け持っている。妊娠届の受理，母子健康手帳の交付，妊婦の健康診査，両親（母親）学級，訪問指導，出生届の受理，新生児の訪問指導，乳児・幼児の健康診査，育児学級など地域保健に関して必要な事業を行っている。そこには保健師，看護師，栄養士などが配置されている。

　たとえば保健センターでは以下のような取り組みを行っている。

【母親学級】
・乳児のお風呂の入れ方
・歯の健康，バランスの良い食事の取り方
・母親同士の交流
・お産について

【食事講習会】
・離乳食の進め方，調理実演と試食，事故予防
・離乳完了時期の食事・おやつ，調理実演と試食，口の発育

【乳幼児健診】
・3～4か月：体重，身長，頭囲，胸囲などの身体計測と内科的診察を行う。頭のすわり，追視，反応性笑い，人の顔，声などによく反応するなどの精神運動発達，生活に支障をきたすような疾患や先天性股関節脱臼，斜頸，先天性心疾患など早期に発見し治療が必要な疾患を把握する。
・6～7か月・9～10か月：身体計測，一般的な診察，精神運動発達状態の確認を行う。
・1歳半：身体計測や内科的診察を行う。「歩く」，「単語が言える」などを評価する。軽度難聴の問題，離乳食完了の確認，栄養の説明，育児相談，事故防止，虫歯の予防などについても行う。

・3歳：身体計測，内科的診察，精神運動発達，生活習慣，言語発達，社会性の発達，視力・聴力テストを実施する。「階段の登り降り」，「積み木を積む」，「小さい物を指先でつまめる」，「排尿ができる」，「食事ができる」，「文章を話す」，「ごっこ遊びをする」，「名前や年齢が理解できる」などを評価する。

## （2）医療機関

　主に，幼児～思春期精神科では，発達障害，**統合失調症**，気分障害（うつ病）などの精神障害，その他不登校・ひきこもりなどの問題がある子どもを対象に診察をしている。子どもの精神科治療の中心は外来診療であるが，興奮や衝動性の強い場合や，抑うつ，自傷，強いこだわりなどがあるため，自分や周囲の人たちの生活に強い影響を及ぼしてしまう場合には入院治療を選択することがある。入院治療は，主治医による面接，薬物療法，集団精神療法，デイケアなどの治療が中心となる。治療の経過とともに家族との面会や外出，外泊などを経て，自宅や入院前に生活していた施設などへの復帰を目指す。

　病院では，医師，看護師，心理士，精神科ソーシャルワーカー，作業療法士，保育士などの医療チームによって治療の効果を高めることを目的としている。

---
**用語解説**

**統合失調症**

児童期以降に発症する可能性が高い。統合失調症の主な症状は以下の通りである。
「陽性症状」
・幻聴（実際には存在しない声や音が聞こえる）
・妄想（あり得ないことを信じ込んでしまう）
・思考障害（頭の中が混乱して考えがまとまらなくなる）
「陰性症状」
・意欲の低下や閉じこもりなど

---

## （3）発達障害児の治療教育（療育）

　幼児期では発達が気になる子どもの割合が増加しており，中でも発達障害の

有病率の高さが目立つ。ここ数年，児童精神科においても，知的な遅れをともなわない ASD や ADHD の子どもが多くなっている。わが国の治療教育のプログラムについては，TEACCH，ABA，太田ステージなどがあり，親プログラムでは，ペアレント・トレーニングが主流である。療育のスタッフは，心理士，言語療法士，作業療法士，保育士であり，対象は認知レベルが同程度の幼児期の子ども 5〜7 名の小グループから構成されている。

　療育の実施においては，いくつか気をつけておくべき点がある。1 つ目は，子どもの発達レベルに合わせた療育を行うことが大切である。そうすることで，子どもはさまざまなことを身につけるだけではなく，楽しく参加することができる。実際にグループに参加する子どもの保護者からは，「子どもがいつも楽しみにしている」という話をよく聞く。やはり療育では子どもの積極的な態度が子どもの発達にも良い影響を及ぼすのである。2 つ目は，構造化した環境の中で，療育を実施することである。たとえば，毎回のプログラムの前には，ホワイトボードに絵カードと一緒に課題名を子どもたちに提示しておくことで，子どもは見通しが持てるようになり，安心してプログラムに参加することができる。通常初回は落ち着きがない子どもが，3 回目になると，落ち着いた状態で椅子に座り，積極的に活動に参加することが可能になる。

　子どもの療育には子どもだけではなく，保護者のサポートが求められる。したがって，毎回のプログラム終了後に，それぞれのスタッフが保護者と面談をする。特に知的な遅れをともなわない発達障害がある子どもの保護者は，一見わが子の発達には問題がないように見えるため，障害受容が困難になることが多い。スタッフは保護者の気持ちに寄り添い，受け入れながら，保護者がありのままの子どもの姿を受け入れることも必要であることを伝えていかなければならない。保護者がありのままの子どもの姿を受容し，子どもが生きやすくなるための方法をスタッフとともに考えていく姿勢が求められる。

〈演習課題〉
　発達障害児の療育手法である TEACCH，ABA，太田ステージについて調べ

てみよう。

### (4) 保健センターおよび医療機関とのかかわり

　幼稚園・保育所には，年度初めに地域の保健センターより臨床心理士・臨床発達心理士が巡回指導に来ることがある。したがって，巡回前に，園で発達が気になる子どもをリストアップしておくことが必要である。そのリストにしたがって，心理士は助言，必要に応じて保健センターへの受診を勧める。その結果を保護者に伝えるようにする。その時にいきなり受診を勧めるのではなく，最近の家庭での子どもの様子を聞いたり，園での子どもの様子を伝えるなどして，保護者との信頼関係を築くことが求められる。その時に，保護者には「全体の指示だと，自分に言っていることかどうかわからないので，いつも困っている」というように，子どもの困り感を伝えるようにする。そして将来子どもが自立するために，今大切なことを一緒に考える姿勢で保護者と向きあうことが何よりも大切なことである。その後，保健センターで診断やアセスメントを行い，必要に応じて療育を受けることになる。アセスメントで実施した発達検査の結果を持参してもらうことで，保育者はその子どもの発達面の特徴を理解することができるため，かならず保育に役立つ資料となるであろう。

　医療機関については，子どもが大学病院に通院している場合，子どもの診断やアセスメントの結果を持参してもらうようにする。もし保育者がてんかんやASDなど医療的な側面についてアドバイスを直接求める場合には，子どもに関する書類を作成し，それを保護者に持参してもらうとよい。また保育者が直接医師との話を希望する場合には，保護者とその子どもが通院する時に同席させてもらうとよい。

## 第6節　地域との連携

　昔に比べて，今は地域とのつながりが希薄になっている。また産業構造の変化により，子育ての担い手が変化した。農業を主体としていた時代では，夫婦

がともに田畑で働くことが多かったが，高度成長期の時代より，核家族化が進み，サラリーマンの夫が外でフルに働き，妻が家事に専従するという夫婦の役割分業が確立された。もちろん，子育てに対する考え方も変化した。農業を中心としていた時代では，ある子どもが誕生すると，村の人びとがお互いに助けあい，ともに育てあうことが当然であった。すなわち，子育ては母親だけに任されているのではなく，地域社会が協力しあって，子どもをその村の子どもとして育てあげるという姿勢があった。しかし，高度成長期になると，子育ての担い手は，家族という単位から，夫婦，中でも母親という流れになった。最近，特に都市部では近所同士のつきあいも避けられるようになり，マンションの住人の顔や名前も知らないことも少なくない。場合によっては，だれがよそ者であり，怪しい人物かも区別できないために，犯罪につながる危険性もある。このような状況をふまえて，近年に，かつての日本のように地域全体で子育てに取り組むことが見直されてきた。[9]

　保育者として，地域で子どもの育ちを見守り，サポートするために必要なことについて理解しておくことが必要なので，次は地域の役割，機関，サービス，連携について説明する。

(1) 市区町村の役割

　市区町村は，2005（平成17）年4月から第一義的な児童家庭相談窓口となったため，子どもに関する相談を直接受けることとなる。また児童虐待の通報先となり，子どもの相談窓口を設置した。相談の中でより専門的な支援が必要と思われた場合には，児童相談所との連携体制が整っている。市区町村は，子どもの相談を直接受け取ると，地域子育て支援サービスなどの地域にある社会資源を活用し，児童相談所と連携しながら，子どもの相談活動に努めている。また虐待通報については，現在，「要保護児童対策地域協議会」（子どもを守る地域ネットワーク，以下，地域協議会とする）を活用して問題の解決に向かう。地域で活用できる機関や取り組みについて解説をする。

(2) 地域協議会

　地域協議会は2007(平成19)年の児童福祉法改正により，地方自治体では，虐待を受けている子どもをはじめとする保護が必要とされる子どもとその保護者に関する情報を交換したり，支援の内容を協議する機関として設置するように努めなければならないとされている。地域協議会などのネットワーク設置は急速に進み，2011(平成23)年の時点では，地域協議会および任意の虐待防止ネットワークを設置している市区町村の割合は99.5％とほぼすべての市区町村で設置されている状況であり，今後は機能強化が課題となっている。[10]

　地域協議会の構成員は，児童福祉関係(児童相談所，児童養護施設，保育所，民生・児童委員，主任児童委員など)，保健医療関係(保健所，市区町村保健センター，病院など地域の保健・医療関係者など)，教育関係(学校，幼稚園，教育委員会など)，警察，司法関係(警察，弁護士，家庭裁判所など)，人権擁護関係(権利擁護センターなど)，その他(ボランティア，NPO，民間団体など)，配偶者からの暴力関係など，地域の実情に応じて幅広い関係機関，関係者が参加することができる。地域協議会の参加者は守秘義務が課せられている。

　地域協議会の設置目的については，主に3つ挙げられる。1つ目は「早期発見・対応」である。地域協議会は多くの関係機関などから構成されているために，運営の中核になる調整機関が設置されている。その調整機関に児童虐待などの情報が一元化されるので，早い段階で問題を発見することが可能となる。また地域協議会は地域住民にとって身近なところに設置されているため，虐待の可能性がある保護が必要な子どもなどの通報もしやすくなり，早期発見・対応につながる。その他，早期発見・対応については，地域協議会では，関係機関などによる連携が可能になるため，大きな問題には至らないが，経過を要する子どもへの対応や，たらい回し，放置の問題も解決できる。地域協議会の設置により問題が深刻化する前に対応が可能になる。2つ目は「関係機関の連携」である。これにより構成員同士が顔見知りになり，相互の理解が深まる。また多様な視点から情報が得られるようになる。それにより，1つの事例に対してさまざまな観点から議論や検討が可能になり，困難な事例に対しての押し

つけあいが解消されることにつながる。3つ目は「担当者の意識変化」が挙げられる。お互いに仲間としての連帯感が生まれ、1つの事例に対する問題を共有できる。したがって、双方の認識や対応に対する温度差が解消され、援助の質も高まり、地域レベルでの対応が可能となるのである。

運営については、協議事項や地域の実情に応じて会議を設定し、効果的な情報交換、意見交換を進める必要がある。現在では三層構造が一般的である。[11]

【代表者会議】
地域協議会構成員の代表者により要保護の子どもや虐待問題への施策協議、組織連携の円滑化を図り、個別ケース検討会議が迅速かつ適切に進められるように調整する。年に1～2回程度開催される。

【実務者会議】
実際に活動する実務者による情報交換、個別事例の状況報告、事例検討などを定期的（たとえば、3か月に一度）に行う。

【個別ケース検討会議】
ケースの直接担当者と関係機関が個別事例ごとに集まり、情報交換、共通理解、支援の役割分担、協力体制などを協議し、緊急対応から継続対応、見守りなどを検討するために適時開催される。

2007（平成19）年の時点では、地域協議会などを設置している市区町村において、代表者会議や実務者会議よりも、個別ケース検討会議を開催している市区町村数が多く、個別事例対応に活動の重点が置かれているようである。その他、関係機関職員などを対象とした研修会の開催がある。地域の実情の把握と共有、高い専門性の獲得などの目的により、積極的に活用することが必要である。

実際に地域協議会が設置されているが、保育者や教員の意識はどうなのか調査したところ、地域協議会の存在を知っていたかという質問に対して、「知っている」と回答した割合は、保育士243名の内34.2％、幼稚園教諭27人の内19.2％であり、保育者の認識はそれほど高くなかった。[12]幼稚園・保育所は、虐待防止などを含めたネットワークを構成する上で不可欠な機関であり、今後ま

すます地域協議会を含めたネットワーク事業の拡大が期待されることをふまえると、地域との連携・ネットワークについてさらに周知を図ることが課題といえる。

### (3) 子育て支援センター

子育てから母親を孤立させたり、育児不安を軽減させるために、地域でも子育てをサポートする取り組みが多くなってきた。運営は市区町村が主体であり、対象は未就園児とその保護者であることが多い。子育て支援センターでは、平日に親子が自由に遊んだり、専門家による栄養健康などの相談や講習会などを実施している。園で気になる子どもがいる場合、就園前に活用していれば、親子に関する情報のやり取りを行うとよい。

### (4) 児童家庭支援センター

児童家庭支援センターは、1997 (平成9) 年度の児童福祉法改正にともなって新たに創設されたものであり、児童養護施設、児童自立支援施設、母子生活支援施設、乳児院などに附置されるものである。児童家庭支援センターは、児童相談所などの関係機関と連携しつつ、地域に密着したよりきめ細かな相談支援を行う児童福祉施設である。24時間365日体制で相談業務を実施していることから、夜間や休日における対応が可能である。18歳未満の子どもを対象にして、子どもの行動や発達、家庭内の保護者の心配事や、学校のことで悩む児童などに対し相談・支援を行っている。多くのセンターには、プレイルームや相談室などが設置されており、主に相談員と心理士が対応している。2012 (平成24) 年の時点では、全国の86か所に児童家庭支援センターが設置されている。今後は、地域における子ども家庭のニーズを捉えて、困難事例を児童相談所に確実につなぐ役割を果たしながら、児童虐待などのケースに対して早期対応と予防のための活動を続けていくことが必要である。そしてその実現のために、地域の子ども家庭に対する直接的支援を行い、専門性を活かしながら、要保護児童対策地域協議会など、地域における連携支援のコーディネートや助言など、

市区町村行政のバックアップを図ることをねらいとしている。

(5) 児童発達支援センター

　児童福祉法にもとづいて，児童発達支援センター（福祉型・医療型）が設置されている。医療部門と通園部門がある。医療部門では，児童精神科，小児科，整形外科，歯科（摂食）などの医師が医学的な指導や助言，診断を行う。通園グループは，就学前の児童が対象になり，個別と幼児のグループがある。週1～5日とさまざまな通所コースを設けていることが多い。専門家は心理士，言語聴覚士，理学療法士，作業療法士，看護師，栄養士などが配置されている。

　児童のセンター利用のきっかけについては，ASD，ADHDなどの発達障害，言語障害などの多くは，乳幼児健診で言葉の遅れやその他の発達の遅れを指摘されたために，発達相談を受けることが多い。

　障害児保育を実施する場合には，以前通園していた施設や現在並行している施設から情報を提供してもらうことは，その児童にあった保育を行う時には非常に大きな力となる。個別で児童に対応する場合，その児童の強みや弱みを理解することで，どのようにかかわればよいのかという具体的な対応策につながる。またさまざまな専門家がいるため，保育以外の専門的な助言が受けられる。しかし，これらの連携については，保護者の同意を得る必要がある。その児童に合った保育の展開，児童へのかかわり方や安全性などに活用することを保護者に伝えて，了解を得るようにする。

(6) 地域連携で必要なこと

　地域にある機関は住民の生活を守ることを目的としているため，保育者としてその機能を十分に理解しておくことが必要である。また高い専門性を備えた地域の機関がそれぞれ協力することにより，その地域独自の家族支援につながる。さらに地域の機関が定期的に交流することにより，多方面の視点で問題を解決することができる。

## （7）事 例

　4月に年少組に入園してきた勇太くん（仮名）は，5月になっても母子分離がなかなかできず，いつも登園時には母親のそばから離れようとしない。しかし母親と離れると，まず担任のさおり先生（仮名）を探した後，さおり先生と手をつなぐことが日課となっている。一緒に教室に入ると，いったん自分の椅子に座るが，勇太くんが初めて目にするものや気になるものを見つけると，すぐに席を立ってしまい，落ち着きがなくなる。勇太くんについては，気になることはいくつかある。あまり視線があわないし，大好きなミニカーで遊んでいる時は，名前を呼んでも反応がないことも多い。言葉数も少ない。いつも決まっている活動（例．月曜日にリトミック体操をする）であれば，勇太くんなりのペースで一緒に活動することは可能である。しかし，先日，突然雨が降ったので，園外散歩が中止になると，大きな声で泣き出し，頭を床に打ちつけるような自傷行為をした。対応に困ったさおり先生は，まず主任と園長に相談することにした。その中で，まず母親と話をすることが必要であること，また勇太くんは児童発達支援センターに週1回のペースで通っているので，センターにも連絡する方向で検討することになった。さおり先生は，母親に連絡をして，今の勇太くんの様子について説明をした。すると，母親も，勇太くんは言葉があまり出ていないので，心配している様子であった。このことについて，勇太くんのことをもっと理解したいし，勇太くんにとって良い保育にしたいので，現在通園先の児童発達支援センターに連絡をしたいことを伝えると，母親は協力的な態度を示してくれた。その後，さおり先生はセンターに連絡を入れて話をしたところ，小グループの活動では特に問題はなく，参加しているとのことであった。さおり先生は，具体的にどのような支援を行っているのかについて知りたかったので，早速見学を申し込むと，センターは快く引き受けてくれた。

　児童発達支援センターに通園している勇太くんのように，ASDやADHDの特徴がある場合には，おそらく，診断がついている可能性がある。またセンターに通園しているということは，発達に何らかの気になるところがあったとも解釈できる。もし児童に診断名がある場合には，それを確認することが保育

支援に大きな役割を果たすことになる。診断名があるということは，単にその児童に障害のレッテルを貼るのではなく，その児童の特性を正確に理解し，必要なサポートを提供することを意味する。たとえば，全体の指示が理解しにくい児童に，「どうして話が聞けないの」と叱るのではなく，個別で声がけをすることが必要だということに気づくであろう。また知能検査や発達検査の結果も大いに参考になる。検査結果によって，「単語数は多いが，言葉の意味理解が弱い」，「視覚情報は得意であるが，聴覚による指示理解が苦手」など，その児童の特徴が把握できるため，保育の中でも，その児童の得意とする領域と苦手とする領域を把握し，対応することが可能になる。その他，センターの小グループ活動を見学し，児童の対応について助言をもらうことで，児童への視野が広がる。このような情報をもとにして，その児童に対応した保育を展開することが重要である。

〈演習課題〉
　その他，地域で活用できる機関やサービスについて調べてみよう。

## 第7節　児童相談所との連携

（1）児童相談所

　児童相談所は0～18歳までの児童に関する相談を受け，援助活動を行う専門的行政機関である。児童やその家族からの相談を受けて，市区町村の相談の支援を協力し，医学的，心理学的，社会学的な判定をし，必要に応じた支援活動を行う機関である。また虐待のケースの場合には，通告を受けた後，調査判定をして支援を行うが，法律上，児童のために一定の強制力がある権限もあり，虐待にかかわる機関の中でも中心的な役割を期待されている。

　また児童相談所の内，中心的機関としての役割を担う機関として中央児童相談所に指定することができる。中央児童相談所の主な役割としては，主に他の児童相談所を援助し，その連絡を図るなどが挙げられる。

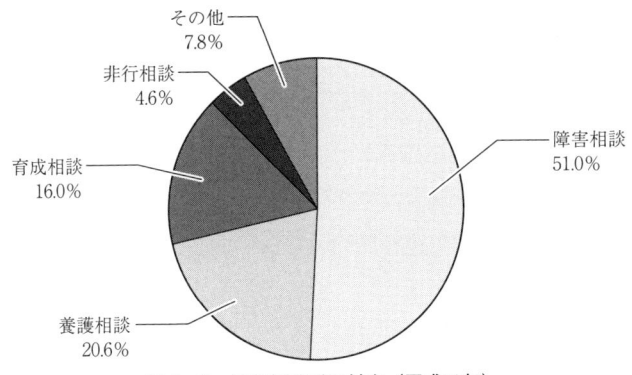

第7章　相談援助と連携（ネットワーク）

その他 7.8%
非行相談 4.6%
育成相談 16.0%
養護相談 20.6%
障害相談 51.0%

図7-5　児童相談所の対応（平成18年）
出所：厚生労働省。

　図7-5は児童相談所の対応について示したグラフである。障害相談とは，「発達の遅れ，きこえやことば，こころやからだの発達に関する相談」であり，養護相談とは，「保護者の死亡，家出，離婚，疾病，虐待などにより，児童が家庭で養育できないという相談」であり，育成相談は，「児童の性格，適性，しつけ，不登校，家庭内暴力，性格・行動などに問題がある子どもの相談」である。また非行相談とは，「盗み，乱暴，家出，夜遊びなど，非行のある（心配される）児童に関する相談」である。

　児童相談所の対応については，380,950件中，障害相談がもっとも多く，全体の約半数を占めている。近年，気になる児童が増えていたり，発達障害の認知度の高まりなどが，この結果に反映しているのであろう。また障害相談や養育相談などの件数の多さが示されているが，これは，近年，知的障害や発達障害の児童や虐待を受けた児童が，乳児院や児童養護施設に入所するケースが増加していることと関係している[13]。

　児童相談所では，児童福祉司（ソーシャルワーカー），心理士，医師などの専門スタッフが相談を行う。東京都児童相談所では主に8つのサービスがある。
　①助言：相談を受けた後，適切な助言を行う。また必要に応じて他の専門機関での医療，援助，訓練などの紹介も行う。

②継続的な相談：相談の内容によっては，継続的に一定期間，医師や心理士などの専門スタッフによる援助を行う。援助の方法は，プレイセラピー，その他の治療プログラム，カウンセリングなどを個別・グループで実施する。

③一時保護：緊急に保護を必要とする場合や，生活指導を行いながら児童の行動を観察する必要のある場合に一時保護を行う。都道府県・政令指定都市の実情に応じて，いくつかの児童相談所が集中していることもある。

④養育家庭：さまざまな事情により家庭で生活が困難な児童を家庭に迎え，家族の一員として一緒に生活し，養育する制度である。

⑤施設への入所：事情により家庭で生活できない児童を，一定の期間，乳児院，児童養護施設，児童自立支援施設，知的障害児施設，肢体不自由児施設などの児童福祉施設で預かる。

⑥療育手帳：知的障害の児童への援助を図るため，療育手帳の交付を行っている。

⑦メンタルフレンド派遣：引きこもり傾向のある児童の家庭に，大学生などのボランティア（メンタルフレンド）を派遣し，児童とふれあう中で，その子どもの社会性や自立性を高める手伝いを行う。

⑧治療指導事業：家庭，学校，施設においてさまざまな不適応行動を示す児童に対して，多領域の専門スタッフが援助を行う。これには，通所と宿泊の2つの方法がある。また，家族再統合に向けて被虐待児童とその保護者・家族へのケア・援助を行う。

## （2）児童相談所が取り扱う相談内容

主に児童の相談になるが，多くの児童相談所では以下のような相談に対応している。

- 保護者の病気，死亡，家出，離婚などの事情で児童が家庭で生活できなくなった場合
- 虐待の問題がある場合
- わがまま，落ち着きがない，友だちができない，いじめられる，学校に行

きたがらない，チックなどの習癖，夜尿などで心配がある場合
・知的障害，ASD など発達の問題がある場合
・家出，盗み，乱暴，薬物の習慣などがある場合
・里親として家庭で子どもを養育したい場合

(3) 児童相談所とのかかわり

幼稚園・保育所が直接児童相談所に連絡する理由としては，主に以下のことが挙げられる[14]。
・児童が虐待や虐待の恐れがある場合
・保育の集団不適応や発達障害などで児童の行動に関する相談をする場合
・子どもの家族の病気や事故などで児童の処遇に関する相談をする場合
・保護者や職員研修の講師に関する依頼をする場合
・児童相談所に入所したり，かかわりのある児童に関する相談をする場合

上述したように，保育者は児童の相談などで児童相談所とかかわることがある。その時に児童相談所の役割や対応について理解しておく必要がある。

【児童相談所の基本的な流れ】
①家族からの相談を受け，話を聴く
②調査・検査（発達検査や知能検査など）
③処　遇

終了のポイントは，家族や児童が自分の力で問題を解決できるという思いを持つことが重要である。

一方，児童虐待，養育相談，発達障害などの相談については以下の流れで対応する。

・児童虐待の場合

虐待通報受理→緊急受理会議→初期対応の決定→調査開始→必要関係機関と協議→児童の安否や事実確認→通報機関や関係機関への協力要請

児童が幼稚園・保育所に通園している場合には，まず園に児童福祉司が訪問し，児童の様子について園長や担当保育者と話をする。あるいは，虐待通知を

受けた児童が園に通っていた場合には，すみやかに児童相談所から連絡が入り，児童の様子を伝えることが義務づけられている。また複数の関係機関などの協力による援助が必要な場合には，地域協議会などで援助方針について協議を行う。

・養育相談の場合

児童の保護者が病気になったり，次の出産時期であったり，育児による疲労により，児童を養育することが困難になった場合，一時保護（児童相談所，乳児院，児童養育施設，里親など）が可能である。

・障害などの相談の場合

家族から成育歴や現状など家族面接→児童の評価→医師の診断→家族への助言・継続的な支援

必要に応じて療育施設などの紹介を行う。

## （4）児童虐待において児童相談所の連携で必要なこと

保育現場において，不適切な養育や虐待などの疑いのある児童を発見した場合には，すみやかに市区町村の関係部門（保健センター，児童福祉部門）へ連絡し，さらに必要に応じて児童相談所に連絡し，早期に児童の保護や保護者への対応にあたることが保育者には求められる。また，要保護児童対策地域協議会に保育所が積極的に参画し，協力することも必要である。特に虐待を疑う場合には，保育者が虐待に気づいても，「間違っていたらどうしよう」とためらったり，「恨まれないか」などの思いから抱え込んでしまう傾向がある。虐待を生み出す家庭は，複雑な問題を抱えていることが多いため，その対応にはかなり困難な場合が多い。そのため，問題が深刻にならない内に解決するためには，より早い時期に，児童相談所の専門機関と連携をとっていくことが必要である。児童福祉法及び児童虐待防止法では，虐待を発見した人はだれでも児童相談所または福祉事務所へ「通告」をしなければならないと定めている。通告は電話でも可能である。通告をした人に，その虐待についての立証責任を負わせることはなく，間違いであっても責められることはない。保育者は虐待をいち早く

発見できる立場にある。第一に児童の安全を確保し，児童相談所と連携しながら，園全体で見守ることも保育士の仕事の一環である。

## (5) 事　例

　村田さん（仮名）は，3週間前から近所に住む佐藤さん（仮名）宅から大声で怒鳴り声が聞こえてくるので，今日は気になり，佐藤さんの家の付近に行くと，やはり子どもの泣き声と大人の怒鳴り声や罵(ののし)りあいが聞こえてきた。村田さんは心配になったので，このことを警察に通報した。その後，警察が佐藤さん宅に到着し，事情聴取が行われた。亜矢子ちゃん（仮名）は近くに住む祖父母の家に一時的に引き取られることになった。翌日，亜矢子ちゃんが登園してきた時，みどり先生（仮名）は亜矢子ちゃんに挨拶すると，亜矢子ちゃんの手には青あざがあった。保育者が「どうしたの」と尋ねると，「転んだ」と答えただけで元気がない様子であった。これはもしかして虐待かもしれないと感じたみどり先生は，亜矢子ちゃんに，「ほかに痛いところはない」と尋ねると，「ない」と答えるものの，迷っている様子であった。「先生が見てあげるよ。痛いことはしないからね。もう大丈夫だよ」と頭を撫でてあげると，「ここが痛いよ」と服をめくって上半身を見せてくれた。「これも転んだの」と問いかけると，亜矢子ちゃんは「うん」と答えた。みどり先生は「お父さんやお母さんはこのことを知っているの」と聞くと，「ママは悪くないよ。あやのことが好きだけど，きっとあやが悪い子だから……」と涙を浮かべながら話をした。みどり先生は「大丈夫よ」と声をかけながら，頭を撫でた。その後，園長に子どものあざについて報告し，虐待の疑いを伝えた。その日に，警察から連絡があり，夫婦間のDVと児童への虐待が繰り返し行われていたことが伝えられた。そして，警察に今の亜矢子ちゃんの様子を質問されたため，今日の一日の様子を伝えることとなった。

　亜矢子ちゃんのケースのように，児童は虐待という事実を心の内に秘めてしまうこともある。児童にとっては，母親が一番であり，大好きな存在だからである。その母親から「愛情のために暴力を振るわれるのは仕方がないこと，あ

なたのためにやっていること」,「このことはお母さんとの約束だよ」と日頃から言われ続けていると,子どもは「お母さんは私のことを好きだから,叩くんだ。叩かれるのは,私がダメな子だから,いつもお母さんを苦しめているからなんだ」と自分を責め続ける一方で,その歪んだ愛情表現を懸命に受け止めようとする。その結果,児童の成長過程において,不注意,多動,社会性の障害など発達障害のような症状,**反応性愛着障害**,**境界性パーソナリティ障害**,**解離性障害**,抑うつ気分,不安,自己評価低下など精神医学的な症状が2次障害として出現することがある。

　また幼児期にある児童は自己中心的であり,また世界観がきわめて狭いため,自分の家庭で起きていること＝他の家庭で起きていることと思い込んでしまうのである。それにより,虐待と愛情の区別がつかないため,だれにも相談できないまま,成長期を過ごすことになる。したがって,保育者は虐待予防対策として,幼児期の児童にも虐待とは何かについて教えることが必要である。このような日頃の取り組みが虐待予防や早期発見につながるのである。

---

**用語解説**

**反応性愛着障害**

　幼児期の頃に,適切な養育環境の中で育てられなかったために,社会的な問題や対人関係の問題を持つようになることを意味する。特徴としては,特に人見知りがなく,あまりよく知らない人に対してもすぐになれなれしく甘えてくる。あるいは,どの人に愛着を示せばよいのかということが判断できないため,特定の人に愛着を示すことがない。

**境界性パーソナリティ障害**

　症状は人によってさまざまであるが,以下のような症状が10代後半〜20代前半までに生じる。
　・感情と行動が不安定：感情の揺れが激しく,急に怒ったり,自傷行為,自殺行為に及ぶ。その感情や行動の激しさに,周囲の人が巻き込まれることも多い。
　・対人関係が不安定：感情と行動が不安定なことにより,対人関係も悪くなり,それは相手が悪いからと他人のせいにする傾向がある。またあれほど絶賛していた人を急にこき下ろしたりと反応が両極端になる。

## 解離性障害

　自分が自分であるという感覚が失われている状態を意味する。たとえば，ある出来事の記憶がすっぽり抜け落ちていたり，まるでカプセルの中にいるような感覚がして現実感がない，いつの間にか自分の知らない場所にいる，自分の中にいくつもの人格が現れるなど，さまざまな症状がある。これらの症状は，つらい体験を自分から切り離そうとするために起こる一種の防衛反応と考えられている。

---

コラム

### 大人の自閉症スペクトラム障害

　最近では，大人の ASD が注目されている。その背景には，現在，大人の患者が幼少期の頃には，医療や教育現場において，ASD が認識されていなかったために，彼らが診断を受けるまでには至らなかったことが一つの原因として挙げられる。そのため，現在では，大人の発達障害を専門とした大学病院には予約が殺到している状況である。

　昭和大学付属烏山病院は大人の発達障害を専門としている。烏山病院の外来に通院する ASD の患者の特徴について簡単に説明すると，外来に初めて訪れた患者の内，およそ40％が ASD である。男女比については，女性よりも男性の方が多い。また，知的な遅れをともなう ASD の患者が初めて医療機関を受診した時期は，思春期になる16歳頃が多い。一方，知的な遅れをともなわない高機能 ASD の患者は20代前半頃であり，その多くが大学へ進学をしている。つまり，高機能 ASD の患者の場合，大学や職場で生きづらさを感じるようになり，受診する傾向がある。[15]

　現在，大人の ASD の治療については，薬物治療と心理療法を行うことが多い。大人の ASD の場合には，薬物治療と心理教育が有効である。うつ状態や不安など，他の心理的な問題を抱える場合には，薬物療法を行うことがあるが，基本的には心理教育を中心にした治療を行う。デイケアで行われる心理教育では，対人関係スキルや社会性を身につけることを目的としたプログラムを実施する。プログラムについては，コミュニケーションスキル，ディスカッションなどがある。それぞれのプログラムでは，毎回テーマ（例，上手に断る，曖昧な問いに答える，人との関係で日頃行っている工夫）を決めて，スタッフの司会者を中心に進めていく。その時に，ソーシャル・スキルズ・トレーニング（SST）などの技法を用いながら，プログラムを進めていく。この時，メンバー（デイケアの利用者）は相手の意見を受け入れ，尊重することで，本人の成長につなげる。このような治療プログラムを通じて社会自立に向けた支援を行う。

〈注〉
(1) 金井智恵子「子どもの行動特性，保護者の心理的な側面および子育て支援について」『日本発達心理学会抄録集』日本発達心理学会，2013年。
(2) 児玉浩子「食生活と子どもの心」『小児内科』43，2011年，843～844頁。
(3) 藤澤良知『子どもの欠食・孤食と生活リズム――子どもの食事を検証する』第一出版，2010年，14頁。
(4) 衞藤隆「幼児健康度に関する継続的比較研究」『厚生労働科学研究費補助金育成疾患克服次世代育成基盤研究事業平成22年度総括・分担研究報告書』2010年。
(5) 白川修一郎編『シリーズこころとからだの処方箋　睡眠とメンタルヘルス――睡眠科学への理解を深める』ゆまに書房，2006年，360頁。
(6) 文部科学省『文部科学白書　平成22年度』佐伯印刷，2011年，157頁。
(7) 厚生労働省『国民衛生の動向・厚生の指標』厚生労働統計協会，2012年，103～104頁。
(8) NPO日本標準教育研究所編『今すぐできる幼・保・小連携ハンドブック――「小1ギャップ」の克服を地域で支える』日本標準，2009年。
(9) 仲本美央・南奈津子・五十嵐淳子・横畑泰希・鈴木道子・春山勝『保育新時代――地域あんしん子育てネットワークの構築にむけて』日本地域社会研究所，コミュニティ・ブックス，2012年，16～21頁。
(10) 内閣府『子ども・若者白書』印刷通販，2013年，152頁。
(11) 日本弁護士連合会子どもの権利委員会編「子どもの虐待防止・法的実務マニュアル　第4版」明石書店，2008年，215～220頁。
(12) 西原尚之・原田直樹・山口のり子・張世哲「子ども虐待防止にむけた保育所，学校等の役割と課題」『福岡県立大学人間社会学部紀要』17，2008年，45～58頁。
(13) 冨田久枝・杉原一昭編『保育カウンセリング』北大路書房，2010年，179～199頁。
(14) 金井智恵子・湯川慶典・加藤進昌「自称アスペルガー症候群と本物の見分け方」『精神科』18，2011年，314～320頁。
(15) 金井智恵子・加藤進昌「精神科が依頼を受診する発達障害者の現状」『発達障害白書平成24年版』日本文化科学社，2011年，42～43頁。

〈推薦図書〉
高山恵子監修『育てにくい子に悩む保護者サポートブック――保育者にできること』ラポムブックス，2007年。
　　――保護者の多くは，なぜ子どもはこういう言動を示すのか，子どもの困り感が理解できない，うまく育児をすることができない，と悩みながら育児をしている。本書では，保育者がどのようにして保護者をサポートできるか，「子どもの行動の理解と対応」，「保護者のストレスマネジメント」という2つのテーマを考える。
前田敏雄監修／佐藤伸隆・中西遍彦編『演習・保育と相談援助（シリーズ保育と現代社会）』みらい，2013年。
　　――相談援助の基礎，実践に必要な知識や技能が段階的に学べる。理論編では保育の相談援助者として必要な相談援助とは何かを学習し，演習編ではロールプレイなどの演習をとおして相談援助者の態度を身につけ，事例編では保育所などの事例から実践力を養う。

（金井智恵子）

## おわりに――監修のことばにかえて

　少子高齢社会の中，働きながらの子育てなどさまざまな家庭の事情に対して，多様な保育制度が考えられてきています。その中で働く保育士の需要も拡大しています。多様な対応に保育士がついて行けないという現実もあります。保育士の質の向上という課題も顕著になってきました。実践を通しての質の向上が課題となっています。

　社会福祉実践の目指すものに，「現状を変える」ということがあります。それについて秋山智久は，①生活と人権に不利益をもたらす制度や資源やあり方を変える，②地域社会の無理解や差別・偏見を変える，③正常な社会生活から逸脱する利用者自身の生活と行動と意識を変える。そのことによって，さらにかかわっていく従事者の価値観と意識の変化があると述べています。

　相談援助の目的には，1つめは，利用者の理解と受容で，社会の中で，経済状況や人間関係の中で押しつぶされた，つらい状況にある利用者の苦しみをあるがままに受容し，理解し，共感することが，援助の始まりであり，基本です。ワーカーに何かが具体的にできなくても，十分に理解され受け入れられるだけでも自らの内側に力がわき出し，頑張ろうとします。これが共感的理解と心理的サポートです。

　2つめに，社会的生活力への援助です。利用者が社会生活や家庭生活において，自我を強化して，スムーズな社会関係や人間関係を成立させるために本人の対処能力を支援することが必要であるとされています。これは，社会的生活力，すなわち自らが社会で生き抜く力を備えることです。

　3つめは，自立支援の考え方です。日常生活における自己選択，自己決定，自己管理，そして自己実現の行為と過程を自立と言います。自立とは何でも自分でするということではなく物的，人的資源を自己実現に向かって有効に利用するということです。こうした自立を情報の提供などをして援助者が側面的に支援を行うことです。

4つめは，「援助」の究極の目的である，利用者の自己実現です。その人なりの力一杯生きた末に，自らの心が満ち足りて「人間らしく生きた」と自分の人生を評価できる境地に向かって援助することです。

　支援方法の視点として，利用者が自分の課題に立ち向かっていく力と誇り，「ストレングス」を持っている良いところを評価し，それを力づけていくという「エンパワメント」が重要であるという視点です。保育士は，2000（平成12）年の児童福祉法の改正によって国家資格化され，専門的知識と技術を用いて児童の保育および保護者に対して保育に関する専門的な指導を行うとされました。また，児童福祉法48条の3において，「保育所は，当該保育所が主として利用される地域の住民に対して，その行う保育に関し情報の提供を行い，並びにその行う保育に支障がない限りにおいて，乳児，幼児等の保育に関する相談に応じ，及び助言を行うよう努めなければならない」とされています。保育士は活動領域を子どもに限定されたものですが，当事者だけではなく子どもの福祉のためには，その保護者や家族，地域社会までの対応が必要になってきます。すなわち，保育士が所属する施設・機関を利用する子どもだけではなく，その保護者や施設・機関がある地域の子育て中の親子も潜在的利用者となるため対象を拡大し，子育て支援や健全育成についての相談も重要となっています。

　上述した考えにもとづいた，社会福祉の専門職としての保育士に求められる要件として以下の点が挙げられます。

　①援助を求める人の独自の立場を理解し，対応すること。

　すなわち，個別性を尊重することです。人びとの問題の独自性を理解し，それぞれの状況にあったその人の必要性に応じた援助の必要性です。

　②援助を受ける人の立場やニーズを生活概念で把握すること。

　人はひとりで生きているのではなく，他の人びとの相互関係の中で生きている。特に家族はそれぞれがお互いに影響し合ってライフサイクルを営んでいます。その時点で取り組む問題が異なります。常に変化する人のニーズや立場を理解して援助することが必要です。

　③社会資源を活用し，現実的な解決を図ること。

おわりに——監修のことばにかえて

相談援助におけるサービスなどには社会資源をできるだけ組みあわせ活用することです。理想的でたてまえ的な解決方法だけでなく，現実的で達成可能な解決方法を提供することが必要です。

④援助過程をシステム的に展開すること。

援助提供する人が，その場限りの援助を展開するのではなく，計画性のある，体系化された援助段階を経て，援助実践することです。

以上のことを念頭に置き，相談援助について，経験や事例にもとづきながらまとめていただきました。

第1章では，相談援助の概要として，保育士になぜ「相談援助」が必要なのか，その歴史と体系，相談援助の基本である意義，定義などを解説しました。IFSWの定義にもとづいて，価値，倫理，実践の技法を示しました。全国保育士会倫理綱領も保育実践には欠かせない根拠や態度を示しています。保育とソーシャルワークについても，とりわけ個別援助技術についての視点について事例で検討しています。

第2章の相談援助の方法と技術については，児童福祉法により，保育士は子どもに関する専門家であり地域の子育て支援の役割を持っていることを前提として，保護者や地域の方々からの子育て支援について相談援助の技術の要点を解説し，保育現場の事例を通して，相談援助の知識を深めていくことを狙いました。

第3章の相談援助の具体的展開では，相談援助活動を理解するためには，相談者が解決すべき課題は何かを援助者が受け止め，解決へ向けて適切な支援活動を提供できるかどうかが課題となります。その課題に対して，事例検討を行い，計画，記録，評価方法について示しています。その中でも関係機関，専門職との連携が重要であることを述べています。

第4章の相談援助の技術における質の向上については，相談援助を行う際には，ネットワーキングやチームアプローチ，ケースカンファレンス，スーパービジョン，コンサルテーションに注目し，必要とされる技術内容について，質の向上の観点から説明しています。それぞれの課題についても検討しています。

第5章の相談援助と相談機関については，さまざまな相談支援機関や施設・団体がかかわっています。子ども家庭福祉行政の相談支援として，児童相談所，福祉事務所，家庭児童相談室，児童家庭支援センター，発達障害者支援センター，母子福祉センターなどの子ども家庭相談援助の内容等について解説しています。また，児童福祉施設の専門職による相談援助や社会福祉協議会，保健所・市町村保健センターの相談援助についての業務，役割について述べています。

　第6章の相談援助と専門職は，子ども家庭福祉にかかわる機関や施設で活躍する相談援助の専門職について解説しています。専門職の成立と資格要件，仕事内容，関連領域の専門職についても解説してあります。

　第7章の相談支援と連携（ネットワーク）については，幼稚園・保育所との連携についての役割分析と，障害児保育について言及しています。小学校との連携，幼児教育と小学校教育との連携を小1プロブレムの視点から提案しています。また，連携するための記録の書き方や要録について示してあります。他機関との連携については，虐待の事例での説明もしてあります。

　いずれも「相談援助」はヒューマンサービスのひとつでもあります。それは利用者の「痛み」を知ること，そして，その「痛み」とともに歩み続けることであり，支えることも，時には突き放すことも必要になってきます。今，まさしく保育のあり方が問われています。本書を学ぶにあたって，相談援助とは何かを事例等を参考にし，「子どもの最善の利益」に向けた支援方法を学び，実践で活用していただきたいと思います。

　2014年3月

監修者　和田光一

# 索　引

## あ 行

ISFW（国際ソーシャルワーカー連盟）　5
アセスメント　22, 39, 42, 80
一時保護　126
一時保護所　126
インクルーシブ保育　208
インターベンション　39, 45, 63
インテーク　22, 39, 63, 73, 79, 80
インフォーマル　90
　　——なネットワーク　89, 95
インフォームド・コンセント　44
ウェルビーイング　4
エコマップ　54-56, 78
エコロジカル・ソーシャルワーク　6, 7
NPO法人　85
エバリュエーション　39, 45, 80
援助　3, 12
エンディング　39, 45
エンパワメント　5

## か 行

介入　23
解離性障害　230, 231
カウンセリング　21
家庭裁判所調査官　153, 179
家庭支援専門相談員　143
家庭児童相談室　130
家庭児童福祉主事　165
家庭相談員　130, 165
過保護　195
感情の反射　49
感情の明確化　50
間接援助技術　17, 18
管理・運営機能　15
関連援助技術　17, 19
機能主義アプローチ　57, 58
逆転移　48

教育機能　14
教育相談所　150
教育相談センター　150
境界性パーソナリティ障害　230
業務独占資格　158
ぐ犯少年　124
クライエント　32
グループコンサルテーション　117
ケア　19
ケア（ケース）マネジメント機能　15
ケアワーク　20
経過記録の様式例　75
計画　22
契約制度　34
ケースカンファレンス　103-108
憲法第25条　32
国際ソーシャルワーカー連盟（IFSW）　4
子ども家庭支援センター　136
子ども人権専門委員　152
子どもの権利ノート　154
子どもの人権専門委員（子どもの人権オンブズ
　　パーソン）　183
個別援助技術　32
個別ケース検討会議　134, 220
コミュニケーションエラー　100
コンサルタント　114-116
コンサルティ　114-118
コンサルテーション　113, 116, 118
コンサルテーション　119
　　グループ——　117

## さ 行

里親　128, 159, 184
　　親族——　128, 184, 185
　　専門——　128, 184, 185
　　養育——　128, 184
　　養子縁組——　128, 184, 185
ジェネラリスト・ソーシャルワーク　7

ジェノグラム　44, 54, 55, 78
自己覚知　82
慈善組織協会　3, 4
市町村児童家庭相談援助指針　131
市町村保健センター　148, 149
実務者会議　134, 220
指定障害児相談支援事業者　139
指定特定相談支援事業者　139
指定保育士養成施設　168
児童委員　145, 159, 182
　　主任——　146, 159, 182
児童家庭支援センター　135, 221
児童虐待　127, 194
児童虐待相談の対応件数　37
児童虐待の防止などに関する法律（児童虐待防止法）　96, 127, 194, 228
児童指導員　123, 142, 170
児童自立支援専門員　144, 169
児童心理司　123, 127, 163
児童生活支援員　144, 169
児童相談所　36, 122-124, 224-227
　　——運営指針　123, 163
　　——援助指針票　64
児童の遊びを指導する者　144, 171
児童の権利に関する条約　95
児童発達支援管理責任者　137
児童発達支援センター　136, 222
児童福祉司　34, 123, 127, 161
児童福祉施設の設備及び運営に関する基準　142, 168
児童福祉法　96
　　——第12条　36
　　——第18条の4　31
　　——第48条の3　8, 31
自閉症スペクトラム障害（ASD）　190, 231
社会活動法（ソーシャル・アクション）　68
社会資源　84
社会診断　4
社会福祉基礎構造改革　34
社会福祉協議会　147
　　全国——　160
社会福祉士　4, 145
社会福祉士及び介護福祉士法　4, 20

社会福祉施設緊急整備5か年計画　157, 158
社会福祉主事　159, 164
社会福祉法　89
社会福祉法人　85
主任児童委員　146, 159, 182
小1プロブレム　196
障害者虐待防止法　96
障害者自立支援法　138, 140
障害者総合支援法　140
少年指導員　172
処遇　36
食生活　192
触法少年　124
人権擁護委員　151, 159, 184
親族里親　128, 184, 185
身体障害者福祉司　34, 129
身体的虐待　128, 194
診断主義（的）アプローチ　57
心理的虐待　194
心理療法指導担当職員　143
心理療法担当職員　123, 143
睡眠　193
スーパーバイザー　16, 111, 112
スーパーバイジー　16, 111, 112
スーパービジョン　108, 111, 119
　　——機能　16
スクールカウンセラー　150, 176, 177
スクールソーシャルワーカー　151, 176, 177
スタートカリキュラム　204
スティグマ　33
ストレングス　104
成育歴　73, 76
生活歴　73
性的虐待　194
全国社会福祉協議会　160
全国保育士会倫理綱領　10
専門里親　128, 184
相談　2, 12
相談受付票　70
相談援助　1-3
　　——計画　63
ソーシャル・アクション（社会活動法）　68
ソーシャル・スキルズ・トレーニング（SST）

索 引

　　　*191*
ソーシャルケース　*32*
ソーシャルサポートネットワーク　*97*
ソーシャルネットワーク　*88, 89*
ソーシャルワーク　*1*
　——の援助過程　*39*
　——の原理（態度）　*27*
　エコロジカル・——　*6, 7*
　ジェネラリスト・——　*7*
　保育——　*23*
側面的援助機能　*14*
組織化機能　*16*
措置制度　*34*

　　　　た　行

ターミネーション　*39, 45*
代表者会議　*134, 220*
代弁・社会変革機能　*16*
代弁機能　*14*
体力　*193*
地域協議会　*148, 218, 219*
チームアプローチ　*97-103*
知的障害者福祉司　*34, 129*
知的障害児療育相談記録票　*71*
地方更生保護委員会　*153*
注意欠陥多動性障害（ADHD）　*191*
仲介機能　*15*
調査・計画機能　*16*
調停機能　*15*
直接援助技術　*17*
直接支援職員　*166, 170*
直接処遇機能　*14*
沈黙　*50*
転移　*48*
統合失調症　*215*
ドメスティックバイオレンス（DV）　*91*

　　　　な　行

7つの原則　*47*
入所者　*36*
認定こども園こども要録　*197, 200, 201*
任用資格　*159*
ネグレクト　*38, 194*

ネットワーキング（連携）機能　*16*
ネットワーク　*88-90, 95*
　インフォーマルな——　*91, 95*
　ソーシャル——　*88*
　ソーシャル——　*89*
　ソーシャルサポート——　*97*
　フォーマルな——　*90, 95*
ノーマライゼーション　*33*

　　　　は　行

パールマン，H.　*46*
配偶者暴力相談支援センター　*137*
バイステック，F. P.　*47*
パターナリズム　*3*
発達障害者支援センター　*139*
発達障害者支援法　*139*
反応性愛着障害　*230*
フェイスシート　*43, 44, 55, 73*
フォーマル　*90*
　——なネットワーク　*90, 95*
福祉事務所　*129*
婦人相談員　*173*
プランニング　*39, 44, 63*
ベビーシッター　*170*
保育士　*31, 167*
保育所児童保育要録　*197, 202*
保育所保育指針　*9*
　——解説書　*9, 12*
保育ソーシャルワーク　*23*
法務教官　*180*
保健師助産師看護師法　*148*
保健所　*148, 149, 213*
保健センター　*214*
　市町村——　*148, 150*
保護観察官　*180*
保護観察所　*153*
保護機能　*15*
保護司　*152, 181*
母子支援員　*143, 172*
母子自立支援員　*172*
母子福祉センター　*140, 141*

ま 行

マクロレベル　26
ミクロレベル　25
ミルフォード会議　7
民生委員　145, 159, 182
名称独占資格　158
メゾレベル　25
モニタリング　23, 39, 45, 80
問題解決アプローチ　57, 58

や・ら行

養育里親　128, 184
養子縁組里親　128, 184, 185
幼稚園幼児指導要録　197, 198, 203
要保護児童対策地域協議会（地域協議会）　133, 134, 218
要録　197
　認定こども園こども――　197, 200, 201
　保育所児童保育――　197, 202
　幼稚園幼児指導――　197, 198, 203
4つのP　46, 47
リッチモンド，M.　4
療育　215, 216
劣等処遇の原則　3
ロールプレイング　54

■**執筆者一覧**（＊は監修・編著者，執筆順）

＊和田　光一（わだ　こういち）　監修者紹介参照──────おわりに──監修のことばにかえて

＊横倉　聡（よこくら　さとし）　編著者紹介参照──────刊行にあたって，第5章

西川ハンナ（にしかわ　ハンナ）　西武文理大学サービス経営学部健康福祉マネジメント学科准教授──第1章

大塚　良一（おおつか　りょういち）　東京成徳短期大学幼児教育科准教授──第2章，第6章（共著）

小野澤　昇（おのざわ　のぼる）　育英短期大学保育学科教授──────第3章

＊田中　利則（たなか　としのり）　編著者紹介参照──────第4章

八木　玲子（やぎ　れいこ）　東京成徳短期大学幼児教育科准教授──第6章（共著）

金井智恵子（かない　ちえこ）　相模女子大学学芸学部子ども教育学科講師──第7章

《監修者紹介》

和田光一（わだ・こういち）

1950年　生まれ。
　　　　駒澤大学大学院，東京都職員，東京都補装具研究所，(財)東京都高齢者研究・福祉振興財団，つくば国際大学を経て，
　現　在　創価大学文学部人間学科社会福祉専修教授。
　主　著　『生活支援のための福祉用具・住宅改修』（共著）ミネルヴァ書房，『現代社会福祉のすすめ』（編著）学文社，『現代児童家庭福祉のすすめ』（編著）学文社，『社会福祉士一問一答2012』（編著）ミネルヴァ書房，『保育の今を問う児童家庭福祉』（編著）ミネルヴァ書房，『保育の今を問う保育相談支援』（監修）ミネルヴァ書房，など。

《編著者紹介》

横倉　聡（よこくら・さとし）

1951年　生まれ。
1978年　明治学院大学大学院社会学研究科修了（社会学修士）。
　　　　医療ソーシャルワーカー勤務，横浜国際福祉専門学校，横浜女子短期大学を経て，
　現　在　東洋英和女学院大学人間科学部教授。
　主　著　『社会保障制度・介護福祉の制度と実践』（編著）建帛社，『〔改訂版〕精神保健の基礎と実践』（共著）文化書房博文社，『初めて学ぶ現代社会福祉』（編著）学文社，『保育の今を問う児童家庭福祉』（編著）ミネルヴァ書房，『保育の今を問う保育相談支援』（編著）ミネルヴァ書房，など。

田中利則（たなか・としのり）

1953年　生まれ。
　　　　社会福祉法人富士聖ヨハネ学園棟長，武蔵野短期大学幼児教育学科助教授を経て，
1997年　日本社会事業大学博士前期課程社会福祉学専攻修了（社会福祉学修士）。
　現　在　ソニー学園・湘北短期大学保育学科教授，社会福祉士，介護支援専門員。
　主　著　『子育て支援』（編著）大学図書出版，『養護内容の基礎と実際』（編著）文化書房博文社，『子どもの生活を支える社会的養護』（編著）ミネルヴァ書房，『子どもの生活を支える社会的養護内容』（編著）ミネルヴァ書房，『保育の今を問う児童家庭福祉』（編著）ミネルヴァ書房，『保育の今を問う保育相談支援』（編著）ミネルヴァ書房，など。

保育の今を問う
相 談 援 助

| 2014年4月15日 初版第1刷発行 | 〈検印省略〉 |

定価はカバーに
表示しています

| 監 修 者 | 和 田 光 一 |
| 編 著 者 | 横 倉　　　聡 |
|  | 田 中 利 則 |
| 発 行 者 | 杉 田 啓 三 |
| 印 刷 者 | 中 村 知 史 |

発 行 所　株式会社　ミネルヴァ書房

607-8494 京都市山科区日ノ岡堤谷町1
電話代表 (075)581-5191
振替口座 01020-0-8076

© 和田・横倉・田中, 2014　　中村印刷・新生製本

ISBN978-4-623-06645-2
Printed in Japan

和田光一監修／田中利則・横倉　聡編著  
保育の今を問う保育相談支援  
A 5 判・262頁  
本体2,600円

馬場茂樹監修／和田光一・横倉　聡・田中利則編著  
保育の今を問う児童家庭福祉  
A 5 判・262頁  
本体2,800円

福田公教・山縣文治編著  
児童家庭福祉［第 2 版］  
A 5 判・176頁  
本体1,800円

小野澤　昇・田中利則・大塚良一編著  
子どもの生活を支える家庭支援論  
A 5 判・302頁  
本体2,700円

小野澤　昇・田中利則・大塚良一編著  
子どもの生活を支える社会的養護  
A 5 判・280頁  
本体2,600円

山縣文治・林　浩康編  
よくわかる社会的養護  
B 5 判・220頁  
本体2,500円

小池由佳・山縣文治編著  
社会的養護（第 2 版）  
A 5 判・192頁  
本体1,800円

小野澤　昇・田中利則・大塚良一編著  
子どもの生活を支える社会的養護内容  
A 5 判・280頁  
本体2,600円

小木曽　宏・宮本秀樹・鈴木崇之編  
よくわかる社会的養護内容  
B 5 判・252頁  
本体2,400円

——— ミネルヴァ書房 ———  
http://www.minervashobo.co.jp/